Obra crítica/3

Julio Cortázar

Obra crítica/3

Edición de Saúl Sosnowski

ALFAGUARA

ALFAGUARA

1994, Santillana, S. A.
Juan Bravo, 38. 28006 Madrid
Teléfono (91) 322 47 00
Telefax (91) 322 47 71

• Aguilar, Altea, Taurus, Alfaguara S. A.
Beazley 3860. 1437 Buenos Aires
• Aguilar, Altea, Taurus, Alfaguara S. A. de C. V.
Avda. Universidad, 767, Col. del Valle,
México, D.F. C. P. 03100

COLECCIÓN UNESCO
DE OBRAS REPRESENTATIVAS

SERIE IBEROAMERICANA

ISBN:84-204-2809-4
Depósito legal: M. 437-1994
Diseño:
Proyecto de Enric Satué
© Cubierta:
Luis Pita

© Fotografía: Luis Olivas

Índice

Julio Cortázar ante la literatura y la historia

«No me hago ninguna idea mesiánica de la literatura (...) pero sigo creyendo con Rimbaud que "il faut changer la vie", que hay que cambiar la vida.»

Uno de los rasgos definitorios de la obra de Cortázar es el cruce de géneros, el cuestionamiento de toda frontera y el cultivo eficaz de una única expresión literaria. Por ello, desglosar los ensayos del resto de su obra es (casi) ultrajar la memoria de Morelli. La sola invocación de su nombre, sin embargo, sugiere que este ejercicio puede tener un sentido aún más allá del rescate de páginas sueltas que en su amplia mayoría, y hasta ahora, no habían sido reunidas en un solo volumen. Su nombre insta, además, a cometer ciertos deslices y a incorporar algunos textos que no obedecen estrictamente a normas prescriptas por los manuales de estilo; dejar de hacerlo sería fijar una intolerable carencia. Cabe confiar, entonces, que la simpatía del lector de Cortázar perdonará esta pequeña infracción; en última instancia ésta sólo responde a ese mismo deseo que tantas veces se anunciara en los logros de su literatura y de su biografía.

La obra de Cortázar incita a un estado de disponibilidad. Recorrerla en cualquiera de sus tramos es admitir que en cualquier momento y desde cualquier renglón puede surgir la vuelta que por una vez y ya para siempre trastocará lo anticipado. Muchos de sus textos apuntan hacia espacios recónditos que son sometidos a lo inesperado, a lo racionalmente inaudito; se instalan en el cuestionamiento e impugnación de lo convencional; se perfilan en la sonrisa inquieta que anticipa el gozoso zambullido hacia adentro, justamente hacia lo que se empieza a reconocer como propio en el instante mismo en que se diluye toda red urdida por palabras ajenas. *Leer*, en el sentido pleno que exige adentrarse en el mundo de Cortázar, es deambular por múltiples estratos de realidad exorcizando las categorías de «lo conocido»; es, asimismo, retornar (gozoso o aterrado) a un mundo que se sabe merecedor de un mejor legado.

Con su «taller de escritor» Cortázar desplegó una generosidad análoga a la que caracterizó su actividad en terrenos más urgentes y tangibles. Jamás renegó del misterio; tampoco adoptó la pose del mago que encubre trucos o del demiurgo que se encarama desafiante a la torre de Babel. Las «morellianas» de *Rayuela*, las lecturas parciales y los análisis de su propia obra que adelantara en *La vuelta al día en ochenta mundos* y en *Último Round**, pusieron en escena un claro muestrario de ingredientes y recetas, de ensayos, dudas y reflexiones. Esas páginas franquearon el acceso a su mundo privado y a las fluctuaciones propias y razonadas de la actividad literaria. Cabe señalar, por otro lado, que sin haber renegado del ineludible momento histórico, Cortázar siempre se aferró al «état second» y a otras variantes de la inspiración como clave final para explicar cómo los cuentos se descolgaban sobre él y sobre el espacio en blanco.

Al igual que otros escritores latinoamericanos, Cortázar elaboró un discurso crítico que ha facilitado la incursión a su ficción**. Las reflexiones teóricas de Cortázar, así como las que se hallan más cerca de la crítica literaria formal, se remontan a los años cuarenta. Así lo demuestran no sólo el meticuloso estudio «La urna griega

---

* *Rayuela,* Buenos Aires, Sudamericana, 1963; *La vuelta al día en ochenta mundos,* México, Siglo XXI, 1967; *Último round,* México, Siglo XXI, 1969.

** Indiqué estas valiosas contribuciones en «Cortázar y el mito: Hacia una teoría de su narrativa», capítulo I de mi *Julio Cortázar: Una búsqueda mítica* (Buenos Aires, Ediciones Noé, 1973), y en «Los ensayos de Julio Cortázar: Pasos hacia su poética», *Revista iberoamericana,* 84-85 (1973), pp. 657-66. La incesante bibliografía sobre su obra ha rastreado múltiples aspectos de sus propuestas, particularmente a partir de sus novelas.

Para la narrativa hispanoamericana, Carlos Fuentes quizá pueda ser visto como el caso paradigmático de un escritor que se ha preocupado por elaborar un cuidadoso «metatexto» de su obra como parte de una constante reflexión sobre su lugar en el sistema literario. Valgan como ejemplos:

en la poesía de John Keats»* y las reseñas que publicara en *Realidad* y *Sur*, sino también «Teoría del túnel. Notas para una ubicación del surrealismo y el existencialismo», que data de 1947 y que ha permanecido inédito hasta ahora.

Esta «arqueología personal», como la de todo pasado, sirve no sólo para recuperar los orígenes sino también para actualizar nuestra propia lectura de su obra. Si bien el propio Cortázar señaló reiteradamente que es recién a partir de «El perseguidor» que se registra el paso de una concentración excesiva en el «yo» a la incorporación del «otro», esta conciencia de una comunión mayor con los hombres ya está planteada en sus lecturas del surrealismo y del existencialismo y en *Bestiario*, su fundacional colección de cuentos**. No me propongo rastrear coincidencias ni diseñar «trayectorias»; sólo quiero puntualizar que la preocupación de Cortázar por la condición humana ha sido una constante desde los inicios de su producción. Como se sabe, y como se comprueba al leer los textos aquí

La nueva novela hispanoamericana (México, Joaquín Mortiz, 1969); *Casa con dos puertas* (México, Joaquín Mortiz, 1970); *Cervantes o la crítica de la lectura* (México, Joaquín Mortiz, 1976) y *Myself with Others. Selected Essays* (New York, Farrar, Straus & Giroux, 1988).

En otro orden, y para no abundar con las nóminas de José María Arguedas, Augusto Roa Bastos y otros, también se encuentran las reflexiones de Alejo Carpentier, como se constata, entre otros estudios, desde su prólogo a *El reino de este mundo* y su definitoria reflexión en torno a «lo real-maravilloso» (1949), en *Tientos y diferencias. Ensayos* (México, UNAM, 1964), y en la recopilación que apareció como *La novela latinoamericana en vísperas de un nuevo siglo y otros ensayos* (México, Siglo XXI, 1981).

* Publicado en Revista de estudios clásicos (Universidad de Cuyo), II (1946), pp. 45-91.

** «El perseguidor» está incluido en *Las armas secretas* (Buenos Aires, Sudamericana, 1959); la primera edición de *Bestiario* es de 1951 (Buenos Aires, Sudamericana). Por la proximidad de «Teoría del túnel...» con algunos de sus cuentos, conviene recordar que «Casa tomada» fue publicado en 1946 en *Anales de Buenos Aires,* I, no. 11, pp. 13-8, y «Bestiario» en la misma revista en 1947, II, nos. 18-19, pp. 40-52.

Sobre «Casa tomada», y luego de recordar el haber editado este primer cuento de Cortázar, Borges dice: «El estilo no parece cuidado, pero cada palabra ha sido elegida. Nadie puede contar el argumento de un texto de Cortázar; cada texto consta de determinadas palabras en un determinado orden. Si tratamos de resumirlo verificamos que algo precioso se ha perdido.» Jorge Luis Borges, *Biblioteca personal: Prólogos,* Madrid, Alianza, 1988, p. 10.

reunidos —aparecidos a partir de 1963, año de la publicación de *Rayuela*—, su profunda obsesión por obtener una vía menos enajenante de la historia adquirirá un cariz político cada vez más pronunciado a partir del triunfo de la Revolución Cubana. Esta clave de acceso a toda Latinoamérica lo llevó a pronunciarse explícitamente a favor del socialismo («una respuesta política»). A partir de entonces, y en función de otros hechos (Allende y las dictaduras en el cono sur, el sandinismo, la guerrilla salvadoreña...), se multiplicaron sus actividades políticas y su expresión solidaria con las luchas que han atravesado al continente americano.

En «Teoría del túnel...» afloran los interrogantes y su simpatía por los que interrogan, por los que se niegan a acatar que lo representado a flor de piel es la definición íntima de realidades más profundas. Ese negarse a aceptar lo heredado, a someterse a órdenes impuestos por fuerzas extrañas, fue elaborado inicialmente desde un primer planteo filosófico y estético para derivar luego en sus últimas consecuencias políticas. Cuando en 1947 Cortázar adoptó la metáfora del «túnel» y se pronunció a favor de la tarea de barrenar y destruir superficies y formas tradicionales para alcanzar la meta explícita de la «restitución», ya estaba vaticinando desde esa simiente lo que a partir de los años sesenta haría explícito en sus declaraciones políticas. Cruce de fronteras en el orden estético y eventual abordaje de nuevos territorios en el plano político, el existencialismo y el surrealismo le señalaron por vías distintas el deseo de reemplazar categorías insatisfactorias por otras que ejercieran un mayor acercamiento entre el hombre y sus semejantes. Para Cortázar sus caminos «divergen en el tránsito del Yo al Tú». Si bien, dice, «yo» es el hombre para ambos, «tú» es la «superrealidad mágica» para los surrealistas y «la comunidad» para los existencialistas. Ambos cubren «el entero ámbito del hombre y marchan hacia una futura conjunción». Búsquedas literarias y vitales, ambas marcarían los pasos en las huellas de Cortázar.

Algunos mecanismos de relojería considerarán inadecuado hablar de «morellianas» antes de 1963; otros aceptarán que «Situación de la novela» y «Para una poética» son textos que las anticipan*. Centrándose en la novela europea, el primero de estos textos adelanta que la novela ya no debería ofrecer el mero regodeo del pasa-tiempo en trenes y playas, sino la posibilidad de enfrentarse a lo inmediato sin filtros que atenúen la violencia del impacto. Citando a Gide («el mundo será salvado por unos pocos»), y sin caer en una fácil literatura de corte social, Cortázar apuesta por esos pocos individuos que «mostrarán sin docencia alguna una libertad humana alcanzada en la batalla personal» (p. 239), en aquélla que surge de la toma de conciencia del presente y de su vergüenza. Y es a través de esos encuentros, sostiene, que el autor incorporará al lector a su situación para borrar fronteras y lanzar los cabos necesarios para trazar puentes y coexistencias.

La lectura de estos textos, así como el ya citado sobre «Ode to a Grecian Urn» de Keats o los que Cortázar redactara posteriormente sobre lo fantástico**, insisten en la noción de «apertura». Frente a la cerrazón metódica, sus páginas proponen una máxima porosidad que acata lo excepcional como norma; frente a la exaltación del poeta, presentan al escritor como transmisor, como «medium» que articula voluntades ajenas. De este modo, ensayos y narrativa confluyen en múltiples niveles: por un lado desacralizan la actividad poética en cuanto exaltación de la figura del escritor; por otro, a éste se le adjudica el privilegio de la disponibilidad para captar y traducir realidades otras —realidades que a su vez se lanzan al encuentro de lectores cómplices, aquéllos que le otorgarán sentido a tal práctica literaria.

---

* «Situación de la novela», *Cuadernos americanos,* IX, no. 4 (1950), pp. 223-43; «Para una poética», *La torre. Revista general de la Universidad de Puerto Rico,* II, no. 7 (1954), pp. 121-38. Ver también «Notas sobre la novela contemporánea», *Realidad,* III, no. 8 (1948), pp. 240-46.

** Por ejemplo, «Del sentimiento de lo fantástico», en *La vuelta al día en ochenta mundos*, pp. 43-7.

Si bien esta actividad evidentemente se sostiene siempre en torno al texto, importa subrayar el énfasis que Cortázar ha puesto en la relación con el lector. Ello es aún más significativo cuando se considera el énfasis político que predomina en numerosos textos de esta selección. En tal sentido es importante subrayar la responsabilidad del escritor ante su oficio y la función ética que Cortázar incorporó a sus discusiones sobre el compromiso social del escritor y sobre la actividad política. Como lo indicara en su tan citado «Algunos aspectos del cuento»*, la yuxtaposición de la responsabilidad literaria y política y el compromiso con la realidad material, histórica, no impone claudicaciones ni renuncias a las pautas del oficio sino que, por el contrario, exige una clara conciencia de que la profesión es un acto individual pero que también es parte de un compromiso colectivo: «... creo que el escritor revolucionario es aquél en quien se fusionan indisolublemente la conciencia de su libre compromiso individual y colectivo, con esa otra soberana libertad cultural que confiere el pleno dominio de su oficio» (p. 12). En una de sus múltiples entrevistas declaró: «Nunca he conseguido ni conseguiré jamás esa síntesis ideal que pretenden muchos revolucionarios, según la cual escritor y político deberían ser la misma cosa.» Y más adelante: «Cuando yo hago política, hago política, y cuando hago literatura, hago literatura. Aun cuando hago literatura con contenido político, como en el *Libro de Manuel*, estoy haciendo literatura. Lo que trato es, simplemente, de colocar el vehículo literario, no diré al servicio, sino en una dirección que creo puede ser útil, políticamente. Me parece que ése es el caso de *Libro de Manuel*»**. Como su obra lo ha demostrado, en el caso de

---

* *Casa de las Américas,* II, nos. 15-16 (1962-1963), pp. 3-14. Reproducido en su totalidad en *Cuadernos hispanoamericanos,* no. 255 (1971), pp. 403-16.

** En Ernesto González Bermejo, *Revelaciones de un cronopio. Conversaciones con Cortázar,* Montevideo, Ediciones de la Banda Oriental, 2ª ed., 1986, pp. 93-4.

Cortázar, uno de los más significativos de la historia literaria latinoamericana, hacer política nunca estuvo reñido con el humor ni con la frecuente visita de lo fantástico.

Al conjugar el legado surrealista con la apuesta de los existencialistas, Cortázar logró articular la nostalgia por pasados edénicos —que yacen tras ciertas percepciones de lo fantástico— con una utopía asentada en la fe que anhela un orden social que no esté atravesado por la violencia y la sumisión. La ausencia de una conducta dogmática y de un pensamiento doctrinario le permitió ser coherente con sus propias apuestas literarias y políticas y registrar ante los procesos históricos una generosa comprensión y una flexibilidad ajena a muchos de sus contemporáneos. Sólo así se comprende la integración que subyace a una novela como *Libro de Manuel* y, en otra instancia, la experimentación anterior de *62. Modelo para armar**. Recordar estos ejercicios narrativos ratifica que su obra ha sido testigo de décadas de fluctuaciones y ajustes ante las imposiciones cotidianas de las letras y la historia.

Cortázar mantuvo como pocos una conducta coherente con su profesión y compromiso político. Ser coherente no implica la ausencia de contradicciones; sí exige una singular aptitud para registrar y asimilar las enormes transformaciones de una época a las necesidades propias de la especificidad literaria. Es así como en cada encrucijada la obra de Cortázar se ha manifestado como fiel expresión de sus visiones, frustraciones y esperanzas. Ello se ha dado en su narrativa, en su poesía y en sus ensayos, tanto en los «textos de batalla» que respondieron a los requerimientos del debate político —singularmente urgente en los años sesenta y setenta— como en sus recuperaciones más mesuradas, pero no por ello menos compulsivas, de otros autores. Al margen de las breves reseñas que redactara en su «prehistoria» lite-

* *Libro de Manuel,* Buenos Aires, Sudamericana, 1973; *62. Modelo para armar,* Buenos Aires, Sudamericana, 1968.

raria —me refiero a páginas publicadas en *Cabalgata*, *Realidad*, *Sur*, *Buenos Aires literaria*, antes de ser «Cortázar»— importan sus lecturas de Leopoldo Marechal, de Roberto Arlt, de José Lezama Lima y de Felisberto Hernández, entre otros, como piezas que informan el vasto mosaico que sigue montando la heterogeneidad cultural latinoamericana.

En 1949, aún en esa «prehistoria» y sobreviviendo un clima político que poco después lo llevaría a dejar la Argentina, Cortázar le dedicó una larga reseña a *Adán Buenosayres*, novela que había sido escrupulosamente marginada por la crítica literaria y periodística a causa de la filiación peronista de Leopoldo Marechal. Sin panegíricos a una obra precursora de importantes cambios en la narrativa argentina y sin escatimar juicios valorativos de sus logros y equívocos, Cortázar puntualizó que dentro del espacio caótico de la novela se estaba creando un idioma cuyo resultado era para los jóvenes «como enérgico empujón hacia lo de veras nuestro»*. Como en tantos otros casos, la reseña es significativa por la doble función de lectura crítica e informativa y por mostrar en su autor la capacidad de deslindar méritos literarios y discrepancias políticas.

A cuarenta años del primer encuentro de Cortázar con los libros de Roberto Arlt («Apuntes de relectura»), este mismo gesto le permitió sentirse cerca suyo sin que por ello dejara de plantear el significado de sus conocidas fallas estilísticas y gramaticales**. Leer a Cortázar leyendo a Arlt es marcar distancias; es compenetrarse con el anhelo de encuentros frustrados; es reconocer que junto al Buenos Aires de la revista *Sur* estaban las calles de Castelnuovo, Yunque, Olivari, del propio Arlt; es comprender por qué «el buen gusto» y la pátina refinada de la plástica y la

---

* La reseña a *Adán Buenosayres* (Buenos Aires, Sudamericana, 1948) fue publicada en *Realidad,* V, no. 14 (1959), pp. 232-38; esta cita proviene de la última página.

** «Apuntes de relectura», prefacio a Roberto Arlt, *Obra completa,* Buenos Aires, Carlos Lohlé, 1981, pp. 3-11.

música no podían compartir el embate avasallador de una visión maldita de la ciudad y de sus marginados, de los rechazados que merodeaban por las sombras.

Leer a Cortázar escribiéndole a Felisberto Hernández («Carta en mano propia», 1980) es presenciar sus intentos por quebrar los órdenes que tanto los hostigaron y compartir la búsqueda del acceso a otros tiempos. Es ver, asimismo, cómo Cortázar anhelaba que a través de esta carta/incantación se produjera el ya irrecuperable encuentro que desde lejanos pueblos de provincia llevaría a una añorada amistad. Los cabos que los acercan «por dentro y por paralelismos de vida», llevan a Cortázar, ya instalado de este lado de las décadas y las geografías, a haber deseado que Felisberto hubiera llegado a conocer a Macedonio y a Lezama. En los tres, dice, «están los eleatas de nuestro tiempo, los pre-socráticos que nada aceptan de las categorías lógicas porque la realidad no tiene nada de lógica»*.

La lectura por vía simpática también caracterizó el tono inicial de «Para llegar a Lezama Lima» (1967)**. El acercamiento a este «gran primitivo», que Cortázar considera a la altura de Borges y Paz, posee un elemento que lo aproxima a las páginas que le dedicara a Marechal. Si bien en contextos y posiciones personales disímiles —rechazo al peronismo, apoyo a la revolución cubana—, Cortázar se opone frontalmente al subdesarrollo político que dificulta o impide el acceso a su mundo. Es evidente que a Cortázar le importaba dar a conocer a aquellos escritores mayores que algunos se obstinaban en ignorar por razones que nada hacen a la literatura. Consciente de la peculiaridad de *Paradiso*, Cortázar tomó nota de su «dificultad instrumental» y de los pruritos de los gramáticos frente a las «incorrecciones» formales de su prosa. Ésta rebasaba, sin embargo, la «corteza cultural» y produjo en

---

* «Carta en mano propia», 1980 (p. 6 del MS).

** Publicado inicialmente en *Unión,* V, no. 4 (1966), pp. 36-60, fue incorporado a *La vuelta al día en ochenta mundos*; cito por esta edición.

Cortázar un «amor por esa ingenuidad» que aflora en Lezama, «una inocencia americana abriendo eleáticamente, órficamente los ojos en el comienzo mismo de la creación» (p. 140). Para Cortázar, Lezama fue el «preadamita» que «no se siente culpable de ninguna tradición directa», que «no necesita justificarse como escritor»; que por ser americano posee esa inocencia y esa libertad de la que carecen los europeos. Como algunos de ellos, sin embargo, también su obra exige lectores dispuestos a incursionar en prácticas herméticas y participar en el goce de *Paradiso.* Mediante un arco que se remonta a tempranas fascinaciones de Cortázar, es posible conjeturar que tal exigencia es propia de «poetistas» que transforman el hecho literario en una ceremonia a la que no se mantendría ajeno el picoteo del ruiseñor de Keats. Por otro lado, son precisamente los «poetistas» los que han logrado un diálogo singular a través de las letras críticas de Cortázar.

La descripción de una obra capital como *Paradiso*, que Cortázar considera desprovista de los prejuicios culturales de Europa, no implica una soberbia americana que se aparta a destajo de una de sus fuentes nutricias. Frente al nacionalismo que exalta una autosuficiencia cultural, por cierto ilusoria y hasta peligrosa, Cortázar aboga en «Sobre puentes y caminos» (1980) por una relación de vasos comunicantes entre las literaturas europeas y latinoamericanas. No se trata, por cierto, de negar aportes europeos, sino de entablar normas que prescindan de actitudes serviles. Quizá sólo alguien que transita desprejuiciado por otras literaturas sin portar etiquetas nacionalistas puede reflexionar: «...nosotros somos el joven Viernes frente al viejo Robinson; y Viernes tiene mucho que aprender de él a la vez que lo alivia en otro plano de su lenta, melancólica entropía» (p. 10).

Una mirada similar le permitió a Cortázar recuperar el regocijo de Samuel Pickwick, un influyente compañero de ruta («Reencuentros con Samuel Pickwick», 1981). Sus aventuras le mostraron la capacidad del momento poético, el poder transformador del humor y ese reconocimiento del otro que sólo se da al desechar el acre egoísmo que descompone toda relación humana. Cortázar imbrica su propia visión en un universo que responde íntimamente a los perseguidores: «Apunto a una dialéctica de vida, una pulsación más isócrona de la búsqueda y el gusto, del conocimiento y el placer, mejor ajustada a todo eso que tenemos tan al alcance de la mano que casi no lo vemos: el gran latido cósmico, el diástole y el sístole del día y de la noche, del flujo y el reflujo del océano» (p. 14). Por ello era inevitable que esa lealtad al mundo de Pickwick se diera sobre la base de un personaje que, al igual que la Maga, le había mostrado «el camino de la luna y el encanto de ir de un lado a otro sin la menor finalidad razonable» (p. 17).

¿Y el camino sobre la tierra? Para éste las finalidades sí son muy claras y razonables. Si en los primeros ensayos de Cortázar se puede constatar un evidente interés por la dimensión social, éste está filtrado casi exclusivamente a través de la literatura. Es desde ella, y de regreso hacia sus páginas, que Cortázar formula los llamados a la acción y que plantea la participación activa de los escritores en la sociedad. Sus múltiples entrevistas, declaraciones e intervenciones en mesas redondas vuelven superflua toda mención adicional sobre lo que para él significó la Revolución Cubana. Su apoyo al socialismo, la necesaria respuesta a las dictaduras que asolaron al cono sur y su adhesión al triunfo sandinista, hicieron que su actividad e intervenciones «extra literarias» fueran cada vez más frecuentes*.

* En esta selección abundan los ensayos sobre la línea literatura-sociedad. La conjunción también se ha dado con propósitos muy claros en la incorporación del Tribunal Russell II a *Fantomas contra los vampiros multinacionales.* «Una utopía realizable narrada por Julio Cortázar», México, Excelsior, 1975. Ya me he referido antes a *Libro de Manuel;* son igualmente notorios estos cruces, por ejemplo, en los cuentos reunidos en *Alguien que anda por ahí* (Madrid, Alfaguara, 1977), *Queremos tanto a Glenda* (México, Nueva Imagen, 1980) y *Deshoras* (México, Nueva Imagen, 1983). En «Imágenes del deseo: El testigo ante su mutación» (*Inti,* nos. 10-11 [1979-1980], pp. 93-7) estudié el ajuste de motivos que aparecen en «Las babas del diablo» para dar cuenta de una clara situación política en «Apocalipsis de Solentiname».

Sensible a la injerencia de la historia, Cortázar respondió a su legado. Sin propuestas mecánicas ni vuelcos repentinos hacia fáciles consignas, su obra respondió con el acostumbrado rigor literario a las instancias esperanzadas del continente y a la hora-hecha-años de la espada. Si bien se solidarizó con los procesos revolucionarios latinoamericanos, cuando algunos sectores de la izquierda le exigieron que sus simpatías fueran trasladadas directamente al plano literario, Cortázar declaró rotundamente que su participación en tales procesos no involucraba en modo alguno la entrega de su obra a enunciados y proclamas que poco contribuirían a la historia*. Es ineludible que el escritor sea «testigo de su tiempo» —como lo señalara en «Acerca de la situación del intelectual latinoamericano»**— *pero* desde sus propias capacidades y funciones. «Incapaz de acción política —concluye—, no renuncio a mi solitaria vocación de cultura, a mi empecinada búsqueda ontológica, a los juegos de la imaginación en sus planos más vertiginosos...» Y agrega: «En lo más gratuito que pueda yo escribir asomará siempre una voluntad de contacto con el presente histórico del hombre, una participación en su larga marcha hacia lo mejor de sí mismo como colectividad y humanidad.»

París 1968, Allende y Pinochet en Chile, Videla y las Madres de Plaza de Mayo en Argentina, la Revolución Cubana y el triunfo sandinista en Nicaragua, la vertiginosa amenaza que se desplegaba en diversos frentes, llevaron a Cortázar a incrementar cada vez más su acción

---

* Un ejemplo sintomático en *Literatura en la revolución y revolución en la literatura* (México, Siglo XXI, 1970) que reúne, bajo el título definitorio de una época, los textos de una polémica entre Cortázar, Oscar Collazos y Mario Vargas Llosa.

** Se trata de la conocida y frecuentemente reproducida «Carta a Roberto Fernández Retamar», fechada en Saignon el 10 de mayo de 1967, publicada en *Casa de las Américas,* no. 45 (1967), pp. 5-12, y nuevamente en el número de homenaje, 145-146 (1984), pp. 59-66, junto a otras numerosas cartas que escribiera a Fernández Retamar, Haydée Santamaría y otros. Aparece como «Acerca de la situación del intelectual latinoamericano» en *Último round,* pp. 199-217.

política*. Fiel al oficio de las letras, y sin concesión alguna, logró que su obra fuera testimonio de su historia. Ser un escritor latinoamericano —afirma en «Literatura e identidad» (1982)— «supone, cuando se lo es honestamente, pensar y actuar en un contexto donde realidad geopolítica y ficción literaria mezclan cada vez más sus aguas» para producir la complejidad cultural que define la identidad del continente. Retomando lo que ya adelantara en los años cuarenta, Cortázar reitera que la práctica literaria, tanto en su etapa de producción como en el tiempo de la lectura, ya no puede ser un mero regocijo ni existir al margen de lo cotidiano. En «Realidad y literatura en América Latina» (1980)** declaró que, sin caer en un burdo escamoteo didáctico, la gran literatura latinoamericana es hoy en día «una manera directa de explorar lo que nos ocurre, interrogarnos sobre las causas por las cuales nos ocurre, y muchas veces encontrar caminos que nos ayuden a seguir adelante cuando nos sentimos frenados por circunstancias o factores negativos». Desde esta perspectiva, entonces, «cuanto más literaria es la literatura (...) más histórica y más operante se vuelve». Cabe insistir en que Cortázar no sugiere la fórmula fácil de un paternalismo intelectual benevolente, sino esa confluencia nada fácil de los motivos que aislara en 1947 al rescatar del surrealismo y del existencialismo aquello que señalaría pautas culturales y humanas para la segunda mitad de este siglo.

En los ensayos, apuntes, entrevistas y cartas que aparecen en esta selección se reflejan los intereses literarios y políticos de Cortázar. Sus múltiples actividades reflejan, asimismo, cómo la historia se ha ido filtrando por los inters-

* Prueba de ello son los diversos textos —muchos de los cuales estaban destinados a la prensa— que aparecen en *Nicaragua tan violentamente dulce* y *Argentina: años de alambradas culturales.* Ambos recopilados por Saúl Yurkievich, fueron publicados por Muchnik Editores, Barcelona y Buenos Aires, en 1984.

** Conferencia pronunciada en The City College of New York en abril de 1980 y publicada en un folletín bilingüe (The City College Papers, No. 19) en 1982.

ticios de los muros y las páginas hasta ocupar el lugar central que siempre le ha pertenecido. Muertes, desapariciones, torturas, exilios aprovechados en cuanto aprendizaje*, y alegrías por triunfos que no se deseaban efímeros, motivaron una mayor actividad periodística y una participación creciente en la vida política latinoamericana dentro y fuera de la región. Si bien muchas páginas escritas por la urgencia de coyunturas especiales, o por solícitos pedidos de quienes combatían por un ideal compartido, no poseen la mesura que sí portan otros textos críticos, la inmediatez de lo cotidiano merece ser consignada como una de las dimensiones definitorias de Cortázar. Además, como se verifica en esta selección, aun las páginas que no fueron redactadas para perdurar más allá de una utilización inmediata acarrean la carga y el conocimiento del pasado, la conciencia de haber recorrido un largo tramo desde la exacerbación de la búsqueda individual hasta el reconocimiento de figuras solidarias. Por ello, las líneas que elogian la «locura» de las Madres de Plaza de Mayo («Nuevo elogio de la locura», 1981) como respuesta a la represión, tienen el doble peso de los recuerdos de otra locura (la de Artaud)** y de la fe en el poder de las palabras —de ciertas palabras— para depurar a la historia de las consignas del poder y de la ignominia.

Los ensayos de Cortázar son interpretaciones críticas de la literatura y de su historia, son pruebas y tentativas, una invitación a dialogar y a tomar posición. Leerlos es entrar a sus túneles, asomarse por puentes y recorrer largos caminos; es ser testigo y partícipe de encuentros y re-encuentros con otros cronopios; es oír las voces que desde los escombros del sur comienzan a

* Sobre este tema, véase su «América Latina: Exilio y literatura», texto presentado el 2 de julio de 1978 en el Coloquio sobre «Literatura latinoamericana de hoy», Cerisy-la-Salle, y publicado en *Arte-Sociedad-Ideología*, no. 5 (1978), pp. 93-9.

** Ver «Muerte de Antonin Artaud», Sur, no. 163 (1948), pp. 80-2. «Nuevo elogio de la locura» fue publicado por Hipólito Solari Yrigoyen en *La República,* 19-II-1982, e incluido en *Argentina: Años de alambradas culturales,* pp. 13-5.

restituir el reino de la palabra simple, depurada e inocente que ya fuera enunciada en otras latitudes; es recuperar la memoria, los itinerarios y obsesiones de Johnny Carter y Bruno, de Persio y Medrano, de la Maga, Oliveira y Talita, de Polanco y Calac, de Marcos...

El discurso crítico de Cortázar ha sido un componente integral de toda su práctica literaria. Al igual que en el acceso a su ficción, también esta dimensión convoca al lector activo y responsable —aquél que para siempre definieron las propuestas de *Rayuela*— a compartir su camino, a dibujarlo, a crear una versión más generosa del mundo americano. En una de sus numerosas entrevistas Cortázar dijo: «La literatura es algo que nace del encuentro de una voluntad del lenguaje con una voluntad de utilizar ese lenguaje para crear una nueva visión del mundo, para multiplicar un conocimiento, para descubrir. En realidad un escritor es siempre un pequeño Cristóbal Colón, es decir, es alguien que sale a descubrir con sus carabelitas de palabras y... bueno, el gran escritor descubre América; pero no todos son Colón»*.

Los textos de esta selección se inscriben en esa voluntad de encuentro, en el deseo profundamente vital de tender un espléndido puente hacia la re-creación de nuevos mundos. Frecuentarlos es participar del ansia de conocimiento y de cambio que define a la obra de Cortázar, obra fundacional en estas convulsionadas décadas americanas.

---

* «Las palabras son como pequeñas carabelas que sirven para descubrir nuevos mundos». Entrevista a Julio Cortázar por Xavier Argüello, *Nicaráuac,* III, no. 7 (1982), p. 141.

Criterio de edición

Esta recopilación incluye en orden cronológico textos representativos de la «ensayística» de Cortázar, entendida ésta en una amplia acepción que permite la presencia de artículos, notas, reseñas, cartas y discursos*. Con muy pocas excepciones, no se han incluido los textos que el propio Cortázar recopilara en algunos de sus libros. Omitir su famosa «Carta a Roberto Fernández Retamar ("Situación del intelectual latinoamericano")» en una colección de ensayos, sin embargo, hubiera marcado un vacío inaceptable; excluir algunas páginas ya recogidas en *Argentina: Años de alambradas culturales* hubiera distorsionado algunas de sus preocupaciones centrales.

* Una bibliografía bastante completa de y sobre Cortázar fue publicada por E. D. Carter, Jr. en *Explicación de textos literarios*, XVII, nos. 1-2 (1988-1989), pp. 251-327.

Procedencia de los textos

Los textos que sólo llevan fecha de redacción nos fueron proporcionados por Julio Cortázar en su versión original.

«Carta a Roberto Fernández Retamar (Sobre "Situación del intelectual latinoamericano")», *Casa de las Américas*, VIII, no. 45 (noviembre-diciembre 1967), pp. 5-12.

«Carta a Haydée Santamaría» (1972), *Casa de las Américas*, XXV, nos. 145-146 (1984), pp. 146-50.

«Carta a Saúl Sosnowski (a propósito de una entrevista a David Viñas)», *Hispamérica*, I, no. 2 (1972), pp. 55-8

«Neruda entre nosotros», *Plural*, no. 30 (marzo 1974), pp. 38-41.

«Notas sobre lo gótico en el Río de la Plata», *Caravelle. Cahiers du Monde Hispanique et Luso-Brésilien*, 25 (1975), pp. 145-51.

«El estado actual de la narrativa en Hispanoamérica», en *La isla final*, Jaime Alazraki, Ivar Ivask & Joaquín Marco, comp., Madrid, Ultramar, 1983, pp. 59-82. Publicado originalmente en inglés, Mary E. Davis, trad., como «Politics and the Intellectual in Latin America», en *Books Abroad*, L, 3 (Summer 1976), pp. 533-40, y reproducido en *The Final Island. The Fiction of Julio Cortázar*, Jaime Alazraki & Ivar Ivask, eds., Norman, OK, University of Oklahoma Press, 1978, pp. 37-44.

«El intelectual y la política en Hispanoamérica», en *La isla final*, Jaime Alazraki, Ivar Ivask & Joaquín Marco, comp., Madrid, Ultramar, 1983, pp. 83-102. Publicado originalmente en inglés, Margery A. Safir, trad., como «The Present State of Fiction in Latin America», en *ibid.*, pp. 522-32, y reproducido en *ibid.*, pp. 26-36.

«Una muerte monstruosa», *Casa de las Américas*, XVI, no. 94 (enero-febrero 1976), pp. 19-24.

Reseña de *Cómico de la lengua*, de Néstor Sánchez, *Cambio*, vol. I, no. 2 (enero-febrero-marzo 1976), pp. 86-7.

«Para Solentiname», *Vuelta*, no. 15 (1978), pp. 48-50.

«América Latina: Exilio y literatura» (1978), Coloquio sobre «Literatura latinoamericana de hoy», Cerisy-la-Salle, *Arte-Sociedad-Ideología*, 5 (1978), pp. 93-9.

«Comunicación al Foro de Torún, Polonia» (1979).

«La literatura latinoamericana a la luz de la historia contemporánea», *INTI*, nos. 10-11, «Julio Cortázar en Barnard» (otoño 1979-primavera 1980), pp. 11-20.

«Discurso en la constitución del jurado del Premio Literario Casa de las Américas 1980», *Casa de las Américas*, XX, no. 119 (marzo-abril 1980), pp. 3-8.

«Realidad y literatura en América Latina / Reality and Literature in Latin America», Gabriella de Beer & Raquel Chang-Rodríguez, trads. y eds., New York, *The City College Papers*, no. 19 (1980).

«La batalla de los lápices», *Nicaráuac*, I, no. 3 (septiembre-diciembre 1980), pp. 80-82.

«Apuntes de relectura», prefacio a Roberto Arlt, *Obra completa*, Buenos Aires, Carlos Lohlé, 1981, pp. 3-11.

«Felisberto Hernández: Carta en mano propia» (1980).

«Recordación de don Ezequiel», *Casa de las Américas*, XXI, no. 121 (julio-agosto 1980), pp. 66-68.

«Sobre puentes y caminos» (1980).

«Absoluciones y condenas» (1980).

«Reencuentros con Samuel Pickwick» (1981).

«Mensaje (al Primer Encuentro de Intelectuales por la Soberanía de los Pueblos de Nuestra América)», *Casa de las Américas*, XXII, no. 129 (noviembre-diciembre 1981), pp. 18-20.

«Negación del olvido» (1981), incluido en *Argentina: Años de alambradas culturales*, Saúl Yurkievich, comp., Buenos Aires, Muchnik Editores, 1984.

«Nuevo elogio de la locura» (1981), *La República*, 19-II-1982; incluido en *Argentina: Años de alambradas culturales*, Saúl Yurkievich, comp., Buenos Aires, Muchnik Editores, 1984.

«Nicaragua desde adentro» (1982).

«Palabras inaugurales (al *Diálogo de las Américas*)», texto leído por el poeta y narrador mexicano

Eraclio Zepeda en la sesión inicial del *Diálogo de las Américas*, *Casa de las Américas*, XXIII, no. 136 (enero-febrero 1983), pp. 6-11.

«Discurso en la recepción de la Orden Rubén Darío», *Casa de las Américas*, XXIII, no. 138 (mayo-junio 1983), pp. 130-34.

Carta a Roberto Fernández Retamar (Sobre «Situación del intelectual latinoamericano»)

Saignon (Vaucluse), 10 de mayo de 1967
A Roberto Fernández Retamar en La Habana

Mi querido Roberto:

Te debo una carta, y unas páginas para el número de la Revista que tratará de la situación del intelectual latinoamericano contemporáneo. Por lo que verás a renglón casi seguido, me resulta más sencillo unir ambas cosas; hablando contigo, aunque sólo sea desde un papel por encima del mar, me parece que alcanzaré a decir mejor algunas cosas que se me almidonarían si les diera el tono del ensayo, y tú ya sabes que el almidón y yo no hacemos buenas camisas. Digamos entonces que una vez más estamos viajando en auto rumbo a Trinidad y que después de habernos apoderado con gran astucia de los dos mejores asientos, con probable cólera de Mario, Ernesto y Fernando apiñados en el fondo, reanudamos aquella conversación que me valió pasar tres maravillosos días en enero último, y que de alguna manera no se interrumpirá jamás entre tú y yo.

Prefiero este tono porque palabras como «intelectual» y «latinoamericano» me hacen levantar instintivamente la guardia, y si además aparecen juntas me suenan en seguida a disertación del tipo de las que terminan casi siempre encuadernadas (iba a decir enterradas) en pasta española. Súmale a eso que llevo dieciséis años fuera de Latinoamérica, y que me considero sobre todo como un cronopio que escribe cuentos y novelas sin otro fin que el perseguido ardorosamente por todos los cronopios, es decir su regocijo personal. Tengo que hacer un gran esfuerzo para comprender que a pesar de esas peculiaridades *soy* un intelectual latinoamericano; y me apresuro a decirte que si hasta hace pocos años esa clasificación despertaba en mí el reflejo muscular consistente en elevar los hombros hasta tocarme las orejas, creo que los hechos cotidianos de esta realidad que nos agobia (*¿realidad* esta pesadilla irreal, esta danza de idiotas al borde del abismo?) obligan a suspender los juegos, y sobre todo los juegos de palabras. Acepto, entonces, considerarme un intelectual latinoamericano, pero mantengo una reserva: no es por serlo que diré lo que quiero decirte aquí. Si las circunstancias me sitúan en ese contexto y dentro de él debo hablar, prefiero que se entienda claramente que lo hago como un ente moral, digamos lisa y llanamente como un hombre de buena fe, sin que mi nacionalidad y mi vocación sean las razones determinantes de mis palabras. El que mis libros estén presentes desde hace años en Latinoamérica no invalida el hecho deliberado e irreversible de que me marché de la Argentina en 1951 y que sigo residiendo en un país europeo que elegí sin otro motivo que mi soberana voluntad de vivir y escribir en la forma que me parecía más plena y satisfactoria. Hechos concretos me han movido en los últimos cinco años a reanudar un contacto personal con Latinoamérica, y ese contacto se ha hecho por Cuba y desde Cuba; pero la importancia que tiene para mí ese contacto no se deriva de mi condición de intelectual latinoamericano; al contrario, me apresuro a decirte que nace de una perspectiva mucho más europea que latinoamericana, y más ética que intelectual. Si lo que sigue ha de tener algún valor, debe nacer de una total franqueza, y empiezo por señalarlo a los nacionalistas de escarapela y banderita que directa o indirectamente me han reprochado muchas veces mi «alejamiento» de mi patria o, en todo caso, mi negativa a reintegrarme físicamente a ella.

En última instancia, tú y yo sabemos de sobra que el problema del intelectual contemporáneo es uno solo, el de la paz fundada en la justicia social, y que las pertenencias nacionales de cada uno sólo subdividen la cuestión sin quitarle su carácter básico. Pero es aquí donde un escritor alejado de su país se sitúa forzosamente en una perspectiva diferente. Al margen de la circunstancia local, sin la inevitable dialéctica del *challenge and response* cotidianos que representan los problemas políticos, económicos o sociales del país, y que exigen el compromiso inmediato de todo intelectual consciente, su sentimiento del proceso humano se vuelve por decirlo así más planetario, opera por conjuntos y por síntesis, y si pierde la fuerza concentrada en un contexto inmediato, alcanza en cambio una lucidez a veces insoportable pero siempre esclarecedora. Es obvio que desde el punto de vista de la mera *información* mundial, da casi lo mismo estar en Buenos Aires que en Washington o en Roma, vivir en el propio país o fuera de él. Pero aquí no se trata de información sino de *visión.* Como revolucionario cubano, sabes de sobra hasta qué punto los imperativos locales, los problemas cotidianos de tu país, forman por así decirlo un primer círculo vital en el que debes obrar e incidir como escritor, y que ese primer círculo en el que se juega tu vida y tu destino personal a la par de la vida y el destino de tu pueblo, es a la vez contacto y barrera con el resto del mundo, contacto porque tu batalla es la de la humanidad, barrera porque en la batalla no es fácil atender a otra cosa que a la línea de fuego.

No se me escapa que hay escritores con plena responsabilidad de su misión nacional que bregan a la vez por algo que la rebasa y la universaliza; pero bastante más frecuente es el caso de los intelectuales que, sometidos a ese condicionamiento circunstancial, actúan por así decirlo desde fuera hacia adentro, partiendo de ideales y principios universales para circunscribirlos a un país, a un idioma, a una manera de ser. Desde luego no creo en los universalismos diluidos y teóricos, en las «ciudadanías del mundo» entendidas como un medio para evadir las responsabilidades inmediatas y concretas —Vietnam, Cuba, toda Latinoamérica— en nombre de un universalismo más cómodo por menos peligroso; sin embargo, mi propia situación personal me inclina a participar en lo que nos ocurre a *todos*, a escuchar las voces que entran por cualquier cuadrante de la rosa de los vientos. A veces me he preguntado qué hubiera sido de mi obra de haberme quedado en la Argentina; sé que hubiera seguido escribiendo porque no sirvo para otra cosa, pero a juzgar por lo que llevaba hecho hasta el momento de marcharme de mi país, me inclino a suponer que habría seguido la concurrida vía del escapismo intelectual, que era la mía hasta entonces y sigue siendo la de muchísimos intelectuales argentinos de mi generación y mis gustos. Si tuviera que enumerar las causas por las que me alegro de haber salido de mi país (y quede bien claro que hablo por mí solamente, y de manera a título de parangón) creo que la principal sería el haber seguido desde Europa, con una visión des-nacionalizada, la revolución cubana. Para afirmarme en esta convicción me basta, de cuando en cuando, hablar con amigos argentinos que pasan por París con la más triste ignorancia de lo que verdaderamente ocurre en Cuba; me basta hojear los periódicos que leen veinte millones de compatriotas; me basta y me sobra sentirme a cubierto de la influencia que ejerce la información norteamericana en mi país y de la que no se salvan, incluso creyéndolo sinceramente, infinidad de escritores y artistas argentinos de mi generación que comulgan todos los días con las ruedas de molino subliminales de la United Press y las revistas «democráticas» que marchan al compás de *Time* o de *Life.*

Aquí ya puedo hablar en primera persona, puesto que de eso se trata en los testimonios que nos has pedido. Lo primero que diré es una paradoja que puede tener su valor si se la mide a la luz de los párrafos anteriores en que he tratado de situarme y situarte mejor ¿No te parece en verdad paradójico que un argentino casi enteramente volcado hacia Europa en su juventud, al punto de quemar las naves y venirse a Francia, sin una idea precisa de su destino, haya descubierto aquí, después de una década, su verdadera condición de latinoamericano? Pero esta paradoja abre una cuestión más honda: la de si no era necesario situarse en la perspectiva más universal del viejo mundo, desde donde todo parece poder abarcarse con una especie de ubicuidad mental, para ir descubriendo poco a poco las verdaderas raíces de lo latinoamericano sin perder por eso la visión global de la historia y del hombre. La edad, la madurez, influyen desde luego, pero no bastan para explicar ese proceso de reconciliación y recuperación de valores originales; insisto en creer (y en hablar por mí mismo y sólo por mí mismo) que, si me hubiera quedado en la Argentina, mi madurez de escritor se hubiera traducido de otra manera, probablemente más perfecta y satisfactoria para los historiadores de la literatura, pero ciertamente menos incitadora, provocadora y en última instancia fraternal para aquellos que leen mis libros por razones vitales y no con vistas a la ficha bibliográfica o la clasificación estética. Aquí quiero agregar que de ninguna manera me creo un ejemplo de esa «vuelta a los orígenes» —telúricos, nacionales, lo que quieras— que ilustra precisamente una importante corriente de la literatura latinoamericana, digamos *Los pasos perdidos* y, más circunscritamente, *Doña Bárbara.* El telurismo como lo entiende entre ustedes un Samuel Feijóo, por ejemplo, me es profundamente ajeno por estrecho, parroquial y hasta diría aldeano; puedo comprenderlo y admirarlo en quienes no alcanzan, por razones múltiples, una visión totalizadora de la cultura y de la historia, y concentran todo su talento en una labor «de zona», pero me parece un preámbulo a los peores avances del nacionalismo negativo cuando se convierte en el credo de escritores que, casi siempre por falencias culturales, se obstinan en exaltar los valores del terruño contra los valores a secas, el país contra el mundo, la raza (porque en eso se acaba) contra las demás razas ¿Podrías tú imaginarte a un hombre de la latitud de un Alejo Carpentier convirtiendo la tesis de su novela citada en una inflexible bandera de combate? Desde luego que no, pero los hay que lo hacen, así como hay circunstancias de la vida de los pueblos en que ese sentimiento del retorno, ese arquetipo casi junguiano del hijo pródigo, de Odiseo al final de periplo, puede derivar a una exaltación tal de lo propio que, por contragolpe lógico, la vía del desprecio más insensato se abra hacia todo lo demás. Y entonces ya sabemos lo que pasa, lo que pasó hasta 1945, lo que puede volver a pasar.

Quedamos, entonces, para volver a mí que soy desganadamente el tema de estas páginas, que la paradoja de redescubrir a distancia lo latinoamericano entraña un proceso de orden muy diferente a una arrepentida y sentimental vuelta al pago. No solamente no he vuelto al pago sino que Francia, que es mi casa, me sigue pareciendo el lugar de elección para un temperamento como el mío, para mis gustos y, espero, para lo que pienso todavía escribir antes de dedicarme a la vejez, tarea complicada y absorbente como es sabido. Cuando digo que aquí me fue dado descubrir mi condición de latinoamericano, indico tan sólo una de las consecuencias de una evolución más compleja y abierta. Ésta no es una autobiografía, y por eso resumiré esa evolución en el mero apunte de sus etapas. De la Argentina se alejó un escritor para quien la realidad, como lo imaginaba Mallarmé, debía culminar en un libro; en París nació un hombre para quien los libros deberán culminar en la realidad. Ese proceso comportó muchas batallas, derrotas, traiciones y logros parciales. Empecé por tener conciencia de mi prójimo, en un plano sentimental y por decirlo así antropológico; un día desperté en Francia a la evidencia abominable de la guerra de Argelia, yo que de muchacho había seguido la guerra de España y más tarde la guerra mundial como una cuestión en la que lo fundamental eran principios e ideas en lucha. En 1957 empecé a tomar conciencia de lo que pasaba en Cuba (antes había noticias periodísticas de cuando en cuando, vaga noción de una dictadura sangrienta como tantas otras, ninguna participación afectiva a pesar de la adhesión en el plano de los principios). El triunfo de la revolución cubana, los primeros años del gobierno, no fueron ya una mera satisfacción histórica o política; de pronto sentí otra cosa, una encarnación de la causa del hombre como por fin había llegado a concebirla y desearla. Comprendí que el socialismo, que hasta entonces me había parecido una corriente histórica aceptable e incluso necesaria, era la única corriente de los tiempos modernos que se basaba en el hecho humano esencial, en el *ethos* tan elemental como ignorado por las sociedades en que me tocaba vivir, en el simple, inconcebiblemente difícil y simple principio de que la humanidad empezará verdaderamente a merecer su nombre el día en que haya cesado la explotación del hombre por el hombre. Más allá no era capaz de ir, porque, como te lo he dicho y probado tantas veces, lo ignoro todo de la filosofía política, y no llegué a sentirme un escritor de izquierda a consecuencia de un proceso intelectual sino por el mismo mecanismo que me hace escribir como escribo o vivir como vivo, un estado en el que la intuición, la participación al modo mágico en el ritmo de los hombres y las cosas, decide mi camino sin dar ni pedir explicaciones. Con una simplificación demasiado maniquea puedo decir que así como tropiezo todos los días con hombres que conocen a fondo la filosofía marxista y actúan sin embargo con una conciencia reaccionaria en el plano personal, a mí me sucede estar empapado por el peso de toda una vida en la filosofía burguesa, y sin embargo me interno cada vez más por las vías del socialismo. Y no es fácil, y ésa es precisamente mi *situación* actual por la que se pregunta en esta encuesta. Un texto mío que publicaste hace poco en la revista «Casilla del camaleón» puede mostrar una parte de ese conflicto permanente de un poeta con el mundo, de un escritor con su trabajo.

Pero para hablar de mi situación como escritor que ha decidido asumir una tarea que considera indispensable en el mundo que lo rodea, tengo que completar la síntesis de ese camino que llegó a su fin con mi nueva conciencia de la revolución cubana. Cuando fui invitado por primera vez a visitar tu país, acababa de leer *Cuba, isla profética*, de Waldo Frank, que resonó extrañamente en mí, despertándome a una nostalgia, a un sentimiento de carencia, a un no estar verdaderamente en el mundo de mi tiempo aunque en esos años mi mundo parisiense fuera tan pleno y exaltante como lo había deseado siempre y lo había conseguido después de más de una década de vida en Francia. El contacto personal con las realizaciones de la revolución, la amistad y el diálogo con escritores y artistas, lo positivo y lo negativo que vi y compartí en ese primer viaje actuaron doblemente en mí; por un lado tocaba otra vez la realidad latinoamericana de la que tan alejado me había sentido en el terreno personal, y por otro lado asistía cotidianamente a la dura y a veces desesperada tarea de edificar el socialismo en un país tan poco preparado en muchos aspectos y tan abierto a los riesgos más inminentes. Pero entonces sentí que esa doble experiencia no era doble en el fondo, y ese brusco descubrimiento me deslumbró. Sin razonarlo, sin análisis previo, viví de pronto el sentimiento maravilloso de que mi camino ideológico coincidiera con mi retorno latinoamericano; de que esa revolución, la primera revolución socialista que me era dado seguir de cerca, fuera una revolución latinoamericana. Guardo la esperanza de que en mi segunda visita a Cuba, tres años más tarde, te haya mostrado que ese deslumbramiento y esa alegría no se quedaron en mero goce personal. Ahora me sentía situado en un punto donde convergían y se conciliaban mi convicción en un futuro socialista de la humanidad y mi regreso individual y sentimental a una Latinoamérica de la que me había marchado sin mirar hacia atrás muchos años antes.

Cuando regresé a Francia luego de esos dos viajes, comprendí mejor dos cosas. Por una parte, mi hasta entonces vago compromiso personal e intelectual con la lucha por el socialismo entraría, como ha entrado, en un terreno de definiciones concretas, de colaboración personal allí donde pudiera ser útil. Por otra parte, mi trabajo de escritor continuaría el rumbo que le marca mi manera de ser, y aunque en algún momento pudiera reflejar ese compromiso (como algún cuento que conoces y que ocurre en tu tierra) lo haría por las mismas razones de libertad estética que ahora me están llevando a escribir una novela que ocurre prácticamente fuera del tiempo y del espacio histórico. A riesgo de decepcionar a los catequistas y a los propugnadores del arte al servicio de las masas, sigo siendo ese cronopio que, como lo decía al comienzo, escribe para su regocijo o su sufrimiento personal, sin la menor concesión, sin obligaciones «latinoamericanas» o «socialistas» entendidas como *a prioris* pragmáticos. Y es aquí donde lo que traté de explicar al principio encuentra, creo, su justificación más profunda. Sé de sobra que vivir en Europa y escribir «argentino» escandaliza a los que exigen una especie de asistencia obligatoria a clase por parte del escritor. Una vez que para mi considerable estupefacción un jurado insensato me otorgó un premio en Buenos Aires, supe que alguna célebre novelista de esos pagos había dicho con patriótica indignación que los premios argentinos deberían darse solamente a los residentes en el país. Esta anécdota sintetiza en su considerable estupidez una actitud que alcanza a expresarse de muchas maneras pero que tiende siempre al mismo fin; incluso en Cuba, donde poco podría importar si habito en Francia o en Islandia, no han faltado los que se inquietan amistosamente por ese supuesto exilio. Como la falsa modestia no es mi fuerte, me asombra que a veces no se advierta hasta qué punto el eco que han podido despertar mis libros en Latinoamérica se deriva de que proponen una literatura cuya raíz nacional y regional está como potenciada por una experiencia más abierta y más compleja, y en la que cada evocación o recreación de lo originalmente mío alcanza su extrema tensión gracias a esa apertura sobre y desde un mundo que lo rebasa y en último extremo lo elige y lo perfecciona. Lo que entre ustedes ha hecho un Lezama Lima, es decir, asimilar y cubanizar por vía exclusivamente libresca y de síntesis mágico-poética los elementos más heterogéneos de una cultura que abarca desde Parménides hasta Serge Diaghilev, me ocurre a mí hacerlo a través de experiencias tangibles, de contactos directos con una realidad que no tiene nada que ver con la información o la erudición pero que es su equivalente vital, la sangre misma de Europa. Y si de Lezama puede afirmarse, como acaba de hacerlo Vargas Llosa en un bello ensayo aparecido en la revista *Amaru*, que su cubanidad se afirma soberana por esa asimilación de lo extranjero a los jugos y a la voz de su tierra, yo siento que también la argentinidad de mi obra ha ganado en vez de perder por esa ósmosis espiritual en la que el escritor no renuncia a nada, no traiciona nada, sino que sitúa su visión en un plano desde donde sus valores originales se insertan en una trama infinitamente más amplia y más rica y por eso mismo —como de sobra lo sé yo aunque otros lo nieguen— ganan a su vez en amplitud y riqueza, se *recobran* en lo que pueden tener de más hondo y de más valedero.

Por todo esto, comprenderás que mi «situación» no solamente no me preocupa en el plano personal sino que estoy dispuesto a seguir siendo un escritor latinoamericano en Francia. A salvo por el momento de toda coacción, de la censura o la autocensura que traban la expresión de los que viven en medios políticamente hostiles o condicionados por circunstancias de urgencia, mi problema sigue siendo, como debiste sentirlo al leer *Rayuela*, un problema metafísico, un desgarramiento continuo entre el monstruoso error de ser lo que somos como individuos y como pueblos en este siglo, y la entrevisión de un futuro en el que la sociedad humana culminaría por fin en ese arquetipo del que el socialismo da una visión práctica y la poesía una visión espiritual. Desde el momento en que tomé conciencia del hecho humano esencial, esa búsqueda representa mi compromiso y mi deber. Pero ya no creo, como pude cómodamente creerlo en otro tiempo, que la literatura de mera creación imaginativa baste para sentir que me he cumplido como escritor, puesto que mi noción de esa literatura ha cambiado y contiene en sí el conflicto entre la realización individual como la entendía el humanismo, y la realización colectiva como la entiende el socialismo, conflicto que alcanza su expresión quizá más desgarradora en el *Marat-Sade* de Peter Weiss. Jamás escribiré expresamente para nadie, minorías o mayorías, y la repercusión que tengan mis libros será siempre un fenómeno accesorio y ajeno a mi tarea; y sin embargo hoy sé que escribo *para*, que hay una intencionalidad que apunta a esa esperanza de un lector en el que reside ya la semilla del hombre futuro. No puedo ser indiferente al hecho de que mis libros hayan encontrado en los jóvenes latinoamericanos un eco vital, una confirmación de latencias, de vislumbres, de aperturas hacia el misterio y la extrañeza y la gran hermosura de la vida. Sé de escritores que me superan en muchos terrenos y cuyos libros, sin embargo, no entablan con los hombres de nuestras tierras el combate fraternal que libran los míos. La razón es simple, porque si alguna vez se pudo ser un gran escritor sin sentirse partícipe del destino histórico inmediato del hombre, en este momento no se puede escribir sin esa participación que es responsabilidad y obligación, y sólo las obras que la trasunten, aunque sean de pura imaginación, aunque inventen la infinita gama lúdica de que es capaz el poeta y el novelista, aunque jamás apunten directamente a esa participación, sólo ellas contendrán de alguna indecible manera ese temblor, esa presencia, esa atmósfera que las hace reconocibles y entrañables, que despierta en el lector un sentimiento de contacto y cercanía.

Si esto no es aún suficientemente claro, déjame completarlo con un ejemplo. Hace veinte años veía yo en un Paul Valéry el más alto exponente de la literatura occidental. Hoy continúo admirando al gran poeta y ensayista, pero ya no representa para mí ese ideal. No puede representarlo quien, a lo largo de toda una vida consagrada a la meditación y a la creación, ignoró soberanamente (y no sólo en sus escritos) los dramas de la condición humana que en esos mismos años se abrían paso en la obra epónima de un André Malraux y, desgarrada y contradictoriamente pero de una manera admirable precisamente por ese desgarramiento y esas contradicciones, en un André Gide. Insisto en que a ningún escritor le exijo que se haga tribuno de la lucha que en tantos frentes se está librando contra el imperialismo en todas sus formas, pero sí que sea *testigo* de su tiempo como lo querían Martínez Estrada y Camus, y que su obra o su vida (¿pero cómo separarlas?) den ese testimonio en la forma que les sea propia. Ya no es posible respetar como se respetó en otros tiempos al escritor que se refugiaba en una libertad mal entendida para dar la espalda a su propio signo humano, a su pobre y maravillosa condición de hombre entre hombres, de privilegiado entre desposeídos y martirizados.

Para mí, Roberto, y con esto terminaré, nada de eso es fácil. El lento, absorbente, infinito y egoísta comercio con la belleza y la cultura, la vida en un continente donde unas pocas horas me ponen frente a los frescos de Giotto o los Velázquez del Prado, en la curva del Rialto del Gran Canal o en esas salas londinenses donde se diría que las pinturas de Turner vuelven a inventar la luz, la tentación cotidiana de volver como en otros tiempos a una entrega total y fervorosa a los problemas estéticos e intelectuales, a la filosofía abstracta, a los altos juegos del pensamiento y de la imaginación, a la creación sin otro fin que el placer de la inteligencia y de la sensibilidad, libran en mí una interminable batalla con el sentimiento de que nada de todo eso se justifica éticamente si al mismo tiempo no se está abierto a los problemas vitales de los pueblos, si no se asume decididamente la condición de intelectual del tercer mundo en la medida en que todo intelectual, hoy en día, *pertenece potencial o efectivamente al tercer mundo puesto que su sola vocación es un peligro, una amenaza, un escándalo para los que apoyan lenta pero seguramente el dedo en el gatillo de la bomba.* Ayer, en *Le Monde*, un cable de la UPI transcribía declaraciones de Robert McNamara. Textualmente, el secretario norteamericano de la defensa (¿de qué defensa?) dice esto: «Estimamos que la explosión de un número relativamente pequeño de ojivas nucleares en cincuenta centros urbanos de China destruiría la mitad de la población urbana (más de cincuenta millones de personas) y más de la mitad de la población industrial. Además, el ataque exterminaría a un gran número de personas que ocupan puestos clave en el gobierno, en la esfera técnica y en la dirección de las fábricas, así como una gran proporción de obreros especializados.» Cito ese párrafo porque pienso que, después de leerlo, un escritor digno de tal nombre no puede volver a sus libros como si no hubiera pasado nada, no puede seguir escribiendo con el confortable sentimiento de que su misión se cumple en el mero ejercicio de una vocación de novelista, de poeta o de dramaturgo. Cuando leo un párrafo semejante, sé cuál de los dos elementos de mi naturaleza ha ganado la batalla. Incapaz de acción política, no renuncio a mi solitaria vocación de cultura, a mi empecinada búsqueda ontológica, a los juegos de la imaginación en sus planos más vertiginosos; pero todo eso no gira ya en sí mismo y por sí mismo, no tiene ya nada que ver con el cómodo humanismo de los mandarines de occidente. En lo más gratuito que pueda yo escribir asomará siempre una voluntad de contacto con el presente histórico del hombre, una participación en su larga marcha hacia lo mejor de sí mismo como colectividad y humanidad. Estoy convencido de que sólo la obra de aquellos intelectuales que respondan a esa pulsión y a esa rebeldía se encarnará en las conciencias de los pueblos y justificará con su acción presente y futura este oficio de escribir para el que hemos nacido.

Un abrazo muy fuerte de tu

JULIO

Carta a Haydée Santamaría

París, 4 de febrero de 1972.

Mi querida Haydée:

Acabo de recibir tu carta. Lo primero que advertirás en la frase precedente es que te tuteo. Lo segundo que deberías advertir es que cuando escribo ciertas cartas o ciertos poemas, jamás hago un borrador, jamás reflexiono demasiado; lo que tengo que decir nace de mí como podría nacer un abrazo o una bofetada, según las circunstancias. Si te tuteo aquí es porque ya lo había hecho (y pienso que te diste cuenta) en ese texto que publicaste en la revista de la Casa, la «Policrítica». Ahí, como en todo lo que me une profundamente con la Revolución, estaba yo tal cual soy, con mis contradicciones y mis errores y mis esperanzas, pero sobre todo con mi voluntad total y definitiva de ser lo que entiendo que debo ser hasta el final. En ese texto me dirigí a Fidel tuteándolo («Tienes razón, Fidel», etc.) y por extensión, lo que te decía a ti y a los compañeros de la Casa y a todos los compañeros latinoamericanos era también un tuteo. No veo por qué tendría que cambiar de tratamiento ahora que te escribo directamente; si en mi última carta, cuando te envié mi texto sobre el viaje de Fidel a Chile, utilicé todavía el «usted», lo hice simplemente porque no tenía contacto directo contigo, porque había el *GRAN SILENCIO* que siguió a eso que llaman el «caso Padilla». Pero tú me has escrito, tengo tu carta aquí, recién leída con algo en que la alegría y la amargura se mezclan como los ingredientes de algunos cócteles; y entonces ya no necesito dirigirme a ti, Haydée, con ese «usted» protocolar que pone distancias y mentiras entre los hombres. Sé que no te ofenderás, simplemente porque eres Haydée, porque te sé capaz de comprender tantas cosas que escapan a otros; y porque te quiero y te respeto, y porque contra lo que sea y contra lo que venga estaré siempre con Cuba, a mi manera, que por desgracia (¿por desgracia?) no es siempre la que se espera de mí.

Haydée, las cosas no son tan simples como lo quisiéramos todos. Tu carta traza en una serie de párrafos las etapas de lo que nos ha falsamente distanciado, y sé que, apenas escribo la palabra *falsamente*, tú reaccionarás como es lógico que reacciones, puesto que crees estar en la verdad y con la verdad, y yo lo comprendo de sobra. Pero vuelvo a decirte, las cosas no son tan simples, y tu carta marca la hora en que un nuevo diálogo se vuelve necesario y útil; ni tú ni yo haremos de esto una cuestión personal, hay cosas harto más importantes en juego que tú y que yo. No voy a fatigarte con detalles destinados a explicarte por qué, en el momento de la prisión de Padilla, procedí en la forma en que lo hice. No voy a justificarme, me importa muy poco justificarme. Pero tú me dices con toda claridad lo que fueron tus sentimientos cuando viste mi nombre entre los que firmaron la primera carta dirigida a Fidel, y es elemental que yo te responda diciéndote cuáles fueron mis sentimientos cuando, después del estupor y el escándalo provocado en Europa por la noticia del arresto de Padilla, empezaron a pasar los días y las semanas sin que ninguno de nosotros, los que necesitábamos un mínimo de información, recibiéramos el menor detalle que permitiera hacer frente a esa ola desencadenada por la prensa reaccionaria de los falsos amigos de Cuba, de los oportunistas, de los resentidos y de los ingenuos. Una vez más (porque de alguna manera se repetía lo que me obligó a escribir aquel artículo de marras en *Le Nouvel Observateur*, tan mal leído e interpretado en Cuba cuando el primer «caso Padilla»), una vez más, Haydée, y créeme que era duro y desesperante, unos pocos nos vimos solos frente a una ofensiva que hablaba de torturas, de presiones, de campos de concentración, de estalinismo, de dominación soviética y tanta basura que conoces de sobra. ¿Tú te das cuenta de lo que significa vivir en París y verse asediado por todos los que se interesan de veras por el proceso cubano, y que quieren una explicación coherente de lo que pasa, en el mismo momento en que un diario como *Le Monde* publica el texto de un cubano que afirma que Padilla ha sido torturado? Cien veces he dicho, en la Casa y fuera de ella, que la auténtica imagen de la Revolución Cubana debe ser mostrada sin tapujos en el exterior, para enfrentar y liquidar las calumnias y los malentendidos; esta vez (era la segunda vez en mi experiencia) me encontré solo frente al silencio, asediado por quienes me saben honrado y esperaban de mí una explicación aceptable de un episodio que la prensa internacional presentaba con las insinuaciones que te imaginas. Fue entonces —y esto te lo digo pesando cada palabra y asumiendo toda mi responsabilidad— que busqué en la embajada cubana de París una base que me permitiera responder a las preguntas incesantes que se me hacían. Y fue entonces que lo único que encontré en la embajada fue un silencio todavía peor, evasivas, «todavía no se sabe nada», o lo que era peor, la torpeza de decir de Padilla lo que podría decirse del último de los gusanos de Miami.

Carpentier y su mujer, Campignoni (creo que se llama así) y algún otro son testigos de que, después de *dos* entrevistas (una con Castellanos y otra con ellos en un restaurante), dije con todas las letras que después de semanas de espera inútil, que equivalían por parte de Cuba a ignorar o a despreciar el amor y la inquietud de sus sostenedores en Francia, a mí me resultaría imposible no asociarme a un pedido de información que un grupo de escritores se creía con derecho a hacerle a Fidel. Más claro, imposible: era una manera amistosa, de compañero a compañero, de decirle: «Hay cosas que se pueden aguantar hasta un cierto límite, pero más allá se tiene derecho a una explicación», porque lo contrario supone o desprecio o culpa. Ocho o diez días más pasaron después de eso, sin que nadie de la embajada fuera capaz de comprender, a pesar de las advertencias, que esa primera carta se convertía en un derecho, como el que tienes tú de escribirme y yo de contestarte. No juzgo a nadie, Haydée, pero te doy los elementos de juicio. Una vez más, en una situación particularmente grave, la imagen exterior de Cuba se vio falseada y amenazada por esa lamentable conducta consistente en no dar la cara y explicar, por lo menos en su base, lo que luego se sabría a la luz de la autocrítica de Padilla.

Hago aquí un paréntesis para aclarar un aspecto que me toca personalmente y que me dolió hondamente; si tú no me hubieras escrito lo que has escrito, jamás habría hablado de eso, pero hoy entiendo que tu carta te da el derecho de saber incluso los detalles marginales de esta cuestión. (...) En cuanto a la redacción de la primera carta, la que yo firmé, puedo decirte simplemente esto: el texto original que me sometió Goytisolo era muy parecido al texto de la segunda carta: es decir, paternalista, insolente, inaceptable desde todo punto de vista. Me negué a firmarlo y propuse un texto de remplazo que se limitaba, respetuosamente, a un pedido de información sobre lo sucedido; tú dirás que además se expresaba la inquietud de que en Cuba se estuviera produciendo una «pulsión sectaria» o algo así, y es cierto; teníamos miedo de que esto estuviera sucediendo, pero ese miedo no era ni traición ni indignación ni protesta. Relee el texto, por favor, y compáralo con el de la segunda carta que naturalmente yo no firmé. A ti puedo decirte (la «Policrítica» lo dice también, por supuesto) que lamento que ese pedido de información de compañeros a compañeros se viera complementado por esa expresión de inquietud; pero insisto en que de ninguna manera se podía atribuir a los firmantes una injerencia insolente o un paternalismo como el que muestra la segunda e incalificable carta.

En resumen y para terminar con esto: la imagen que haya podido fabricarse de mí, y según la cual anduve de casa en casa buscando firmas, es falsa y grotesca. Pero no es falso que, después de haberles dado a los representantes de Cuba todo el tiempo necesario para evitar la carta, ésta fue enviada porque así debía ser, porque no hay derecho a ignorar hasta tal punto la preocupación y el interés de los amigos de Cuba en el exterior (...) cuando en la misma ciudad hay montones de gente bien intencionada que no sabe qué pensar, y montones de gente mal intencionada que aprovecha cada minuto del día y cada columna de la prensa para falsear la imagen de una revolución que tanta sangre ha costado y tantos sacrificios le cuesta a su pueblo.

En fin, Haydée, esas cosas sucedieron así, Fidel reaccionó como lo sabemos, y yo entendí que debía escribir el texto que tú publicaste en la revista, gesto que te agradeceré toda mi vida. Ahora, en tu carta, tú me confirmas una actitud en la que las reservas y las discrepancias no excluyen la confianza e incluso la amistad; sé que no soy indigno del abrazo que me das al cerrar tu carta; sé que hemos estado y probablemente estaremos muchas veces en desacuerdo sobre cuestiones importantes, y que ese desacuerdo, por penoso que pueda ser, forma parte de un proceso histórico complejo y en el que nada puede ni debe ser monolítico y de una pieza. Me dices: «Su actitud posterior, la misma nota que nos manda, nos hacen pensar que si siempre actuara así, se decidiría de una vez a estar con dios o con el diablo.» Haydée, si ser un revolucionario es, como tú dices a renglón seguido, ser un hombre decidido que no escoge el camino más fácil, entonces soy un revolucionario aunque nunca me he dado a mí mismo tan alto título. Lo soy, basándome en tus propias palabras, porque aquí, durante el período del «caso Padilla», el camino más fácil era simple y cómodo, era el que esperaban de mí los enemigos de Cuba: que me callara, que aceptara obedientemente el silencio, que dejara a gusanos y a traidores babear todo su veneno en las columnas de los diarios. Ya ves que en cambio tomé el menos fácil: firmar esa primera carta a Fidel, que sigo creyendo legítima dentro de una perspectiva internacional, y desvincularme de la segunda carta con todo lo que eso supuso para mí en muchos planos. Y créeme que nada de fácil ha tenido para mí enfrentar las consecuencias de esos actos, verme una vez más borrado de un plumazo de tantos puentes de afecto y de cariño que me unen con todo lo cubano, escuchar las calumnias previsibles, entrar en una «muerte civil» de muchos meses. Pero todo esto es cosa mía y no seguiré. Solamente quiero decirte que, en lo que toca a mi conducta con respecto a la Revolución Cubana, mi manera de estar con dios (¡vaya comparación, compañera!) será siempre la misma, es decir que en momentos de crisis me guiaré por mi sentido de los valores —intelectuales o morales o lo que sean— y no me callaré lo que crea que no debo callarme. A nadie le pido que me acepte, yo sé de sobra que los revolucionarios de verdad terminan por comprender ciertas conductas que otros calificarían de revoltosas; la mejor prueba eres tú misma, al publicar mi «Policrítica» en la revista, y frente a cosas así poco me importa el hielo oficial de la embajada de París o el silencio de amigos cubanos muy queridos.

Esta «descarga», como tan bien dicen por allá, es demasiado larga y mal escrita, pero no quiero cerrarla sin decirte dos palabras acerca de tus referencias a la revista *Libre.* Si escuchaste la grabación que Roberto hizo tomar en los días en que Vargas Llosa y yo informamos sobre *Libre* en el seno del Comité de Colaboración, conocerás lo que dije para explicar las finalidades y las intenciones de la proyectada revista. Siempre he lamentado que los cubanos decidieran no colaborar en ella; y lo he lamentado porque era una oportunidad extraordinaria de conseguir una plataforma de lanzamiento privilegiada en el sentido de que podía alcanzar a toda la América Latina, cosa que por desgracia no puede hacer la revista *Casa* y las otras publicaciones cubanas. Había la oportunidad de valerse sin ningún compromiso de un respaldo económico que no es, como se ha dicho absurdamente, «la plata del diablo» (¡lo que pueden pesar los prejuicios y las ideas recibidas!) sino el dinero de una mujer que lleva años financiando películas de avanzada y actividades diversas de la izquierda europea, vaya a saber en el fondo si por mala conciencia o simplemente porque su única manera de ayudar a una causa es darle parte de su dinero. Si en la Casa hubieran decidido entrar con todo en la revista, esa revista sería verdaderamente *nuestra*, Haydée, porque entre otras cosas yo me hubiera dedicado a *full-time* a ella, dejando de lado cualquier otra cosa, y otras gentes igualmente convencidas de las posibilidades revolucionarias de esa publicación hubieran hecho lo mismo, y hoy tendríamos un arma eficaz para nuestro frente especial de lucha. No fue así, y la revista ha nacido con un horizonte bastante restringido y poco interesante, al punto que yo me desintereso de ella y poco me importa su destino que imagino efímero. Sin embargo, he creído mi deber hacer todos los esfuerzos posibles para descentralizarla y obtener que sucesivos números se impriman (y escriban) ahí donde sea posible en países latinoamericanos, dirigidos y hechos por la gente de cada país en cuestión; de eso se habló con Chile, y todavía creo que *Libre* podría enderezar hacia una forma verdaderamente revolucionaria de acción; por el momento no es más que una de las muchas revistitas liberales, tan pesada como costosa, fuera del alcance de los jóvenes que necesitan leer pero no tienen el dinero para pagarla. Qué lástima haber perdido esa oportunidad que sólo dependía de aceptar realistamente los hechos y sobre todo tener confianza en algunos de nosotros, en vez de basarse exclusivamente en la desconfianza que podían inspirar otros. Privado del apoyo, de la colaboración de ustedes, ¿qué podía hacer alguien como yo? Me imagino tu respuesta: «En todo caso, irte de la revista.» Claro, muy sencillo; pero eso es precisamente para mí elegir el diablo y no a dios, elegir la facilidad. Te repito que poco me interesa *Libre* tal como aparece ahora, pero que haré lo que pueda por proyectarla a otra dimensión, la que hubiera querido lograr junto a ustedes y con ustedes; no soy optimista porque me siento muy solo, pero mientras quede una posibilidad de convertir a *Libre* en una publicación barata y verdaderamente revolucionaria, con amplia difusión en todos nuestros países, seguiré arrimando el hombro.

Haydée, gracias otra vez por tu carta, gracias por ese abrazo final que te devuelvo con todo mi afecto. Una vez más, mi amistad y mi solidaridad con la Casa. En lo peor de los equívocos, estoy seguro de que siempre habrá pájaros y nubes entre nosotros. Estaré siempre con ustedes, ya lo irás sabiendo.

JULIO

Carta a Saúl Sosnowski (a propósito de una entrevista a David Viñas)

En un primer número, Hispamérica *publicó una entrevista a David Viñas a cargo de Mario Szichman. Una de las preguntas se refiere a Cortázar. En la respuesta, Viñas continúa el argumento que presentó en su ensayo* De Sarmiento a Cortázar.

En una carta fechada en París el 29 de septiembre de 1972, Cortázar responde a los comentarios de Viñas. Sólo he omitido los primeros tres párrafos que son de índole personal. El texto de Cortázar es publicado en su totalidad y con su consentimiento.

Saúl Sosnowski

No me parece bien abrir eso que llaman una polémica sobre la base de un reportaje. No me consta que Viñas haya dicho exactamente lo que transcribe Szichman (*honni soit qui mal y pense* en lo que se refiere a la honradez intelectual de Szichman). Y sobre todo hay un hecho previo bastante horrible, y es que nunca leí *De Sarmiento a Cortázar*, primero porque Viñas no me lo envió, probablemente por descuido porque David es un compañero a pesar de nuestras discrepancias, y sólo supe del libro cuando él mismo aludió a la cuestión en La Habana, y me dijo francamente: «Te adelanto que es un libro muy polémico». Nunca encontré un ejemplar en París, entre varias razones porque no lo busqué expresamente, quizá por una especie de narcisismo al revés, puesto que no tengo empacho en decirle a cualquiera que lo que escriben sobre mí tiende a aburrirme, actitud que no disimulo ni procuro justificar; me queda poco tiempo de vida útil y prefiero dedicarla a cosas como mi último libro y algunas otras en terrenos prácticos que por razones obvias no se dicen por escrito. En resumen, sucede que no conozco ese libro de Viñas, y él empieza por decirle a Szichman que mantiene los puntos de vista allí sustentados. Comprenderá usted que eso me pone en inferioridad de condiciones para entender claramente lo que a continuación dice David sobre mí, y en las circunstancias actuales creo que hay mejores actividades que cumplir en un terreno de lucha que salir a buscar el libro, leerlo lápiz en mano y luego armar una réplica coherente.

Todo va muy rápido en América Latina y el nivel en que se sitúan las reflexiones de Viñas me parece hoy bastante rebasado por cosas que están sucediendo en plena calle o en la secretaría de la presidencia.

Dicho esto, me parece útil para Viñas, para los lectores de la revista, y quizá para mí mismo, hacer una o dos observaciones sucintas sobre las opiniones del primero de los nombrados, siempre a reserva de que la transcripción no sea fiel, y sin otra intención que mostrar mi visión del problema. Lo del viejo mito argentino de la santificación de París (son términos de David) es algo que ha perdido todo interés, allá y aquí, salvo para los resentidos de la literatura, y como no es con ellos que vamos a hacer la revolución, le ponemos punto y se acabó. Yo no me vine a París para santificar nada, sino porque me ahogaba dentro de un peronismo que era incapaz de comprender en 1951, cuando un altoparlante en la esquina de mi casa me impedía escuchar los cuartetos de Bela Bartok; hoy puedo muy bien escuchar a Bartok (y lo hago) sin que un altoparlante con slogans políticos me parezca un atentado al individuo. No es culpa mía si, totalmente desconocido cuando me vine a Francia, mis libros *escritos en Europa* me han dado una notoriedad que puede llegar hasta el título de un libro de Viñas; ese tipo de reproches sólo tendría sentido si me hubiera ido del país en plena actividad literaria, ya conocida y valorada. Me fui como un don nadie, y no fue culpa mía si mis cuentos y mis novelas empezaron a encontrar lectores en América Latina; casi me duele repetirlo, pero es penoso verificar que en este terreno las impugnaciones insisten en cerrar los ojos al más evidente de los hechos: el de que Europa, a su manera, fue la coautora de mis libros y sobre todo de *Rayuela*, que, lo digo sin la menor falsa modestia, puso ante los ojos de una generación joven y angustiada una serie de interrogantes y una serie de posibles aperturas que tocaban en lo más hondo la problemática existencial latinoamericana; y la tocaban porque además era una problemática europea (por no decir occidental y abarcar así a países como los Estados Unidos, donde *Rayuela* sigue siendo leída por la gente joven). Yo lamento mucho haber contribuido, por lo que parece, a la santificación de París; pero lo que habría que comprender mejor es hasta qué punto París puede haber sido y es un detonador para muchos aspectos que tocan a nuestra conciencia latinoamericana.

Viñas decreta que mi «proyecto» (las comillas son indeclinables) es inverso al de un Régis Debray, que renuncia al «espíritu francés» para realizarse en La Habana o en Camiri. No es un chiste imaginar que a lo mejor un polemista francés podría decirle exactamente lo mismo a Debray poniéndome a mi como ejemplo del circuito inverso; en todo caso, comparar geométricamente dos «proyectos» tan disímiles abre la puerta a cualquier extravagancia; los caminos que llevan a nuestra finalidad común no se dejan barajar con tanta desenvoltura; para decir todo lo que pienso, me consta que Debray y yo estamos mucho más cerca uno del otro que cualquiera de los dos de David Viñas; pero como esto es caer en el mismo sistema y además agravado por una especie de triangulación, stop.

Sé que Viñas es honrado, y valoro que al imaginarme «englutido por el ritmo impuesto por un mercado industrial», agregue que ni siquiera he entrevisto las artimañas. Lo malo de su conjetura es que no solamente no estoy englutido por nada, sino que soy uno de los escritores más fiacas que ha dado la Argentina, excelsa sin embargo en ese terreno como lo prueban Guido y Spano y Enrique Banchs entre otros muchos. Desafío a cualquiera a que demuestre que he escrito una sola línea por razones de compromisos editoriales; por ahí hago prólogos o presento libros para editores amigos, es parte de mi fiesta personal y nada más; el ritmo «artesanal» que Viñas ve en mi obra anterior no ha cambiado en absoluto; no es culpa mía que las coplas me vayan brotando como agua de manantial; y mucho menos que ahora haya muchísimos editores dispuestos a publicarlas. ¿Debería negárselas, debería quemar mis coplas, mis cuentos? Seamos serios, che.

Sobre mi supuesta «esquizofrenia lingüística» es muy posible que Viñas tenga razón; no es algo que uno mismo pueda ver claro, pero seguiré esperando opiniones mejor fundadas, sobre todo ahora que publico el *Libro de Manuel*, que a mí me parece muy argentino como escritura. En cuanto a mi «marxismo de festival», si en alguna parte hay opiniones expresas y firmadas por mí sobre el *marxismo*, reconoceré que Viñas tiene razón porque soy profundamente ignaro en teorías políticas; he dicho siempre que creía en la vía socialista y en una revolución que nos llevara a ella, pero jamás he pretendido pasar por un marxista en el plano de las ideas. Leo todo lo que puedo, y trato de aprender para equivocarme menos; mis incursiones en el marxismo terminan por el momento ahí.

También, le diré a David que tiene perfecto derecho, y quizá razón, cuando percibe un «circuito de deterioro» (sic), que iría de *Rayuela* a *Último Round*; pero tampoco es una cuestión sobre la cual puedo creerme omnisciente, aunque no me resulta difícil advertir una vez más la vieja exigencia del lector al escritor, ese dirigismo inoperante pero que sigue siendo irreductible, y que en el fondo no pasa de una mera proyección personal en una obra ajena. Yo lamento que mi circuito no coincida con la proyección que hace Viñas de sí mismo, de sus ideas y conductas, y que se permite proyectar terminantemente sobre mi propio dibujo, que naturalmente falta o sobra por todos lados con respecto al suyo. Contra eso, nada se puede; pero lamento que alguien como David Viñas interponga con tanta obstinación su propia imagen entre él y lo que lee, entre él y alguien que en lo más hondo, en lo que verdaderamente cuenta, está y estará siempre con gente como él, para luchar cada uno a su manera contra los verdaderos enemigos.

Le dije al principio, Sosnowski, que no quería polemizar; a lo mejor esta carta ha resultado tan larga que entra ya en la categoría de las respuestas bien pensadas. Sigo creyendo que no debemos perder más tiempo en discusiones que cada día deja vertiginosamente atrás;

pero a alguien inteligente y bien intencionado como Viñas se le puede, creo, hablar como acabo de hacerlo. Lo importante, en el fondo, es que sean otros los que nos lean y saquen sus propias conclusiones, y por eso van estas líneas, junto con mis mejores deseos para HISPAMÉRICA y para usted.

JULIO CORTÁZAR

Neruda entre nosotros

Mis ojos no vinieron para morder olvido.
Canto General, «Hacia Recabarren»

Yo te amo, pura tierra, como tantas cosas amé contrarias:
la flor, la calle, la abundancia, el rito.

Canto General, «La arena traicionada»

Tan cercano como está en la vida y en la muerte, toda tentativa de *fijarlo* desde la escritura corre riesgo de cualquier fotografía, de cualquier testimonio unilateral: Neruda de perfil, Neruda poeta social, las aproximaciones usuales y casi siempre falibles. La historia, la arqueología, la biografía, coinciden en la misma terrible tarea: clavar la mariposa en el cartón. Y el único rescate que las justifica viene de la zona imaginaria de la inteligencia, de su capacidad para ver en pleno vuelo esas alas que ya son ceniza en cada pequeño ataúd de museo. Cuando entré por última vez a su dormitorio de Isla Negra, en febrero de este año, Pablo Neruda estaba en cama acaso ya definitivamente inmovilizado, y sin embargo sé que aquella tarde y aquella noche anduvimos juntos por playas y senderos, que llegamos aún más lejos que dos años antes, cuando él había venido a esperarme a la entrada de la casa y había querido mostrarme las tierras que pensaba donar para que a su muerte alzaran allí una residencia de escritores jóvenes.

Así, como paseando a su lado y escuchándolo, quisiera decir aquí mi palabra de latinoamericano ya viejo, porque muchas veces en el torbellino de la casi impensable aceleración histórica del siglo he sentido dolorosamente que la imagen universal de Pablo Neruda era para muchos una imagen maniquea, una estatua ya erigida que los ojos de las nuevas generaciones miraban con ese respeto mezclado de indiferencia que parece ser el destino de todo bronce en toda plaza. A esos jóvenes de cualquier país del mundo quisiera contarles, con la llaneza del que encuentra a sus amigos en el café, las razones de un amor que trasciende la poesía por sí misma, un amor que tiene otro sentido que mi amor por la poesía de John Keats o de César Vallejo o de Paul Eluard; hablarles de lo que sucedió en mis tierras latinoamericanas en esa primera mitad de un siglo que para ellos se confunde ya en la continuidad de un pasado que todo lo devora y lo confunde.

En el principio fue la mujer; para nosotros, Eva precedió a Adán en mi Buenos Aires de los años treinta. Éramos muy jóvenes, la poesía nos había llegado bajo el signo imperial del simbolismo y del modernismo, Mallarmé y Rubén Darío, Rimbaud y Rainer María Rilke: la poesía era gnosis, revelación, apertura órfica, desdén de la realidad convencional, aristocracia, rechazando el lirismo fatigado y rancio de tanto bardo sudamericano. Jóvenes pumas ansiosos de morder en lo más hondo de una vida profunda y secreta, de espaldas a nuestras tierras, a nuestras voces, traidores inocentes y apasionados, cerrándose en cónclaves de café y de pensiones bohemias: entonces entró Eva hablando español desde un librito de bolsillo nacido en Chile, *Veinte poemas de amor y una canción desesperada.* Muy pocos conocían a Pablo Neruda, a ese poeta que bruscamente nos devolvía a lo nuestro, nos arrancaba a la vaga teoría de las amadas y las musas europeas para echarnos en los brazos a una mujer inmediata y tangible, para enseñarnos que un amor de poeta latinoamericano podía darse y escribirse *hic et nunc*, con las simples palabras del día, con los olores de nuestras calles, con la simplicidad del que descubre la belleza sin el asentimiento de los grandes heliotropos y la divina proporción.

Pablo lo sabía, lo supo muy pronto: no opusimos resistencia a esa invasión que nos liberaba, a esa fulminante reconquista. Por eso, cuando leímos *Residencia en la tierra* no éramos ya los mismos, los jóvenes pumas se lanzaban ya por su cuenta a la caza de presas tanto tiempo despreciadas. Después de Eva veíamos llegar al

Demiurgo, resuelto a trastrocar un orden bíblico que no habíamos establecido los latinoamericanos; ahora íbamos a asistir a la creación verbal del continente, el pez iba a llamarse pez por boca americana, las cosas y los seres se proponían y se dibujaban desde la matriz original que nos había hecho a todos, sin la sanción tranquilizadora de los Linneo y los Cuvier y los Humboldt y los Darwin que nos habían legado paternalmente sus modelos y sus nomenclaturas. Me acuerdo, me acuerdo tanto: Rubén Darío se desplazó vertiginosamente en mi geografía poética, de la noche a la mañana pasó a ser un gran poeta lejano, como Quevedo o Shelley o Walt Whitman; en nuestra dilatada, desierta y salvaje tierra mental, que habíamos llenado de necesarias y vagorosas mitologías, *Residencia* se precipitó en la Argentina como antaño San Martín en Chile para liberarlo, como Bolívar picando sus águilas desde el norte; la poesía tiene su historia militar, sus conquistas y sus batallas, el verbo es legión y carga, y la vida de todo hombre sensible a la palabra guarda en su memoria incontables cicatrices de esos profundos, indecibles arreglos de cuentas entre el ayer y el hoy, entre lo artificial y lo auténtico; inútil murmurar que lo recíproco no existe, que Chile está hoy ahí para probar hasta qué punto la historia militar ignora la poesía, eso que en última instancia es lo humano en su exigencia más alta, allí donde la justicia se quita la venda que el sistema le ha puesto en los ojos y sonríe como una mujer que ve jugar a un niño.

Neruda no nos dio demasiado tiempo para recobrarnos, para tomar esa distancia que la inteligencia establece hasta con lo más amado puesto que su razón de ser está en un *plus ultra* incesante. Aceptar, asimilar *Residencia en la tierra* exigía acceder a una dimensión diferente de la lengua y, desde allí, *ver americano* como jamás se había visto hasta entonces. (Ya algunos de nosotros, movidos por el azar de librerías o amistades, entrábamos con el mismo asombro en una nueva faceta de esa inconcebible metamorfosis de nuestra palabra: *Trilce*, de César

Vallejo, llegaba a Buenos Aires desde el norte, viajera secreta y temblorosa trayendo claves diferentes para un mismo reconocimiento americano.) Pero Pablo no nos dio tiempo a mirar en torno, a hacer un primer balance de esa multiplicada explosión de la poesía. Vastos poemas que formarían luego parte de la tercera *Residencia* se sumaban tumultuosos a la primera gran cosmogonía para afinarla, especializarla, traerla cada vez más al presente y a la historia. Cuando la guerra civil española lo lleva a escribir *España en el corazón*, Neruda ha dado el paso final que lo desplaza del escenario a los actores, de la tierra a los hombres; su definición política, que tanto malentendido innoble haría surgir (y pudrir) en América Latina, tiene la necesidad y la llaneza del cumplimiento amoroso, de la posesión en la entrega última; y es fácil advertir que el signo ha cambiado, que a la lenta, apasionada enumeración de los frutos terrestres por boca de un hombre solitario y melancólico, sucede ahora la insistente llamada a recobrar esos frutos jamás gozados o injustamente perdidos, la proposición de una poesía de combate lentamente forjada desde la palabra y desde la acción. En Buenos Aires, capital de la prescindencia histórica, este segundo y más terrible espolazo de Neruda bastó para hacer caer muchas máscaras; me tocó ver, testigo irónico, cómo nerudianos fanáticos repudiaban bruscamente su poesía, mientras oportunistas al viento de las reivindicaciones exaltaban una obra que les era palpablemente ininteligible salvo en sus significados más obvios. Quedaron los que lo merecían, comprometidos o no en el plano político (lo digo expresamente, puesto que a mí me faltaba aún la Revolución Cubana para despertarme), y para ésos la obra de Neruda siguió siendo como un pulso, una vasta respiración americana frenética a las delicuescencias pasatistas y las fidelidades cada vez más ridículas a los cánones extranjeros. Sé que le debo a Neruda el acceso a Vallejo, a Octavio Paz, a Lezama Lima, a Cardenal, poetas tan diferentes como unidos, tan individuales como fraternos. Pero lo repito, él no nos daba tregua, no nos dio nunca tregua; poema tras poema, libro tras libro, su imperiosa brújula exigía la revisión de nuestros rumbos, nos llamaba sin proponérselo, sin el menor paternalismo de poeta mayor, de abuelo Hugo latinoamericano; simplemente ponía otro libro sobre la mesa, y pálidos fantasmas corrían a esconderse. Cuando llegó el *Canto general*, el ciclo de creación entró en su ultimo día necesario; luego seguirían muchos otros, memorables o de simple fiesta, vendrían los poemas bien ganados del que se sienta a recordar su vida con los amigos, como el entrañable *Extravagario* y tantos momentos del *Memorial de Isla Negra*; Neruda envejecía sin renunciar a su sonrisa de muchacho travieso, entraba por la fuerza de las cosas en el ciclo de las solemnidades, los paseos utilizables, la más que innecesaria consagración del Premio Nobel, último manotazo del sistema para recuperar lo irrecuperable, el aire libre, el gato en el tejado jugando con la luna.

Mucho se ha escrito sobre el *Canto general*, pero su sentido más hondo escapa a la crítica textual, a toda reducción sólo centrada en la expresión poética. Esa obra inmensa es una monstruosidad anacrónica (se lo dije un día a Pablo, que me contestó con una de sus lentas miradas de tiburón varado), y por ello una prueba de que América Latina no solamente está fuera del tiempo histórico europeo sino que tiene el perfecto derecho y, lo que es más, la penetrante obligación de estarlo. Como, en un terreno no demasiado diferente al fin y al cabo, *Paradiso* de José Lezama Lima, el *Canto general* decide hacer tabla rasa y empezar de nuevo; por si fuera poco, lo hace. Porque apenas se piensa en esto, es casi obvio que la poesía contemporánea de Europa y de las Américas es una empresa definidamente limitada, una provincia, un territorio, a la vez dentro del campo de expresión verbal y dentro de la circunstancia personal del poeta. Quiero decir que la poesía contemporánea, incluso la de intención social como la de un Aragon, un Nazim Hikmet o un Nicolás Guillén, que me vienen los primeros a la memoria y están lejos de ser los únicos, se da circunscrita a determinadas situaciones e intenciones. Más perceptible es esto todavía en la poesía no comprometida, que en nuestros tiempos y en todos los tiempos tiende a concentrarse en lo elegíaco, lo erótico o lo costumbrista. Y en ese contexto, cuya infinita riqueza y hermosura no sólo no niego sino que me ha ayudado a vivir, llega un día el *Canto general* como una especie de absurda, prodigiosa geogonía latinoamericana, quiero decir, una empresa poética de ramos generales, un gigantesco almacén de ultramarinos, una de esas ferreterías donde todo se da, desde un tractor hasta un tornillito; con la diferencia de que Neruda rechaza soberanamente lo prefabricado en el plano de la palabra, sus museos, galerías, catálogos y ficheros que de alguna manera nos venían proponiendo un conocimiento vicario de nuestras tierras físicas y mentales, deja de lado todo lo hecho por la cultura e incluso por la naturaleza; él es un ojo insaciable retrocediendo al caos original, una lengua que lame las piedras una a una para saber de su textura y sus sabores, un oído donde empiezan a entrar los pájaros, un olfato emborrachándose de arena, de salitre, del humo de las fábricas. No otra cosa había hecho Hesíodo para abarcar los cielos mitológicos y las labores rurales; no otra cosa intentó Lucrecio, y por qué no Dante, cosmonauta de almas. Como algunos de los cronistas españoles de la conquista, como Humboldt, como los viajeros ingleses del Río de la Plata, pero en el límite de lo tolerable, negándose a describir lo ya existente, dando en cada verso la impresión de que antes no había nada, de que ese pájaro no tenía ese nombre y que esa aldea no existía. Y cuando yo le hablé de eso, él me miraba con sorna y volvía a llenarme el vaso, señal inequívoca de que estabas bastante de acuerdo, hermano viejo.

Por cosas así pienso que la obra de Pablo Neruda ha sido para los latinoamericanos de mi tiempo algo que trasciende los parámetros usuales en que dialécticamente se mueven el hacedor y el lector de poesía. Cuando pienso en ella, la palabra *obra* tiene para mí una consistencia arquitectónica, un peso de mampostería, porque su acción en muchos de nosotros no sólo se cumplió en ese plano general de enriquecimiento ontológico que da toda gran poesía, sino en el de una toma directa de contacto con materias, formas, espacios y tiempos de nuestra América. ¿Quién podrá llegar hasta el litoral chileno y asomarse al Pacífico implacable sin que los versos de la *Barcarola* vuelvan desde la ya remota *Residencia en la tierra*, quién subirá a Macchu Picchu sin sentir que Pablo lo precede en la interminable teoría de peldaños y colmenas? Lo digo con riesgo, lo digo con dolor: cuánta poesía querida se me adelgazó entre las manos después de esa terrible precipitación mineral y celular. Y lo digo también con gratitud: porque ningún poeta mata a los demás poetas, simplemente los ordena de otra manera en la trémula biblioteca de la sensibilidad y la memoria. Habíamos vivido y leído de prestado, aunque los préstamos fueran tan hermosos; habíamos amado en la poesía algo como un privilegio diplomático, una extraterritorialidad, el nepente verbal de tanta torpe tiranía y tanta insolente expoliación de nuestras vidas civiles; sin soberbia, sin jamás reprocharnos nuestras delicadas prescindencias, Neruda nos abrió la más ancha de las puertas hacia esa toma de conciencia que algún día se llamará de versos libertad. Ahora podíamos seguir leyendo a Mallarmé y a Rilke, puestos en su órbita precisa, pero ahora no podíamos negar que éramos latinoamericanos; yo sé, lo sabe lo más exigente de mi ser, que nadie salió perdiendo en esa furiosa confrontación de materias poéticas.

Por eso, a los que demasiado fácilmente olvidan, los invito a releer el *Canto general* para que a la luz (no a la tiniebla) de lo que ocurre en Chile, en Uruguay, en Bolivia —complete usted mismo la lista interminable—, verifiquen la implacable profecía y la invencible esperanza de uno de los hombres más lúcidos de nuestro tiempo. Imposible abarcar ese horizonte, esa rosa de los vientos que se vuelve húmedo erizo para apuntar a sus multiplicados rumbos; sólo aludiré al retrato de tanto dictador, de tanto tirano que Neruda nombró y describió sin vacilar en ese libro como si supiera que iba más allá de sus miserables personas, que su denuncia abarcaba un futuro donde habría de esperarlo otra vez la pesadilla. Los invito, para no citar más que uno, a releer el poema en que González Videla es acusado de traidor a su patria, y a sustituir su nombre por el de Pinochet, a quien Salvador Allende también habría de llamar traidor antes de caer asesinado; los invito a releer los versos en que Neruda transcribe cartas y testimonios de chilenos torturados, vejados y muertos por la dictadura; habría que estar ciego y sordo para no sentir que esas páginas del *Canto general* fueron escritas hace dos meses, hace quince días, anoche, ahora mismo, escritas por un poeta muerto, escritas para nuestra vergüenza y acaso, si alguna vez lo merecemos, para nuestra esperanza.

Conocí muy poco al hombre Pablo Neruda, porque entre mis defectos está el de no acercarme a los escritores, preferir egoístamente la obra a la persona. Dos testimonios había tenido de su afecto por mí: un par de libros dedicados que me hizo llegar a París, sin que jamás hubiera recibido nada mío, y una página que envió a alguna revista cuyo nombre no recuerdo, y en la que generosamente trataba de aplacar una falsa, absurda polémica entre José María Arguedas y yo a propósito de escritores «residentes» y escritores «exiliados». Cuando Salvador Allende asumió la presidencia en noviembre de 1970, quise estar en Santiago cerca de mis hermanos chilenos, asistir a algo que para mí era harto más que una ceremonia, la primera apertura hacia el socialismo en el sector austral del continente. Alguien llamó a mi hotel, con una voz de lento río: «Me dicen que estás muy cansado, ven a Isla Negra y quédate unos días, ya sé que no te gusta ver gente, estaremos solos con Matilde y mi hermana, Jorge Edwards te traerá un auto, vendrán Matta y Teresa a almorzar, nadie más.» Fui, claro, y Pablo me regaló un poncho de Temuco y me mostró la casa, el mar, los solitarios campos. Como si tuviera miedo de cansarme, me dejó andar por los salones vacíos, mirar despacio y a mi gusto la caverna de Aladino, su Xanadú de interminables maravillas. Casi inmediatamente comprendí esa correspondencia rigurosa entre la poesía y las cosas, entre el verbo y la materia. Pensé en Anna de Noailles preguntándole a una amiga el nombre de una flor entrevista en un paseo, y asombrándose: «Ah, pero si es la misma que tantas veces he nombrado en mis poemas», y sentí lo que iba de eso a un poeta que jamás nombró sin antes palpar, vivir lo nombrado. Cuánto resentido, cuánto envidioso ironizó en su día sobre los mascarones de proa, los atlas, los compases, los barcos en las botellas, las primeras ediciones, las estampas y los muñecos, sin comprender que esa casa, que todas las casas de Neruda eran también poemas, réplica y corroboración de las nomenclaturas de *Residencia* y del *Canto*, prueba de que nada, ninguna sustancia, ninguna flor había entrado en sus versos sin ser lentamente mirada y olida, sin darle y ganarse el derecho a vivir siempre en la memoria de los que recibirían en pleno pecho esa poesía de encarnación verbal, de contacto sin mediaciones. Incluso la muerte de Pablo Neruda entre escombros y alimañas uniformadas, ¿no es un último poema de combate? Sabíamos que estaba condenado por el cáncer, que era una cuestión de tiempo y que acaso hubiera muerto el día en que murió aunque la ralea vencedora no le hubiera destrozado y saqueado la casa. Pero el destino habría de dibujarlo hasta el fin como lo que él había querido ser; voluntariamente o no, ya ajeno a lo circundante o mirando las ruinas de su casa con esos ojos de alcatraz a los que nada escapaba, su muerte es hoy su verso más terrible, el salivazo en plena cara del verdugo. Como en su día el Che Guevara, como Nguyen Van Troy, como tantos que mueren sin rendirse. Me acuerdo de la última vez que lo vi, en febrero de este año; cuando llegué a Isla Negra me bastó ver la gran puerta cerrada para comprender, con algo que ya no eran las certidumbres de la ciencia médica, que Pablo me citaba para despedirse. Mi mujer había esperado grabar una charla con él para la radio francesa; nos miramos sin hablar, y el grabador quedó en el auto. Matilde y la hermana de Pablo nos llevaron al dormitorio desde donde él confirmaba su diálogo con el océano, con esas olas en las que había visto los gigantescos párpados de la vida. Lúcido y esperanzado (eran las vísperas de las elecciones en las que la Unidad Popular afirmó su derecho a gobernar) nos dio su último libro. «Ya que no puedo ir a las manifestaciones ni hablarle al pueblo, quiero estar presente con estos versos que escribí en tres días.» El título lo explicaba todo: *Incitación al nixonicidio y alabanza de la revolución chilena*; versos para gritar en las esquinas, para que los cantores populares les pusieran música, para que los obreros y los campesinos los leyeran en sus centros y en sus casas. Un televisor a los pies de la cama lo mantenía al tanto del proceso electoral; novelas policiales, que tanto le gustaban, eran mejor sedante que las inyecciones cada vez más necesarias. Hablamos de Francia, de su último cumpleaños en la casa de Normandía adonde los amigos habíamos llegado de todas partes para que Pablo sintiera un poco menos la geométrica soledad del diplomático famoso, y donde con gorros de papel, largos tragos y música lo despedimos (él lo sabía, y nosotros sabíamos que él lo sabía). Hablamos de Salvador Allende, que había venido a visitarlo en esos días sin previo aviso, sembrando la estupefacción con un helicóptero inconcebible en Isla Negra; y por la noche, aunque insistíamos en irnos, en que descansara, Pablo nos obligó a mirar con él un horrendo folletín de vampiros en la televisión, fascinado y divertido al mismo tiempo, abandonándose a un presente de fantasmas más reales para él que un futuro que sabía cerrado. En mi primera visita, dos años atrás, me había abrazado con un *hasta pronto* que habría de cumplirse en Francia; ahora nos miró un momento, sus manos en las nuestras, y dijo: «Mejor no despedirse, ¿verdad?», los fatigados ojos ya distantes.

Era así, no había que despedirse; esto que he escrito es mi presencia junto a él y junto a Chile. Sé que un día volveremos a Isla Negra, que su pueblo entrará por esa puerta y encontrará en cada piedra, en cada hoja de árbol, en cada grito de pájaro marino, la poesía siempre viva de ese hombre que tanto lo amó.

GINEBRA, 1973

Notas sobre lo gótico en el Río de la Plata

Para desconcierto de la crítica, que no encuentra una explicación satisfactoria, la literatura rioplatense cuenta con una serie de escritores cuya obra se basa en mayor o menor medida en lo fantástico, entendido en una acepción muy amplia que va de lo sobrenatural a lo misterioso, de lo terrorífico a lo insólito, y donde la presencia de lo específicamente «gótico» es con frecuencia perceptible. Algunos célebres relatos de Leopoldo Lugones, las atroces pesadillas de Horacio Quiroga, lo fantástico mental de Jorge Luis Borges, los artificios a veces irónicos de Adolfo Bioy Casares, la extrañeza en lo cotidiano de Silvina Ocampo y del que esto escribe, y, *last but not least*, el universo surreal de Felisberto Hernández, son algunos ejemplos suficientemente conocidos por los amantes de esta literatura, quizá la única, dicho sea de paso, que admite ser calificada de escapista *stricto sensu* y sin intención peyorativa.

Tampoco yo puedo explicar por qué los rioplatenses hemos dado tantos autores y lectores de literatura fantástica. Nuestro polimorfismo cultural, derivado de los múltiples aportes inmigratorios, nuestra inmensidad geográfica como factor de aislamiento, monotonía y tedio, con el consecuente recurso a lo insólito, a un *anywhere cut of the world* literario, no me parecen razones suficientes para explicar la génesis de *Los caballos de Abdera*, de *El almohadón de plumas*, de *Tlön, Uqbar, Orbis Tertius*, de *La invención de Morel*, de *La casa de azúcar*, de *Las armas secretas* o de *La casa inundada*, que corresponden respectivamente a los autores antes citados*.

He aquí unas pocas páginas sobre mi propia experiencia en un orden de la creación que guarda analogías todavía perceptibles con la dimensión de lo «gótico». Acaso proporcionen algún elemento útil a la crítica; es la única razón por la cual elijo hablar de mí mismo en este contexto, y referirme de paso a escritores de la literatura universal con los cuales los rioplatenses tuvimos y tenemos un comercio que también puede contribuir a que se entienda mejor nuestra contribución a una línea tan especial y tan fascinante de la narrativa.

Salvo que una educación implacable se le cruce en el camino, todo niño es en principio gótico. En la Argentina de mi infancia, la educación distaba de ser implacable, y el niño Julio no vio jamás trabada su imaginación, favorecida muy al contrario por una madre sumamente gótica en sus gustos literarios y por maestras que confundían patéticamente imaginación con conocimiento.

Mi casa, vista desde la perspectiva de la infancia, era también gótica, no por su arquitectura sino por la acumulación de terrores que nacía de las cosa y de las creencias, de los pasillos mal iluminados y de las conversaciones de los grandes en la sobremesa. Gente simple, las

* En el primero, caballos mutantes se apoderan de una ciudad, liberada *in extremis* por Hércules. En *El almohadón de plumas*, una mujer muere de aparente anemia, pero cuando su marido levanta el almohadón del lecho mortuorio, advierte que pesa extraordinariamente... El relato de Borges y la novela de Bioy Casares son universalmente conocidos. En *La casa de azúcar*, alguien que se llama Cristina se ve lentamente sustituida por alguien que se llama Violeta. *Las armas secretas* responde a la misma obsesión, pero en un clima resueltamente trágico. *La casa inundada* nos hace entrar en una residencia donde todo flota en el agua, desde la propietaria en su cama hasta las bujías instaladas en budineras. Quisiera agregar que los antecedentes históricos del género gótico en el Río de la Plata son escasos y en general amorfos; se salvan los nombres de Juana Manuel Gorriti (1818-1892) que, según Jean Andreu, es la que más se aproxima al modelo gótico anglosajón, y Eduardo Ladislao Holmberg (1852-1937), cuyos textos pasan sin exceso de genio por todas las variantes de lo gótico.

lecturas y las supersticiones permeaban una realidad mal definida, y desde muy pequeño me enteré de que el lobizón salía en las noches de luna llena, que la mandrágora era un fruto de horca, que en los cementerios ocurrían cosas horripilantes, que a los muertos les crecían interminablemente las uñas y el pelo, y que en nuestra casa había un sótano al que nadie se animaría a bajar jamás. Curiosamente, esa familia dada a los peores recuentos del espanto tenía a la vez el culto del coraje viril, y desde chico se me exigieron expediciones nocturnas destinadas a templarme, mi dormitorio fue un altillo alumbrado por un cabo de vela al término de una escalera donde siempre me esperó el miedo vestido de vampiro o de fantasma. Nadie supo nunca de ese miedo, o acaso fingió no saberlo.

Tal vez por eso, por puro exorcismo y sin clara conciencia de las razones compensatorias que me movían, empecé a escribir poemas donde lo lúgubre y lo necrofílico parecían muy naturales y loables a mi familia (mi madre guarda aún hoy, por desgracia fuera de mi alcance, un poema basado en *El cuervo* de Edgar Allan Poe, que escribí a los doce años, y quizá algunos relatos donde el mismo Poe y el Víctor Hugo de *Han de Islandia* y *El hombre que ríe* se disputaban los temas y las atmósferas). Nadie cuidaba mis lecturas, que pasaban sin discriminación de los *Ensayos* de Montaigne a las diabólicas andanzas del doctor Fu-Man-Chú de Sax Rohmer, y de un Pierre Loti caro a mi madre a los relatos de terror de Horacio Quiroga. Cada vez que veo las bibliotecas donde se nutren los niños bien educados, pienso que tuve suerte; nadie seleccionó para mí los libros que debía leer, nadie se inquietó de que lo sobrenatural y lo fantástico se me impusieran con la misma validez que los principios de la física o las batallas de la independencia nacional.

Si todos los niños son góticos por naturaleza, pronto descubrí que la mayoría de mis condiscípulos estaban ya sometidos a las leyes del realismo social; en alguna parte he contado mi desconcierto y mi decepción frente al amigo que me devolvía desdeñoso *El secre-*

to de Wilhelm Storitz, de Julio Verne, diciendo lapidariamente: «Es demasiado fantástico.» Los cow-boys y los gángsters destronaban rápidamente a los espectros y a los lobizones, pero yo me mantuve solitario en mi reino de medrosos confines, la Edad Media me invadió nocturna y fatídica desde Walter Scott, desde Eugenio Sue (*Los hijos del pueblo* fue una de mis lecturas más obsesionantes). Nada sabía yo de literatura gótica propiamente dicha, y no deja de ser irrisorio que los grandes autores del género sólo me fueran revelados diez o quince años más tarde, cuando leí en inglés a Horace Walpole, Le Fanu, Mary Shelley y «Monk» Lewis. Preparado por mi infancia, por mi natural aceptación de lo fantástico, de lo *uncanny* en los libros y en la vida de todos los días, esa grande mala literatura encontró, anacrónicamente, un lector como los de su tiempo, pronto a jugar el juego, a aceptar lo inaceptable, a vivir en un permanente estado de eso que Coleridge llamó *suspension of disbelief.*

Por aquel entonces había empezado a escribir cuentos; una primera serie quedó inédita, pues aunque los temas eran excelentes, el tratamiento literario no los proyectaba con la fuerza que habían tenido en mi imaginación, y contrariamente a la mayoría de los escritores jóvenes entendí que la hora de publicar no había sonado todavía. Cuando me decidí a dar a conocer algunos relatos, tenía ya treinta y cinco años y muchos miles de libros leídos. Por eso, a pesar de mi interés por la literatura gótica, el sentido crítico me hizo buscar lo misterioso y lo fantástico en terrenos muy diferentes, aunque sin ella estoy seguro de que jamás los hubiera encontrado. La huella de escritores como Edgar Allan Poe —que prolonga genialmente lo gótico en plena mitad del siglo pasado— es innegable en el plano más hondo de muchos de mis relatos; creo que sin *Ligeia*, sin *La caída de la casa Usher*, no se hubiera dado en mí esa disponibilidad a lo fantástico que me asalta en los momentos más inesperados y que me lleva a escribir como única manera posible de atravesar ciertos límites, de instalarme en el terreno de *lo otro.* Pero desde un primer momento, siendo todavía muy joven, algo me indicó que el camino formal de esa otredad no estaba en los trucos literarios sin los cuales lo gótico no alcanza su «pathos» más celebrado, no estaba en esa escenografía verbal consistente en extrañar de entrada al lector, condicionarlo con un clima morboso para obligarlo a acceder dócilmente al misterio y al espanto.

Muy al contrario, lo mejor del legado gótico se manifiesta en nuestro tiempo dentro de una general desinfección de su escenografía escueta, de un rechazo irónico de todos los «gimmicks» y los «props» de que se valían Walpole, Le Fanu y los otros grandes narradores góticos. Inútil decir que esta reacción precede con mucho a nuestra época; en pleno romanticismo inglés, Thomas Love Peacock se burlaba ya del género en su delicioso *Nightmare Abbey*, burla que alcanzó su ápice a fines del siglo en las páginas de *El fantasma de Canterville* de Oscar Wilde. Y sin embargo...

El cine, por ejemplo. No creo que el espectador de cine, que naturalmente es también lector de novelas, sufra de un peligroso desdoblamiento de la personalidad, pese a lo cual acepta —yo el primero, y con qué delicia— que la pantalla le presente lo gótico en su forma más cruda, con las atmósferas, los decorados y los trucos más tópicos. Se dirá que ese espectador goza irónicamente de los horrores del vampirismo o de la metamorfosis del licántropo; por mi parte, la ironía es sólo un recurso extremo y de bastante mala fe para que el pavor no se adueñe demasiado de mí, para recordarme que estoy en una butaca de cine. Y cuando veo películas como *Caligari*, como *Frankenstein*, como *The Night of the Living Bodies*, no hay ironía ni distanciamiento que me salve del espanto, de la participación en lo que allí sucede. La escenografía gótica, expulsada de la mejor literatura fantástica de nuestro tiempo, encuentra un extraordinario avatar en el cine; y el niño que sigue ávidamente vivo en mí y en tantos otros, vuelve a gozar sin los escrúpulos del adulto cultivado, baja otra vez las sombrías escaleras que llevan a las criptas donde espera el horror entre telarañas y murciélagos y sarcófagos.

Me alegro de que sea así, porque el cine gótico es como una maravillosa máquina del tiempo que nos devuelve por unas horas a la manera de ser y de vivir de quienes crearon la novela gótica y de quienes la leyeron apasionadamente. Fuera del cine y frente a la letra impresa no es posible ese retorno a una inocencia parcial, o sólo lo es un grado ínfimo. En este sentido pienso en *Drácula*, la gran novela de Bram Stoker, que a fines del siglo pasado osó escribir un libro aparentemente inadmisible para su época. Basta comenzar la lectura para advertir la diferencia esencial que media entre la óptica de Stoker y la de un Walpole o un Maturin. Dándose cuenta de la imposibilidad de perpetuar (de perpetrar) lo gótico original en una época altamente crítica, Stoker se vale de un recurso que sería patético si a la vez no resultara inteligente y eficaz, y que consiste sólo en mostrar a los personajes del libro como perfectos imbéciles incapaces de comprender la verdad que asoma delante de sus narices desde los primeros episodios, sino que además da por supuesto que el lector descubrirá inmediatamente lo que sucede pero que a su vez se conducirá como un «gentleman» y se hará el tonto hasta el final para no echar a perder la fiesta. Stoker sabe que la inocencia ya no existe en literatura, pero a fuerza de talento logra en cambio una complicidad y un acatamiento de las reglas del juego que todos los admiradores del conde Drácula le hemos acordado sin vacilar.

En una posición completa y lamentablemente opuesta se sitúa la obra de H. P. Lovecraft, cuyo prestigio me ha dejado siempre perplejo. Aunque autor de un relato admirable, *El color que cayó del cielo*, el conjunto de su obra adolece de una visión inaceptablemente anacrónica. Convencido de la validez de sus efectos literarios, Lovecraft es el reverso de Bram Stoker en la medida en que prescinde de toda connivencia con el lector, y en cambio busca su hipnosis con recursos que hubieran sido eficaces en tiempos de Mrs. Radcliffe pero que actualmente resultan irrisorios, por lo menos en el Río de la Plata. La técnica de Lovecraft es primaria: antes de desatar los acontecimientos sobrenaturales o fantásticos, procede a levantar lentamente el telón sobre una repetida y monótona serie de paisajes ominosos, nieblas mefíticas en pantanos mal afamados, mitologías cavernarias y criaturas con muchas patas procedentes de un mundo diabólico. Ahora bien, si la obra de Lovecraft fuera cinematográfica yo la recibiría con considerable espanto, pero como es una obra escrita, la monótona reiteración de su vocabulario pueril y de sus escenarios tópicos basta para despertar mi tedio más invencible.

No cabe duda de que en este terreno el sentido crítico frente al cine es mucho menos exigente que en materia literaria. Pienso en la diferencia establecida otrora por Freud en su célebre estudio sobre lo *Unheimlich* (aproximadamente: lo inquietante, lo que sale de lo cotidiano aceptable por la razón) y que Maurice Richardson trajo a colación en su estudio sobre los admirables cuentos fantásticos de W. F. Harvey. Allí, Freud hacía notar que en los cuentos de hadas se deja automáticamente de lado la realidad para entrar en un sistema animista de creencias que la civilización ha superado ya y que relega a un plano meramente recreativo o pueril. Pero la situación es otra si el escritor pretende moverse en el mundo de la realidad común, pues ahí las manifestaciones extrañas o insólitas, aceptadas de plano en el cuento de hadas, provocan inevitablemente el sentimiento de lo *unheimlich*, que los ingleses llaman *uncanny* y que no tiene equivalente preciso en español o francés. Incluso, según Freud, el escritor puede intensificar el efecto de esas manifestaciones en la medida en que las sitúa en una realidad cotidiana, puesto que aprovecha de creencias o supersticiones que dábamos por superadas y que vuelven, como los fantasmas auténticos, en la plena luz del día. Lo cual explica, agrega por su parte Richardson, el apogeo de la literatura gótica en el siglo XVIII y de los cuentos de fantasmas en el XIX, pues sólo podían alcanzar su máxima eficacia en épocas supuestamente racionalistas y en las que las supersticiones parecían totalmente superadas.

Esta digresión lleva a preguntarse, en lo que toca a lo gótico, si al entrar en un cine no dejamos fuera el aparato cultural duramente impuesto por la escritura desde el primer banco escolar, y volvemos a un estadio principalmente audiovisual que sería análogo al de los niños frente a los cuentos de hadas; después, de regreso a la escritura, el sentido crítico despierta en toda su exigencia, y en mi caso me lleva a rechazar el gran guiñol de un Lovecraft que unas horas antes había aceptado en cualquier buena película de terror*.

Para terminar por donde comenzaron estas notas: Creo que los escritores y lectores rioplatenses hemos buscado lo gótico en su nivel más exigente de imaginación y de escritura. Junto con Edgar Allan Poe, autores como Beckford, Stevenson, Villiers de l'Isle Adam, el Prosper Mérimée de *La venus de Ille* y de *Lokis*, «Saki», Lord Dunsany, Gustav Meyrinck, Ambrose Bierce, Dino Buzzatti y tantos otros, constituyen algunas de las numerosas asimilaciones sobre las cuales lo fantástico que nos es propio encontró un terreno que nada tiene que ver con una literatura de nivel mucho más primario

---

* La escritura, entonces. Sin embargo, ¿cómo conciliar esto con las reservas de los críticos anglosajones acerca de Edgar Allan Poe, que se basan justamente en una escritura que encuentran afectada, pomposa y frecuentemente «corny», es decir cursi? Los lectores franceses y argentinos conocimos a Poe en traducción, y en el primer caso el traductor fue nada menos que Baudelaire; paradójicamente, ello puede haber influido en que lo terrible y lo extraordinario de sus mejores relatos nos llegara sin que la inteligencia crítica y sobre todo estética sufriera el lastre de una forma defectuosa que, en el peor de los casos, podía achacarse a la traducción. Y sin embargo, comparado con lo obviamente primario de la retórica de un Lovecraft y de sus demasiado frecuentes imitadores europeos, los defectos de Poe se vuelven insignificantes y pertenecen a su tiempo más que a él mismo. Si al releer sus relatos ciertas ampulosidades me aparecen evidentes, su efecto es mínimo frente a la prodigiosa fuerza narrativa que hace de *Berenice*, de *El gato negro* y de tantos otros relatos una suma definitiva del espíritu gótico en una época que entraba ya en nuevas dimensiones literarias.

que sigue subyugando a autores y lectores de otras regiones. Nuestro encuentro con el misterio se dio en otra dirección, y pienso que recibimos la influencia gótica sin caer en la ingenuidad de imitarla exteriormente; en última instancia, ése es nuestro mejor homenaje a tantos viejos y queridos maestros.

El estado actual de la narrativa en Hispanoamérica

En vista del limitado tiempo de que disponemos esta noche, supongo que ninguno de ustedes se habrá tomado en serio el título de esta conferencia, el estado actual de la narrativa en Hispanoamérica, a menos, por supuesto, que sospechen que la palabra narrativa entendida como ficción se refiera más a la conferencia en sí que al tema elegido para ella. No sé exactamente a quién hay que culpar por este título aunque confieso, con evidente inquietud, que la lista de sospechosos se reduce simplemente a dos personas: Ivar Ivask y yo mismo. Como llevamos casi un año escribiéndonos con motivo de esta conferencia, es difícil averiguar el momento preciso en que nació la idea de este tema, y si lo propuse yo en un momento de delirio o si fue consecuencia de una refinada perversidad por parte de Ivar, perversidad dirigida en cierto modo contra mí, pero principalmente contra ustedes. Lo único cierto es que el título de esta charla no corresponde a nada realizable en el escaso tiempo de que disponemos, y ni aun suponiendo que fuera yo el redactor-jefe del *Reader's Digest*, mis técnicas de síntesis no bastarían para resumir aquí la situación actual de la narrativa en Latinoamérica.

Bien, pues, sucede que en los cuentos y novelas que yo he escrito, la presencia de lo que se denomina «lo sobrenatural» o «lo fantástico» es muy poderosa, constituyendo tal vez el rasgo predominante de mi obra. Si la totalidad de cualquier obra narrativa puede clasificarse como «ficción», está claro que la literatura fantástica es el más ficcional de todos los géneros literarios, dado que por definición consiste en volverle la espalda a una realidad universalmente aceptada como normal, esto es, no fantástica, a fin de explorar otros corredores de esta inmensa casa en la que habita el hombre. Por razones de este tipo, que no se basan con demasiada firmeza en la lógica, como muchos de ustedes ya habrán notado, pienso que esta charla podrá quizá tener algún sentido si concentramos su objetivo en dos aspectos: primero, en la dimensión exclusiva de la literatura fantástica, y segundo, en esa zona de la América Latina que hasta el momento ha dado el mayor número de escritores entregados al cultivo de este tipo de ficción. Me refiero a la región del Río de la Plata, no a su sector líquido, claro está, sino a los dos litorales que la delimitan: Uruguay y mi propio país, Argentina.

Al proponer esta división de nuestro tema, concentrándolo en la literatura fantástica, que a su vez se concentra en una determinada región de Hispanoamérica, creo poder contar con la comprensión plena de todos cuantos me están escuchando. Digo esto porque, al contrario de lo que ocurre en otras literaturas nacionales en que lo fantástico aparece tan sólo como una manifestación marginal, la literatura inglesa en su totalidad, con la literatura americana como su más importante proyección fuera de su centro original, constituye en realidad la tierra prometida de la literatura fantástica. Quede claro que al mencionar una literatura determinada, implícitamente se incluye también en ella a sus lectores, y en este caso sé que me estoy dirigiendo a unas personas familiarizadas con la dimensión de lo fantástico desde la infancia a través de una literatura excepcionalmente rica en este elemento. Este hecho nos va a permitir reducir al mínimo las consideraciones teóricas sobre el género fantástico que resultarían indispensables para un público francés, por ejemplo, puesto que la literatura francesa, y por ende sus lectores, sólo acepta lo fantástico de mala gana y con dificultad.

Por lo tanto me voy simplemente a limitar a ajustar el enfoque de nuestro común punto de vista antes de proceder a hablar de la literatura fantástica en la región del Río de la Plata. Para cualquier lector sensible, lo fantástico en literatura resulta transparentemente claro; pero también resulta claro que cuando se trata de percibir esta percepción en términos lógicos surgen dudas y dificultades que los críticos de este género literario aún no han logrado resolver. Durante mucho tiempo se ha buscado una definición de lo fantástico en literatura; personalmente, no he encontrado ninguna que me satisfaga, y al decir esto lo incluyo todo, desde las definiciones simplemente psicológicas o psicoanalíticas a los más recientes intentos estructuralistas. Existe, para empezar, un problema de vocabulario. Términos tales como «maravilloso», «fantástico», «extraño», etcétera, cambian de significado según quién los emplee. Esta primera incertidumbre va inmediatamente seguida por otra; me refiero a la misma sensación de lo fantástico que llega hasta nosotros a través de un texto literario, sensación que varía considerablemente a lo largo del curso de la historia y de una cultura a otra. Ante este estado de cosas, ¿cómo voy a poder explicarles esta noche con una cierta exactitud esa noción de lo fantástico que quisiera enseñarles en la literatura del Río de la Plata? No siendo un crítico, mi única posibilidad es transmitirles lo mejor que pueda mis propias experiencias tan exactamente como se me han aparecido a mí desde que era niño y tal como se han ido manifestando en la serie de cuentos y novelas escritos a lo largo de un período de treinta años. Empezaré, pues, hablando de mí mismo desde esta perspectiva, a fin de abordar después a otros escritores de la región del Río de la Plata. Soy plenamente consciente de que las Emily Posts de las normas de buenos modales considerarían que al elegir este enfoque personal a la hora de tratar este tema doy prueba de una lamentable falta de la más elemental modestia, pero no veo otro camino de iluminar un campo que no se distingue precisamente por su claridad. Para ser sincero, prefiero pasar por vanidoso que por incomprensible.

La suerte (que para mí ya es una referencia a lo fantástico) viene hoy en mi ayuda, porque hace poco tiempo tuve que escribir un artículo sobre la influencia de la llamada literatura gótica en Uruguay y Argentina y ello me hizo reflexionar sobre la relación entre mi propia infancia y mi futuro como escritor. Creo que puede afirmarse sin temor a equivocarse que todo niño, excepto en los casos en que una educación implacable lo aísle a lo largo del camino, es esencialmente gótico, es decir que, debido no sólo a la ignorancia, sino sobre todo a la inocencia, el niño está abierto como una esponja a muchos aspectos de la realidad que después serán criticados o rechazados por la razón y su aparato lógico. En la Argentina de mi infancia la educación estaba muy lejos de ser implacable y el niño Julio Cortázar no vio jamás encadenada con trabas o grilletes su imaginación. Todo lo contrario, se vio alentado por una madre muy gótica en sus gustos literarios y unos maestros que, patéticamente, confundían imaginación con conocimiento.

Naturalmente, el sentido de lo fantástico en la mente de un niño es siempre algo espeso y truculento y es sólo mucho después, ya de adulto, cuando algunas personas consiguen extrapolar de esa primera capacidad de verse impregnado al enfrentarse a lo pavoroso o a lo inexplicable, a fin de sentirlo y comprobarlo en planos mucho más sutiles. El paso de lo simplemente «maravilloso», tal como aparece en los cuentos de hadas que un niño acepta en su más tierna infancia, a lo que se denomina «misterioso», sólo se produce al final de un largo proceso de maduración. Para mí, al principio, lo fantástico era causa incesante de miedo mucho más que de portento. Mi casa, para empezar, ya era un decorado típicamente gótico, no sólo por su arquitectura, sino por la acumulación de terrores nacidos de objetos y creencias, de los pasillos tenebrosos y de las conversaciones de sobremesa de los adultos. Eran éstos gentes sencillas cuyas lecturas y supersticiones impregnaban una mal definida realidad y así, desde mi más tierna infancia, supe que cuando había luna llena salía el hombre lobo, que la mandrágora era una planta mortal, que en los cementerios ocurrían cosas terribles y horrorosas, que el pelo y las uñas de los muertos crecían interminablemente y que en nuestra casa había un sótano al que nadie se atrevía a bajar jamás. Pero, curiosamente, esa familia tan dada a propagar las más horrendas historias de miedo y de terror, mantenía también el culto del valor viril, y así desde muy pequeño se me obligaba a realizar expediciones nocturnas dirigidas a templar mi hombría y mi habitación se convertía en una buhardilla iluminada por un cabo de vela al final de una escalera donde el miedo, vestido de vampiro o de fantasma, me aguardaba siempre. Nadie conoció jamás este miedo o quizá es que tan sólo fingieran ignorarlo.

Tal vez a causa de esto, como puro exorcismo y sin una conciencia clara de las razones compensatorias que me movían a ello, comencé a escribir cuentos y poemas de los que prefiero no acordarme, piezas en las que lo lúgubre y lo necrofílico campaban a gusto y a sus anchas. Como nadie controlaba mis lecturas, no tardé en devorar toda la literatura fantástica que tenía a mi alcance. En general era toda de baja calidad y no puedo negar que haya cierta ironía en el hecho de que sólo hasta diez o quince años después no llegué a conocer a los grandes autores del género gótico en su idioma original, autores como Horace Walpole, Sheridan Le Fanu, Mary Shelley y Maturin, por no mencionar a los maestros modernos tales como Ambrose Bierce o Gustave Meyrink. Admirable excepción, empero, fue la de Edgar Allan Poe, que sí entró por la temerosa puerta de mi infancia, así como el Víctor Hugo de *Han de Islandia* y *El hombre que ríe*, ingenuamente entremezclados con Fu Manchú y otros subproductos del género terrorífico. Así, gracias al camino preparado por mi infancia y a la aceptación natural de lo fantástico en sus diversas y numerosas formas, esa literatura, tanto de buena como de mala calidad, halló en mí a un lector como los de otros tiempos, un lector dispuesto a participar en el juego, a aceptar lo inaceptable, a vivir en un estado permanente de lo que Coleridge llamaba «la suspensión de la incredulidad».

Llegamos ahora a algo que trasciende de mi biografía personal y determina la actitud de casi todos los autores de literatura fantástica de la zona del Río de la Plata. Cuando empecé a escribir cuentos que a mi juicio resultaban publicables, había vivido ya treinta y cinco años y leído miles de libros. Por este motivo, pese a mi gran interés por la literatura fantástica, mi sentido crítico me hacía hallar lo misterioso y lo horrendo en terrenos muy diferentes de los tradicionales, si bien estoy seguro de que sin esa tradición jamas los hubiera hallado. Son innegables las huellas de escritores como Poe en los niveles más profundos de muchos de mis cuentos, y creo que sin Ligeia o sin *La caída de la casa Usher* no me hubiera sentido con esta predisposición hacia lo fantástico que me asalta en los momentos más inesperados y que me impulsa a escribir presentándome este acto como la única forma posible de cruzar ciertos límites, de instalarme en el territorio de «lo otro». Pero, y en esto existe una patente unanimidad entre todos los autores del Río de la Plata, algo me indicaba desde el comienzo que el camino formal de esa otra realidad no se encontraba en los recursos y trucos literarios de que depende la literatura fantástica tradicional para su tan celebrado «pathos», que no se encontraba en esa escenografía verbal que consiste en «desorientar» al lector desde el principio condicionándole dentro de un ambiente morboso a fin de obligarle a acceder dócilmente al misterio y al terror. Por descontado, esta actitud crítica no es posesión exclusiva de los novelistas o autores de relatos breves del Río de la Plata y de hecho precede incluso a nuestra generación. Baste recordar que, durante el apogeo del romanticismo inglés, Thomas Love Peacock satirizó ya el genero gótico en su deliciosa *Nightmare Abbey*, sátira que culmina a finales del siglo pasado en las páginas de *El fantasma de Canterville* de Oscar Wilde.

Así pues, cuando escribía historias fantásticas, mi sentimiento frente a lo que los alemanes llaman *das Unheimliche*, lo inquietante o lo sobrecogedor, surgía y sigue surgiendo en un plano que yo clasificaría de ordinario. Lo fantástico nunca me había parecido excepcional, ni siquiera de niño, y en ese momento lo sentía como una vocación o quizá mejor como un aviso originado en unas zonas de la realidad que el *homo sapiens* prefiere ignorar o relegar al desván de las creencias animistas o primitivas, de las supersticiones y de las pesadillas. He dicho una vocación y en mi caso siempre lo ha sido; hay momentos de mi vida (y no son excepcionales; pueden producirse durante un viaje en metro, en un café o a mitad de la lectura de un periódico) en los que por un instante dejo de ser el que habitualmente soy para convertirme en una especie de pasadizo. En mi interior o fuera de mí se abre de repente algo, un inconcebible sistema de receptáculos comunicantes hace que la realidad se torne porosa como una esponja; durante un momento, por desgracia breve y precario, lo que me rodea cesa de ser lo que era o yo dejo de ser quien soy o quien creo que soy, y en ese terreno en que las palabras sólo pueden llegar tarde e imperfectas para intentar expresar lo que no puede expresarse, todo es posible y todo puede rendirse. La diversidad de las erupciones de lo fantástico es inagotable; en una de mis novelas, *62, Modelo para armar*, los primeros capítulos intentan reconstruir uno de esos múltiples terrenos del pasaje. Un hombre oye en un restaurante una frase insignificante y de repente la realidad externa deja de rodearle y de definirle para dar paso a una especie de coagulación de elementos que la razón rechazaría por heterogéneos o ilógicos. Dentro del personaje se construye lo que podríamos llamar una constelación instantánea, una constelación cuyos elementos aislados no tienen, aparentemente, nada que ver unos con otros. La fuerza de esa constelación es tan enorme que el personaje se rinde a ella sin ser consciente de ello, arrastrado por fuerzas que se manifiestan en ese instante sin razón aparente o explicación lógica. El lector del libro, que indirectamente recibe el influjo de esas fuerzas, las verá actuar a lo largo de la novela e influenciar el destino de los personajes, quienes, por su parte, creen que actúan libremente y no sospechan que esa primera constelación ya contenía íntegramente construido el modelo del cual son simples medios o piezas.

Todo esto, que no es más que un ejemplo de lo que yo entiendo como fantástico, no se presenta de una manera tradicional, es decir con avisos y premoniciones, guiones adecuados y ambientes apropiados como en la literatura gótica o en los modernos relatos fantásticos de baja calidad. Repito que la erupción de lo otro se produce en mi caso de una forma marcadamente trivial y prosaica. Consiste por encima de todo en la experiencia de que las cosas o los hechos o los seres cambian por un instante su signo, su etiqueta, su situación en el reino de la realidad racional. Recibir una carta con un sello rojo en el preciso momento en que suena el teléfono y el olfato percibe un olor a café quemado puede convertirse en un triángulo que no tiene nada que ver con la carta, la llamada o el café. Al contrario, es a causa de ese triángulo absurdo y aparentemente casual que se introduce furtivamente algo más, la revelación de una decepción o de la felicidad, el verdadero significado de un acto cometido diez años antes o la certidumbre de que en un futuro inmediato va a suceder algo determinado. No quiero en modo alguno afirmar que en todos los casos esa coagulación de elementos heterogéneos se traduce en un conocimiento preciso, porque entonces abandonaríamos el terreno de lo fantástico y todo quedaría reducido a una pura verificación científica de un sistema de leyes o principios rigurosos de los que simplemente no tenemos conocimiento. En la mayoría de los casos, esa erupción de lo desconocido no va más allá de una sensación terriblemente breve y fugaz de que existe un significado, una puerta abierta hacia una realidad que se nos ofrece pero que nosotros, tristemente, no somos capaces de aprender. En mi caso casi nunca estoy a la altura del mensaje, del signo que esas constelaciones intentan transmitirme; pero su fuerza es tal que jamás pondré en duda la realidad de los mensajes, y la única cosa que debo deplorar es mi propia pobreza de medios psíquicos, mi escasa capacidad para penetrar en lo otro. En presencia de lo fantástico me ocurre lo mismo que sucede con ciertos sueños cuya intensidad es deslumbrante. Recordamos esos sueños en el momento de despertar, pero una censura bien conocida los borra implacablemente dejándonos apenas unos pocos hilos enredados en las manos y la angustia de haber tocado de cerca algo esencial que simultáneamente nuestra propia psique aísla de nosotros. Y puesto que he mencionado los sueños, me parece apropiado decir que muchos de mis relatos fantásticos nacieron en un territorio onírico y que en algunos casos tuve la suerte de que la censura no se mostrase despiadada y me permitiese trasladar el contenido de los sueños a palabras. Curiosamente esas historias han producido en mis lectores un efecto mucho más notable que otras, si bien los lectores no tenían medio alguno de detectar su origen onírico. Podría decirse que su componente fantástico procede de regiones arquetípicas que de alguna forma todos compartimos y que en el acto de leer esas historias el lector presencia o descubre algo de sí mismo. He podido comprobar este fenómeno en numerosas ocasiones con un viejo cuento mío titulado «Casa tomada» que soñé con todos los detalles que figuran en el texto y que escribí nada más saltar de la cama, dominado aún por la horrible náusea de su final. Esa historia, de la que sin falsa modestia puedo decir que no me parece excesivamente extraordinaria, ha sido, sin embargo, traducida a numerosos idiomas y sigue fascinando a sus lectores. Eso me induce a insinuar que si bien lo fantástico nos invade a veces en plena luz del día, también nos espera en ese territorio onírico en que tal vez los hombres tenemos más cosas en común que cuando estamos despiertos.

Como pueden ustedes ver, para mí la idea de lo fantástico no significa solamente una ruptura con lo razonable y lo lógico o, en términos literarios y sobre todo de ciencia ficción, la representación de acontecimientos inimaginables dentro de un contexto cotidiano. Siempre he pensado que lo fantástico no aparece de una forma áspera o directa, ni es cortante, sino que más bien se presenta de una manera que podríamos llamar intersticial, que se desliza entre dos momentos o dos actos en el mecanismo binario típico de la razón humana a fin de permitirnos vislumbrar la posibilidad latente de una tercera frontera, de un tercer ojo, como tan significativamente aparece en ciertos textos orientales. Hay quien vive satisfecho en una dimensión binaria y prefiere pensar que lo fantástico no es más que una fabricación literaria; hay incluso escritores que sólo inventan temas fantásticos sin creer en modo alguno en ellos. En lo que a mí se refiere, lo que me ha sido dado inventar en este terreno siempre se ha realizado con una sensación de nostalgia, la nostalgia de no ser capaz de abrir por completo las puertas que en tantas ocasiones he visto abiertas de par en par durante unos pocos fugaces segundos. En ese sentido la literatura ha cumplido y cumple una función que debiéramos agradecerle: la función de sacarnos por un momento de nuestras casillas habituales y mostrarnos, aunque sólo sea a través de otro, que quizá las cosas no finalicen en el punto en que nuestros hábitos mentales presuponen.

Llegamos así a una fase en que, aun sin una definición precisa de lo fantástico, es posible reconocer su presencia, al menos en sus manifestaciones literarias, dentro de una gama mucho más amplia y abierta que en la era de las novelas góticas y de los relatos cuyos elementos característicos eran fantasmas, hombres-lobo y vampiros. A lo largo de este siglo muchos escritores del Río de la Plata han prestado una notable colaboración al cultivo de ese tipo de narrativa en que lo fantástico posee esas sutiles y a menudo ambiguas características cuyo perfil he intentado esbozar esta noche. Pero antes de referirme específicamente a estos escritores, es preciso plantear un enigma que ya en sí mismo parece fantástico y se halla contenido dentro de la siguiente pregunta: ¿Por qué la región del Río de la Plata ha sido y continúa siendo la tierra elegida de la literatura fantástica hispanoamericana? Cierto es, por supuesto, que escritores de México, Colombia y muchos otros países hispanoamericanos han escrito notables novelas o cuentos en los que lo fantástico se encuentra presente, pero basta echar una mirada al panorama general de nuestro continente para darse cuenta que es en las dos orillas del Río de la Plata donde se encuentra la máxima concentración de este género.

Muchas veces han intentado los críticos responder a esta pregunta hablando del polimorfismo cultural de Argentina y Uruguay, resultante de las numerosas y diversas oleadas de inmigrantes, aludiendo a la inmensidad de nuestra geografía como factor de aislamiento, monotonía y tedio, con el consecuente refugio en lo pavoroso, en lo excepcional, en la búsqueda de un tipo de literatura intemporal, alejada del mundo concreto y válida para cualquier espacio. Como participante de esa corriente literaria, pienso que tales explicaciones son simplemente parciales; y al final, en vez de una explicación racional, la única cosa que distingo es de nuevo un mecanismo de azar, ese mismo azar que, en determinado momento y en proporciones infinitamente mayores, concentró la explosión creativa en la Italia del Renacimiento y en la Inglaterra isabelina, que hizo posible la Pléiade en la Francia del siglo XVII y en España la generación de la Edad de Oro o la de los poetas de la República en 1931. De repente, y sin razones lógicas ni convincentes, una cultura produce en unos pocos años una serie de creadores que espiritualmente se fertilizan unos a otros, que se emulan, desafían y superan hasta que, también de repente, se inicia un período de agotamiento o de simple prolongación a través de imitadores y continuadores inferiores.

Ese azar parece haberse manifestado en proporciones modestas pero claramente perceptibles en la zona cultural del Río de la Plata en un período que abarca aproximadamente desde 1920 hasta el presente. Ahí, y sin demasiados signos premonitorios, la dimensión de lo fantástico entra en erupción con las principales obras de Jorge Luis Borges. Estalla con tal fuerza que, visto desde fuera del Río de la Plata, parece concentrarse casi exclusivamente en sus obras. En Argentina, sin embargo, nosotros situamos la narrativa de Borges en un contexto que contiene importantes figuras precursoras y contemporáneas y, aunque no estemos tratando aquí de una cronología ni de una crítica prolija, quiero aportar algunas someras indicaciones para demostrar que incluso antes de Borges lo fantástico era ya un género familiar y relevante en nuestro ámbito cultural. Dejando de lado los antecedentes, sobre todo los históricos, como los relatos de Juana Manuela Gorriti o Eduardo Ladislao Holmberg, fieles herederos de la tradición gótica anglosajona con todas sus características buenas y malas, quiero detenerme un instante a considerar a un gran poeta argentino, Leopoldo Lugones. Hombre de desenfrenada voracidad cultural, Lugones, autor de numerosos libros de poesía, encontró tiempo para escribir una serie de cuentos que recopiló bajo el título de «Las Fuerzas Extrañas». Entre los relatos que componen esta colección, destaca uno titulado «los caballos de Abdera» que merece contarse entre las grandes lecturas de mi adolescencia. En esta historia, una manada de caballos que hoy llamaríamos mutantes se rebelan contra los hombres y acaban por apoderarse de la ciudad de Abdera, que sólo será liberada en el último momento gracias a la llegada de Hércules, el vencedor de monstruos. Lo fantástico aparece en Lugones con perfiles violentos y ambientes dramáticos pero, sin embargo, contiene ya ese rasgo que he sugerido como peculiar de nuestra literatura en esta zona: una fuerza que no reside tan sólo en la calidad narrativa sino también en un impulso que parece proceder de oscuras regiones de la psique, de esas zonas en las que la realidad y la irrealidad dejan de enfrentarse y de negarse una a otra.

Casi paralelo a la aparición de Borges en nuestra literatura, un uruguayo con una biografía tenebrosa y un destino trágico escribe en Argentina una serie de relatos alucinantes, muchos de los cuales son auténticamente fantásticos. Me refiero a Horacio Quiroga, autor de un libro que ejercía una enorme influencia en los hombres de mi generación y cuyo título refleja tanto los méritos como los defectos de su contenido: «Historias de amor, de locura y de sangre». Para Quiroga lo fantástico aparece en un ambiente que Edgar Allan Poe hubiera aprobado por encontrarlo muy de su gusto; para demostrarlo sólo hay que resumir la trama de uno de sus mejores relatos, «La almohada de plumas». En esa historia una muchacha muere de lo que parece ser una especie de anemia que ningún médico es capaz de explicar ni remediar. Después del entierro su marido y la sirvienta regresan a la cámara mortuoria a colocar en orden el mobiliario y a arreglar el lecho de la difunta. La sirvienta queda sorprendida por el extraordinario y anormal peso de la almohada de plumas en la que reposara la cabeza de la joven. El marido toma un cuchillo, rasga la almohada y entonces... les dejo deducir a ustedes el monstruoso y entomológico final del relato. Pero quisiera añadir algo tan obvio como triste para cuantos pronuncian conferencias, cualquier síntesis de un texto literario lo destruye automáticamente hasta el punto que, si tal síntesis fuera posible, la literatura dejaría de ser necesaria, bastando con escuchar conferencias.

En Jorge Luis Borges, la figura capital de nuestra literatura fantástica, se acumulan los malentendidos, generalmente para su gran regocijo. Me limitaré a señalar aquí que lo que ciertos críticos literarios admiran por encima de todo en Borges es al genio de la invención geométrica, al creador de los cristales literarios cuya condensación responde a exactas leyes de lógica matemática. Borges ha sido el primero en insistir en esa construcción rigurosa de las cosas que tienden a parecer en la superficie absurdas o aleatorias. Lo fantástico, tal como aparece en las historias de Borges, hace pensar en un despiadado teorema geométrico, un teorema perfectamente capaz de demostrar que la suma del cuadrado de los ángulos de un triángulo es igual a la ejecución de Madame Dubarry. Relatos tales como «Las ruinas circulares», «El jardín de los caminos que se bifurcan» y «La biblioteca de Babel» reflejan este tipo de construcción teoremática que parece ocultar un secreto terror, no sólo de lo que Lugones llamaba las fuerzas extrañas, sino también de los propios poderes de la imaginación, poderes que en Borges quedan inmediatamente sujetos a un riguroso condicionamiento intelectual.

No obstante, algunos de nosotros pensamos que pese a ese rechazo racional de lo fantástico en sus manifestaciones más irreducibles e incoherentes, la intuición y la sensibilidad de Borges dan fe de su presencia en una buena proporción de sus historias, en las que la superestructura intelectual no consigue, porque probablemente no desea, negar esa presencia. Cuando Borges titula una colección de cuentos *Ficciones o artificios*, nos está engañando al mismo tiempo que nos hace un guiño de complicidad, pues, en efecto, está jugando con el viejo ideal de todo escritor que consiste en contar al menos con unos pocos lectores capaces de sospechar una segunda versión de cada texto. Por imperativos evidentes me limitaré a exponer un único ejemplo que ilustra con claridad este punto. En su historia «El milagro secreto», Borges juega con la idea de que en ciertas circunstancias un hombre puede penetrar en otra dimensión del tiempo y vivir un año o un siglo durante lo que para otros hombres no es más que un segundo o una hora. Existe ya una historia basada en esta idea en un texto medieval español, *El Conde Lucanor*, y el propio Borges utiliza como epígrafe de su obra una cita del Corán que refleja el mismo concepto. Este tema aparece también tratado en la psicología de la vida onírica, que muestra que ciertos sueños abarcan episodios múltiples que exigirían un tiempo considerable para ser realizados consecutivamente y que, no obstante, la compleja trama de tales sueños puede finalizar, por ejemplo, con un disparo de un arma que abruptamente nos despierta haciéndonos caer en la cuenta de que alguien acaba de llamar a la puerta. Está claro que el ensueño ha sido íntegramente construido a fin de culminar en ese supuesto disparo de revólver, hecho que obliga a admitir que el cumplimiento del sueño ha sido casi instantáneo, mientras que el hecho de soñarlo parecía producirse a lo largo de un prolongado período de tiempo. En otras palabras, podría decirse que en ciertas ocasiones penetramos en un tiempo diferente y que esas ocasiones pueden ser, como sucede siempre con lo fantástico, triviales y aun absurdas, por lo menos en sus historias, y «El milagro secreto» se basa una vez más en la cristalización racional y erudita de algo que otros captan tan sólo en su estado inculto. La historia relata que Jaromir Hladik, escritor judío condenado a muerte por los nazis, espera con angustia el día de su ejecución ante el pelotón de fusilamiento. Ese hombre es autor de varios textos filosóficos en los que examina y discute la noción del tiempo y ha comenzado una obra de teatro cuyo final sugiere que la obra es circular, que se repite interminablemente. La víspera de su ejecución Hladik le pide a Dios que le conceda un año más de vida a fin de terminar esa obra de teatro que justificará su existencia y le asegurará la imortalidad. Durante la noche sueña que el tiempo se le ha concedido, pero a la mañana siguiente se da cuenta de que se trataba tan sólo de un sueño, puesto que se presentan los soldados para llevarle ante el pelotón de fusilamiento. Llega el momento en que las armas apuntan a su pecho y Hladik sigue pensando en uno de los personajes de su obra de teatro; y en ese mismo momento el universo físico se torna inmóvil, los soldados no disparan y el humo del último cigarrillo de Hladik queda convertido en una nubecilla petrificada en el aire. Sólo Hladik puede saber que el milagro se ha cumplido y que, sin moverse de su lugar, pensándola en lugar de escribiéndola, se le ha concedido el año que pedía para finalizar su obra de teatro. A lo largo de ese año, Hladik crea y vuelve a crear escenas, cambia personajes, elimina, añade. Finalmente sólo le falta hallar una palabra, un epíteto. Da con ella y los soldados disparan. Para ellos tan sólo ha transcurrido un instante.

Este tema, que también encontramos en el admirable cuento de Ambrose Bierce «Incidente en Owl Creek», no es, como el relato de Borges pudiera pretender, un simple artificio literario. Ya he destacado la frecuente presencia de este tema en la literatura y en los sueños y hasta lo he incluido en un pasaje de mi relato «El Perseguidor»; sin embargo, en mi caso no tengo motivo alguno para oscurecer la autenticidad de mi experiencia personal y crear a partir de ella una ingeniosa superestructura de ficción. En mi cuento lo que ocurre es exactamente lo mismo que me ha ocurrido varias veces en circunstancias análogas. Durante un viaje en metro, el protagonista de «El Perseguidor» entra en ese estado que llamamos de enajenación hacia el cual tiende a deslizarse lo fantástico con suma facilidad. En un impreciso estado de semisueño, el personaje reflexiona extensamente sobre el pasado, recuerda escenas infinitas, tararea mentalmente una canción y los recuerdos empiezan a encadenarse interminablemente. Cuando el tren se detiene en una estación, la sacudida devuelve abruptamente al personaje a su estado normal y entonces se da cuenta de que si quisiera enumerar todo lo que ha pensado durante esos minutos, necesitaría por lo menos un cuarto de hora, y, sin embargo, todo ocurrió entre dos estaciones situadas tan sólo a dos minutos de distancia. El tren ha servido como un reloj exterior para mostrarle que durante esos dos minutos a él se le concedieron quince para pensar, de igual modo que durante unos instantes a Jaromir Hladik se le concedió un año para concluir su obra de teatro.

Pienso que llegados a este punto tendrán ustedes una idea de nuestra manera de vivir y escribir lo fantástico en la región del Río de la Plata; y por ello podré referirme ahora a otros escritores uruguayos y argentinos sin verme obligado a presentarlos con excesivo detalle puesto que, dentro de sus diferencias, que afortunadamente son muy importantes, todos ellos participan de esa capacidad de verse impregnados por lo misterioso que he tratado de esbozar. En el caso de Adolfo Bioy Casares, por ejemplo, la ironía y el sentido del humor sustituyen las construcciones geométricas que advertimos en Jorge Luis Borges. *La invención de Morel*, la más famosa novela de Bioy Casares, está íntimamente relacionada con un olvidado libro de Julio Verne, *El Castillo de los Cárpatos.* En ambos casos, un hombre en quien el genio científico aparece mezclado con la ardorosa pasión de un amante lucha contra ese escándalo inaceptable que es la muerte de un ser querido. En lugar de resignarse, en lugar de ceder a las lentas cortinas del tiempo, Morel crea un prodigioso modelo mecánico, movido por las mareas del océano, que le permite repetir el pasado hallándose de nuevo con la imagen de su amada y todo cuanto la había rodeado en vida. Los que se sientan satisfechos con la explicación final de la novela, una vez se descubre el mecanismo, habrán dejado de entender la permanente ambigüedad que se establece entre los vivos y los muertos, entre los cuerpos y las imágenes. Bioy Casares y Borges no son aficionados al claroscuro, pues, aun presentando su ficción con violentos contrastes de luz y sombras, lo hacen para proporcionar entre el blanco y el negro una misteriosa gama de grises que quedan para ser descubiertos y apreciados por los ojos del lector.

Me siento obligado a mencionar aquí, próxima ya la conclusión de esta charla, el nombre de Silvina Ocampo. La discreta y distante Silvina ha escrito historias memorables que no siempre han obtenido la aceptación dispensada a obras de menos calidad en nuestro continente. De entre sus numerosos cuentos fantásticos citaré uno, «La casa de azúcar», en el que una mujer se ve lentamente dominada por la personalidad de otra mujer que hace muchos años habitó la misma casa. La progresión se presenta con una admirable economía de medios; a través de escasos detalles y cambios a veces imperceptibles, Cristina se va viendo transformada en Violeta hasta asumir finalmente la personalidad de ésta. Raramente el tema de la posesión fantasmal de un ser vivo por un muerto, que creo conocer muy bien, ha sido presentado con tanta efectividad narrativa; lo más admirable de Silvina Ocampo es la incesante y extraordinariamente variada invención de ambientes fantásticos y su simultánea falta de interés por explotarlos de la forma más espectacular. Sus historias siempre parecen ofrecer tímidamente una excusa, cuando en realidad es la crítica literaria la que debiera excusarse ante ella por no haber sido capaz de colocarla en el nivel que merece. Creo también que esas mismas excusas deben extenderse a otros escritores de temas fantásticos de la región del Río de la Plata, principalmente a Enrique Anderson Imbert, que ha vivido entre ustedes como profesor de Harvard durante muchos años y cuyas obras no han alcanzado el reconocimiento que merecen.

¿Y qué podrá decirse del último autor que quisiera mencionar en esta breve singladura? Me refiero a un gran escritor uruguayo llamado Felisberto Hernández que vivió una existencia tan marginal y fantasmagórica como sus cuentos, casi todos los cuales son autobiográficos, aunque en Felisberto la biografía y la imaginación anduvieron siempre inseparablemente mezcladas. Pobre, modesto, ganándose la vida como pianista de café, dando conciertos en patéticos casinos provinciales, viviendo en hoteles lúgubres que después constituirían el marco o el punto de partida de sus cuentos, escritos siempre en primera persona, Felisberto se limita a demostrar que esa miserable existencia coexistió con lo maravilloso y que esta cualidad no precisaba de ningún ornamento ni equipo especial para manifestarse en cualquier momento.

Cuando así lo desea, no obstante, lo fantástico estalla como una inmensa armonía de sonidos y colores, y entonces tenemos relatos como «La casa inundada»: una señora ofrece alojamiento a Felisberto en su pensión y al llegar a ella el pianista descubre que todo el mobiliario y todos los objetos flotan por la casa desplazándose por salones y dormitorios, empezando por la patrona que aparece repantingada en su lecho como si de una góndola imaginaria se tratase, iluminada toda la escena por bombillas situadas en fuentes de horno que las suaves corrientes de agua transportan de una punta a otra de la casa sin que uno llegue a saber dónde se encuentra el piano o qué se ha hecho de la mesa del comedor.

Me veo obligado a poner fin a esta crónica que hubiera querido continuar indefinidamente, pero ya que no nos encontramos ni en un vagón de metro ni ante un pelotón de fusilamiento, es imposible concentrar en unos pocos minutos todo lo que podría decirse sobre estos temas. De cualquier forma, habrán podido ustedes captar una ojeada sobre cómo sentimos lo fantástico en el Río de la Plata y tal vez sea éste el momento de señalar que ese sentimiento de lo fantástico también parece haberse proyectado, hasta fecha muy reciente, en nuestra historia nacional. En cierto modo (y ahora hablo de Argentina, que conozco mejor que el Uruguay), podría decirse que mi país sólo alcanzó su independencia a principios del siglo pasado para entrar poco a poco en una perspectiva que iba separándolo cada vez más de la realidad universal. Al final de nuestras interminables guerras civiles, que coincidieron con el inicio de la era industrial y el creciente convencimiento de que no sólo el hombre no es una isla, sino que los países tampoco lo son, Argentina da a menudo la impresión de volverse la espalda a sí misma rindiéndose a un narcisista juego de espejos y engaños. *Mutatis mutandis*, el país entero cultiva una historia fantástica preparando quizá así el terreno para lo que he intentado mostrar esta noche y que la simple crítica literaria no basta para explicar.

Pero en contraste con una literatura de lo sobrecogedor que nos enriquece en la medida en que acepta y cultiva una ruptura contra el excesivo pragmatismo de la realidad y la razón, la historia no parece haber recibido una dosis de lo fantástico sin precipitar las peores catástrofes, porque nada fantástico es utilizable en un plano práctico y lo que uno se permite vislumbrar como una incitación a traspasar nuestros compartimientos herméticamente sellados se convierte en pura decepción cuando uno pretende hacer que sirva a la realidad de cada día. Pienso, un poco metafóricamente, en las tentativas realizadas por Heliogábalo o Nerón para cambiar la realidad que les rodeaba, en los caprichos fatales de tantos sultanes orientales y, ya casi en nuestro tiempo, en el sueño irrealizable de Luis II de Baviera. De una forma mucho menos tipificada y espectacular, la historia argentina parecería haber consistido en numerosas décadas de orientar sus espejos hacia modelos europeos impracticables, de permitir ser invadida por intereses extranjeros que le chuparían la sangre como Drácula a sus víctimas, de ignorar el vigoroso y aún no domesticado cuerpo del país a fin de cultivar tan sólo la hipertrofiada cabeza de su capital, Buenos Aires, ciega de orgullo, de ópera y de dinero. De esta forma, muchos argentinos aceptaron una existencia en la cual lo verdaderamente nuestro, desde el color de nuestra piel hasta nuestro auténtico lenguaje, fue sistemáticamente rechazado por una educación europeizante que nos tornó inseguros y vulnerables. Actualmente, en el mismo momento en que les leo a ustedes estas líneas finales, el castillo de naipes se ha derrumbado, igual que se derrumbaron todos los sueños fantásticos de la historia del mundo, y estamos presenciando, en condiciones casi siempre horribles, la angustiosa búsqueda de nuestra identidad, de nuestra necesaria e irremplazable realidad. Sé que lo conseguiremos, porque el solo hecho de haber destruido la falsa fachada de espejos es ya un triunfo irreversible; y también conozco el precio que tendremos que pagar por ese aún incierto triunfo final.

En otra charla hablaremos de estas cosas que se hallan muy alejadas de lo fantástico. Pero lo fantástico es algo de lo que nunca se debe uno despedir a la ligera. El hombre del futuro, como muchos de nosotros en Hispanoamérica lo soñamos, tendrá que hallar las bases de una realidad que es verdaderamente suya y, al mismo tiempo, mantener la capacidad de soñar y jugar que he intentado mostrarles esta noche, puesto que a través de esas puertas es por donde lo Otro, la dimensión fantástica y lo inesperado se introducirán siempre, igual que todo aquello que venga a salvarnos de ese robot obediente en el que tantos tecnócratas quisieran vernos convertidos y que nosotros no aceptaremos jamás.

El intelectual y la política
en Hispanoamérica

Desde el punto de vista del tema de esta charla, en América Latina (y en el resto del mundo) los intelectuales comprometidos en el plano de la lucha política pueden dividirse en dos categorías: los que entienden de teoría política y saben o creen saber exactamente por qué están comprometidos, y los que no entienden de teoría política y sin embargo están igualmente comprometidos.

Cualquiera que me haya leído sabe que pertenezco a la segunda de estas categorías, lo cual, en principio, debería descalificarme para hablar sobre el tema. Como un reto cuya responsabilidad asumo de manera acaso irresponsable, voy a tratar de mostrar aquí que esas dos categorías no son incompatibles de ninguna manera, y que la relación del intelectual latinoamericano con la política puede darse en una forma mucho mas flexible, eficaz e incluso necesaria de lo que podrían pensar los enamorados de la lógica pura.

Empiezo por una afirmación muy clara: Detesto las falsas modestias, detesto a esos conferencistas que, después de decir que no saben nada sobre los dinosaurios, se pasan una hora y media explicando hasta el último huesito de su esqueleto. Por eso, cuando digo que no sé gran cosa de teoría política, entiéndase que estoy diciendo la verdad sin más ni menos. A su manera, la política es una ciencia, y su práctica deriva de su teoría. Mis nociones en este terreno son vagas, y cada vez que me ha parecido necesario llenar los enormes huecos que tengo en esa materia, algo en mí se ha negado porque en ese mismo momento un impulso de otra naturaleza me ha hecho seguir adelante en la dirección que me es propia. Esa dirección es la de un escritor que parece haber nacido para escribir ficciones y que, por lo tanto, se mueve en un mundo de pura intuición de fuerzas vitales no siempre definibles, teniendo por timonel su imaginación y por velamen sus pasiones, sus deseos, sus amores, todo lo que late en torno suyo, la calle, las casas, los hombres y las mujeres y los niños y los gatos y los cangrejos y los álamos que hacen de cada lugar del mundo un momento de la vida en su puro presente, en su irreversible belleza y en su interminable drama.

Usando una comparación bastante escandalosa, quiero decir que, si se tratara de elegir entre Maquiavelo y César Borgia, a mí me tocaría ser César Borgia. Para escribir *El príncipe*, Maquiavelo parte de la conducta personal de César y la extrapola a fin de sentar los principios de una teoría política eficaz y victoriosa. Pero entre tanto, al vehemente César le tienen completamente sin cuidado esos principios; su técnica está basada en razones directas y vitales, que en su caso son la codicia, el odio, la venganza, la lujuria, la crueldad, el triunfo de la fuerza sobre la razón. Con fines mucho más sutiles, Maquiavelo lleva a la abstracción y a la generalización lo que César vive entre maldiciones y sudor y estocadas y traiciones. *Mutatis mutandis*, los motivos que llevan hoy a muchos intelectuales latinoamericanos a comprometerse en la lucha política de sus pueblos son más vitales que teóricos, son más César que Maquiavelo. Lo escandaloso de la comparación es que en el caso de César Borgia sus razones vitales pueden calificarse de infames, pero no por eso dejan de ser vitales y en ese sentido mi comparación es válida, con dos diferencias capitales que ahora debo señalar. Mientras un Borgia sólo combate para sí mismo, a nosotros sólo nos preocupa combatir por nuestros pueblos. Y en segundo lugar, nuestro combate se vuelve un combate moral, ya no se trata de los dividendos o los monopolios que llevan al combate a los César Borgia modernos, sino que luchamos por la libertad de nuestros pueblos y por una justicia social que los devuelva íntegramente a su condición de hombres dueños de sus destinos como partes de una comunidad y como individuos.

Pienso que ahora está claro que para muchos intelectuales latinoamericanos el compromiso político es una cuestión que forma parte de su personalidad mental, moral y vital, y que, para ellos, escribir libros no significa una tarea totalmente distinta de la participación en las múltiples formas de la lucha en el plano político. Si vemos la política como pasión, como vida, como destino, ¿qué diferencia puede haber entre eso y lo que tratamos de crear o de reproducir en nuestras novelas y nuestros cuentos, aunque muchas veces sus temas no tengan nada que ver con lo que está sucediendo en la calle? Cuando alguien como Gabriel García Márquez escribe *Cien años de soledad*, es evidente que las maravillosas costumbres y aventuras de los habitantes de Macondo no son las mismas de los habitantes de Bogotá; y sin embargo, me consta que cuando García Márquez se aparta de su máquina de escribir para entrar, por ejemplo, en la sala donde sesiona el Tribunal Bertrand Russell, no le cambia el más pequeño pelillo del bigote. Para él, como para mí, en nuestros libros y en el Tribunal está sucediendo lo mismo; en los dos se habla de vida y de muerte, de amor y de odio, de justicia y de injusticia, de libertad y de opresión. Las diferencias son de orden estético, pero el fondo es lo mismo y se llama América Latina.

Lo que ha sucedido en nuestro tiempo con muchísimos intelectuales latinoamericanos es que la reflexión sobre la realidad geopolítica de sus países ha dejado de ser un territorio que antaño se daba en forma especializada, y se reducía por lo tanto a aquellos escritores que participaban abiertamente en la lucha política y que muchas veces escribían tan sólo como una de las formas de esa participación. ¿Cuál puede haber sido la razón de este cambio, por qué cada día aumenta el número de poetas, de novelistas, de pintores, de dramaturgos que, sin pertenecer obligadamente a un partido político o conocer en detalle la ideología socialista, participan tanto con su obra como con su acción personal en la lucha por la verdadera y definitiva independencia de los latinoamericanos?

Los especialistas podrían sin duda enumerar diversas razones. Yo, a lo largo de mi vida, sólo he visto con claridad una sola, pero esa razón engloba todas las otras. Esa razón para comprometerse como intelectual y como persona es lo que yo llamaría la caída de las máscaras. Por otra parte, el imperialismo ha dejado de pretender lo que pretendió durante muchos decenios en América Latina, ese supuesto papel protector, esa función de hermano mayor, esa asistencia y esa colaboración económica, tecnológica e intelectual. El más remoto poblador de la más remota tierra latinoamericana ya no cree en nada de eso; la máscara del enemigo ya no oculta su verdadera cara, que es la cara del que quiere dominar y explotar. Pero, al mismo tiempo, también han caído o están cayendo nuestras máscaras propias, las ilusiones de creer que la dependencia de culturas y de patrocinios extranjeros nos favorecía en nuestro desarrollo, las ilusiones de ser la rama más joven y por eso más viva del árbol de Occidente, y también las ilusiones de heredar la madurez y la sabiduría de las viejas naciones, y de ser por lo tanto los amos de nuestros destinos. Todas esas máscaras cayeron estrepitosamente a lo largo del siglo XX, y las verdaderas caras han quedado mirándose desnudas y frente a frente. Hoy en día empezamos a saber claramente cuáles son nuestras debilidades, y por lo tanto a conocer nuestras fuerzas reales. A eso se le llama toma de conciencia, y éste no es un proceso reservado únicamente a especialistas y *élites.* Si esta toma de conciencia todavía esta muy lejos de abarcar a la totalidad de nuestros pueblos, si todavía hay innumerables caras latinoamericanas cubiertas por las máscaras de la ilusión y del engaño, de la traición y la venalidad, ha bastado apenas medio siglo para despertar a la realidad a enormes masas que hasta entonces vivían sometidas sin saberlo, que aceptaban la dominación porque se les imponía bajo formas aparentes de cultura y de progreso, bajo el engaño en tecnicolor de los infinitos *gadgets* que les hacía olvidar que detrás de un televisor o una Coca-Cola estaban desnudos, solos y abandonados, víctimas de los explotadores de fuera, de los aprovechadores de dentro. Ese despertar, todavía amorfo pero más que perceptible, fue admirablemente resumido por Ernesto Che Guevara en una simple frase: «Esta humanidad ha dicho basta, y ha echado a andar.»

Dentro de esta perspectiva general de desenmascaramiento, los intelectuales tenían forzosamente que desempeñar un papel o por lo menos tener conciencia clara del proceso y decidir sobre su propia conducta. No me referiré a los muchos que han preferido dejarse la máscara sobre la cara sin darse cuenta de que se volvía una máscara mortuoria como la de las momias. En cambio, quisiera mostrar con la mayor cercanía posible el proceso por el cual una cantidad cada día mayor de intelectuales latinoamericanos se ha ido incorporando a una nueva visión de su trabajo específico, un nuevo concepto de la literatura y del arte. En alguna medida tengo la impresión de que este nuevo concepto responde al cambio profundo que se operó a lo largo del siglo en lo que se refiere a la especificidad de las actividades humanas. Todo el mundo sabe que la noción de género, tal como se entendía antes, ha quebrado. Cada día es más difícil e incierto saber qué es realmente una novela, un «musical», un poema, e incluso un territorio más global como, por ejemplo, la sociología o la antropología. Cuando yo era pequeño, mi tía me explicaba que, en el cine, un drama es una película que termina mal, mientras que una comedia dramática tiene partes que hacen llorar a gritos, pero siempre termina bien. Estas ingenuas etiquetas no sólo eran propiedad de mi tía, sino de todos mis profesores universitarios de la época. Pero poco a poco, lo que en la física se dio en llamar principio de indeterminación se hizo presente en el resto de los hasta entonces perfectos casilleros. Y en un momento dado los intelectuales sintieron no sólo que los géneros dejaban de tener sentido como tales, puesto que algunas de las obras más importantes de nuestro tiempo hacían tabla rasa de toda convención en la materia (basta pensar en James Joyce o en Marcel Duchamp), sino que su propia noción de intelectuales se rompía en mil pedazos frente al embate de una realidad cotidiana que ya no se permitía una actitud presciente o aúlica, sino que se situaba de lleno en el laboratorio central del escritor, o del artista, imponiéndole una participación y un contacto. Hace años, en una carta abierta sobre la situación del intelectual en América Latina, dije algo que cada día me parece más válido: «Si alguna vez se pudo ser un gran escritor sin sentirse partícipe del destino histórico inmediato del hombre, en este momento no se puede escribir sin esa participación, que es responsabilidad y obligación, y sólo las obras que las trasunten, aunque sean de pura imaginación, aunque inventen la infinita gama lúdica de que es capaz el poeta y el novelista, aunque jamás apunten directamente a esa participación, sólo ellas contendrán de alguna indecible manera ese temblor, esa presencia, esa atmósfera que las hace reconocibles y entrañables, que despierta en el lector un sentimiento de contacto y cercanía.»

Así, tal como lo veo, el papel del intelectual en el plano de la participación política no supone de ninguna manera una derogación o una limitación de sus valores y sus funciones puramente creadoras, sino que su creación literaria o artística se da hoy dentro de un contexto que incluye la situación histórica y sus opciones políticas, que de manera directa o indirecta se reflejarán en las fibras más íntimas de su obra. La poesía latinoamericana, por ejemplo, ha cesado en gran medida de ser una poesía lírica puramente individual. Los poetas, afortunadamente, cantarán siempre sus amores y sus desdichas y sus sentimientos más íntimos; pero es fácil advertir que, en nuestros días, lo hacen cada vez más como una voz que habla en nombre de muchas voces, de muchos amores, de muchas tristezas o esperanzas. El *yo* de nuestros poetas auténticos vale cada día más como un *nosotros.*

Personalmente, hace ya muchos años que he dejado bien en claro cómo entiendo mi propio compromiso de escritor en lo que se refiere a la política latinoamericana en general, y me limitaré aquí a resumir mi punto de vista, puesto que es extrapolable a una gran mayoría de los intelectuales latinoamericanos que combaten por la identidad y la soberanía de sus pueblos. Muchos teóricos marxistas, que parten de la noción de la lucha de clases, tienden a considerar que los únicos escritores revolucionarios son aquellos que pertenecen plenamente a la clase oprimida o que han roto con su propia clase burguesa o pequeñoburguesa para sumarse a sus filas; consideran también que un escritor como yo, que por origen y que por evolución cultural pertenece a la pequeña burguesía, es solamente un compañero de ruta; y preciso es agregar que la gran mayoría de los escritores más leídos en América Latina entran en esta segunda clasificación.

Frente a eso, y desde un principio, yo opté por aceptar una situación que me parece prácticamente fatal a esta altura de la evolución geopolítica de nuestros países y comprometerme en la lucha por un futuro socialista de América Latina sin renunciar por ello a lo que me es natural y conocido, un sistema de valores culturales que ha hecho de mí lo que soy como escritor, y sobre todo a un individualismo sin duda criticable en el plano de la militancia activa, pero que en el plano de la creación literaria no ha podido ser reemplazado hasta ahora por ninguna identificación colectiva, por ningún trabajo de equipo o sumisión a una línea de orientación basada en criterios políticos. En otras palabras, creo que lo que será eliminable en el futuro socialista de América Latina, puesto que se habrá llegado a una plenitud en todos los órdenes de la vida que permitirá crear productos intelectuales y estéticos dentro de esos nuevos parámetros, sigue siendo hoy en día una de las fuerzas positivas y fecundas en la lucha para la obtención de ese cambio futuro. Paradójicamente, afirmo que un intelectual como yo tiene el derecho y el deber de seguir valiéndose de esas fuerzas, de esas formas de creación destinadas a desaparecer o a modificarse radicalmente en el futuro, y que debe hacerlo precisamente para que algún día esa desaparición o esa modificación se lleven a cabo. Cuando escribo una novela, tengo muchas veces la impresión de estar creando una especie de monstruo anacrónico, un megaterio en un mundo que ya está en marcha hacia otras especies, y que la novela, como tantas otras producciones intelectuales y artísticas de hoy en día, será sustituida por nuevos elementos intelectuales y estéticos, por nuevos vehículos de transmisión de ideas y emociones. Nada de eso me impide seguir escribiendo novelas, porque sé muy bien que es el tipo de literatura que me interesa y que interesa a la mayoría de los escritores y lectores latinoamericanos, que al escribir nuestras novelas como lo estamos haciendo, en plena ruptura con la tradición externa e interna, favorecemos el acceso futuro a nuevos vehículos intelectuales y estéticos que hoy apenas podemos imaginar.

Esta actitud ha sido severamente criticada por muchos teóricos; pero que yo sepa los productos literarios y artísticos de quienes se someten a esas críticas y hacen lo que se llama literatura proletaria, «contenidismo», y las demás variantes del difunto realismo socialista, no han conseguido hasta ahora nada que parezca valioso no sólo para el presente, sino para las transformaciones del futuro. Hace unos años me tocó participar en una polémica cuyo eje era el concepto de realidad, y a partir de ahí, cuál era la forma en que un escritor revolucionario debía enfrentar y tratar la realidad en sus obras. En esa ocasión hice lo posible por mostrar algo que me parece cada vez más claro, y es que todo empobrecimiento de la noción de realidad en nombre de una temática restringida a lo inmediato y concreto en un plano supuestamente revolucionario, y también en nombre de la capacidad de recepción de los lectores menos sofisticados, no es más que un acto contrarrevolucionario, puesto que todo empobrecimiento del presente gravita en el futuro y lo vuelve más penoso y lejano. Por el contrario, nada me parece más revolucionario que enriquecer por todos los medios posibles la noción de realidad en el ánimo del lector de novelas o de cuentos; y es ahí donde la relación del intelectual y la política se vuelve apasionada en América Latina, porque precisamente este continente proporciona la prueba irrefutable de que el enriquecimiento de la realidad a través de los productos culturales ha tenido y tiene una acción directa, un efecto claramente demostrable en la capacidad revolucionaria de los pueblos. No se trata, claro está, de hacerse ilusiones sobre el alcance de la literatura y el arte en los procesos geopolíticos; el petróleo, las sociedades transnacionales y tantas otras formas del poder capitalista son infinitamente más fuertes. Pero basta observar el panorama actual en América Latina para descubrir hasta qué punto hay una creciente sensibilización popular, una concienciación cada vez mayor frente a los estragos del imperialismo y del fascismo en nuestras tierras, sensibilidad y conciencia que en buena medida se han alcanzado y se alcanzan por medios intelectuales directos o indirectos. En el curso de las últimas dos décadas ha nacido en América Latina una enorme masa de lectores a quienes les interesa por encima de todo leer a los autores nacionales, y sólo en segundo término a los extranjeros. Lo que se ha dado en llamar el *boom* de la literatura de ficción en América Latina no es una maniobra comercial montada por los editores, como se ha dicho muchas veces, sino la lógica reacción capitalista frente a un repentino interés de los compradores de libros por las obras de autores nacionales. Obviamente ese interés surgió de una serie de libros capaces de mostrar la calidad de nuestros intelectuales y crear confianza e interés en ellos, y quieren las cosas que ese puñado de libros que desató en forma espectacular el *boom* de la edición y el consiguiente *boom* de la lectura, fueran libros escritos por intelectuales burgueses o pequeñoburgueses que habían despertado a la realidad del drama latinoamericano de una manera mucho más revolucionaria que los escritores de las generaciones anteriores y sobre todo de los que se obstinaban en las vías de un realismo parroquial. Libros como *La región más transparente*, de Carlos Fuentes, *La ciudad y los perros*, de Mario Vargas Llosa, y *El coronel no tiene quien le escriba*, de Gabriel García Márquez, para citar unos pocos del primer momento de esta nueva época, representan sendas tentativas de operar *cross-sections* de la realidad de sus respectivos contextos nacionales, de mostrar con una consumada belleza literaria algo que ya no era solamente un tema literario; de entrar por fin resueltamente en la materia misma de nuestra manera de ser y de padecer. Y el público lo sintió y lo valoró, y cuando llegaron los libros de la segunda oleada del llamado *boom* encontraron a millones de lectores viejos y jóvenes, cultos y menos cultos, burgueses y no burgueses, preparados por esos primeros libros y capaces de captar en toda su hondura y significación lo que los escritores nacionales les proponían en forma de novelas, de cuentos o de poemas.

Daré un ejemplo personal: cuando en 1973 se publicó en Buenos Aires mi novela *Libro de Manuel*, al cabo de una semana de venta en las librerías típicas de la burguesía, se vio aparecer el libro en los quioscos de periódicos; los vendedores habían comprendido que los sectores más populares, que vacilaban en entrar en una gran librería, comprarían en plena calle un libro que les interesaba por los comentarios que habían leído o escuchado, y así sucedió de una manera para mí conmovedora, puesto que sentí que las barreras estaban rotas, que el contacto se establecía en otros planos que los impuestos por la tradición burguesa de la cultura.

Inútil es agregar que este panorama es parcial y está lleno de lagunas, pero prueba de todas maneras que la mayoría de los intelectuales comprometidos pueden participar legítimamente en la lucha por nuestra soberanía latinoamericana, y cumplir una tarea tan revolucionaria como la que llevan a cabo los intelectuales cuya obra es pura expresión de una militancia partidaria. Es preciso, sin embargo, precisar algo muy importante antes de seguir adelante, algo que mi propia vida me ha mostrado y me muestra diariamente. Los lectores de literatura de nuestro tiempo no se limitan ya a esperar de un escritor un mero producto literario que los satisfaga y los conmueva. En tiempo de un Flaubert o de un Henry James, lo único que contaba era la obra; la relación personal, yo diría mejor la relación moral entre la obra y su autor, sólo podía interesar a pequeños núcleos y por razones que poco tenían que ver con la política. La situación es por completo diferente hoy en día; cuando un peruano lee a Mario Vargas Llosa, la persona de Vargas Llosa es para él tan importante como sus novelas. No hablo por supuesto de esos lectores que, como algunos intelectuales, se han quedado en la torre de marfil y sólo van a la literatura como recurso escapista o hedónico; hablo de la mayoría de los lectores latinoamericanos para quienes la literatura, a la vez que sigue siendo una satisfacción de necesidades estéticas y emocionales, representa hoy un testimonio de nuestra realidad, una explicación, una búsqueda, un camino a seguir, una razón para aceptar o rechazar o combatir. Y por eso, aunque un escritor como yo escriba con una total libertad e independencia frente a cualquier consigna partidaria, frente a cualquier opción ideológica que alguien quisiera imponerme por razones teóricas o pragmáticas, sé muy bien que mis lectores no se contentan con leerme como escritor, sino que miran más allá de mis libros y buscan mi cara, buscan mis acciones, buscan encontrarme entre ellos, física o espiritualmente, buscan saber que mi participación en la lucha por América Latina no se detiene en la página final de mis novelas o de mis cuentos.

Esta nueva situación del escritor frente a su lector, es decir frente a su pueblo, exige de él una ardua y a veces terrible tarea cotidiana. Nacido para escribir, incapaz en general de mostrarse eficaz en otros terrenos, ese intelectual es por así decirlo la garantía moral de su propia obra, y debe presentar a cada instante y sin la menor vacilación las pruebas de que esa garantía es justificada. No todos los intelectuales son capaces de ello, pero esta charla no es un acta de acusación puesto que los intelectuales en último término deben rendir cuentas ante sus pueblos y no ante otros intelectuales aislados. Por mi parte creo que la responsabilidad de nuestro compromiso tiene que mostrarse en todos los casos en un doble terreno: el de nuestra creación, que, como ya dije antes, tiene que ser un enriquecimiento y no una limitación de la realidad; y el de la conducta personal frente a la opresión, la explotación, la dictadura y el fascismo que continúan su espantosa tarea en tantos pueblos de América Latina. Sobre este doble aspecto de la única relación legítima entre los intelectuales y la política quisiera agregar ahora los elementos que lo ilustren con suficiente claridad.

Comenzaré por la parte que toca a la responsabilidad personal, la conducta ética de un intelectual. No creo que en toda la historia latinoamericana haya un caso más perfecto, más bello y más puro que el ofrecido en su día por el cubano José Martí, y si cito aquí su nombre es porque basta sobradamente para mostrar lo que quiero decir, y no porque en nuestros días falten muchos otros nombres que podrían mencionarse como ejemplo. En Martí se da el caso del intelectual del más alto nivel que entra con todo lo que tiene en la lucha por la liberación de su patria, y termina sacrificándole la vida. Nadie, por supuesto, va a pedirle a todos los intelectuales que repitan ese ejemplo insuperable, pero la línea más alta de conducta está ahí dada para siempre, y en la medida de las posibilidades personales, un intelectual latinoamericano tiene el deber de seguirla. En nuestros días la participación en la lucha revolucionaria admite múltiples posibilidades, puesto que nuestra batalla se da también en múltiples frentes y contra múltiples enemigos. La conducta personal de un escritor o de un artista tiene que manifestarse, además de su producción cultural específica, por una solidaridad y una presencia en cualquiera de esos frentes, tiene que mostrar a su pueblo que no vive refugiado en su escritorio o en su cátedra o en un país extranjero; tiene que salir, metafórica o realmente, a la calle, y en América Latina esa calle está cada vez más llena de barricadas, de francotiradores y de ásperas confrontaciones.

No vacilo aquí en citar conductas que me conciernen personalmente, y empezaré por decir que, cuando el pueblo chileno llevó a la presidencia a Salvador Allende en 1971, comprendí que la obligación más elemental de un escritor preocupado por la causa del socialismo era la de manifestar personalmente su solidaridad con esa grande y difícil experiencia que empezaba en un país del cono sur de América Latina. Al llegar a Santiago el día de la toma del mando por Allende, sentí una profunda amargura al descubrir hasta qué punto una actitud que me parecía elemental no había sido seguida por la enorme mayoría de los intelectuales del continente. En una hora en que se hacía imprescindible comprometerse para el presente y el futuro en Chile, y colaborar al máximo con el esfuerzo de su pueblo, muchísimos escritores y artistas para quienes no hubiera sido imposible viajar a Santiago, se quedaron en sus casas y se limitaron a demostrar su solidaridad por escrito. Mientras grupos de jóvenes sin un centavo habían cruzado la cordillera para estar presentes, mientras escritores para quienes viajar era un problema, a veces peligroso, estaban allí porque estar allí era su deber, muchísimos otros a quienes el pueblo chileno esperaba no acudieron a la cita. Alguien podrá decir: ¿Y de qué servía que usted estuviera ahí ese día? Y entonces yo contestaría: No sirvió de mucho, por supuesto, pero sirvió para que miles de chilenos que me estimaban como novelista o cuentista sintieran también mi solidaridad política y mi búsqueda de un diálogo directo; sirvió para que los estudiantes universitarios pudieran cambiar ideas conmigo durante días enteros; sirvió para que yo conociera mejor la producción intelectual chilena y a mi vuelta me convirtiera en un propagandista de sus nuevos valores; sirvió para que después del siniestro *putsch* de 1973, yo estuviera en condiciones morales de luchar por Chile, de defender la causa de su pueblo en el seno del Tribunal Russell y de la Comisión de Helsinki, y de colaborar en un libro negro sobre el genocidio cometido por la junta militar fascista; sirvió, ya sé que en una ínfima escala, para mostrar que el compromiso de un intelectual con la política no es solamente el tema de una conferencia universitaria. Y si esta ínfima participación se hubiera multiplicado por la presencia y la acción personal de los intelectuales de todos los países, la batalla del pueblo chileno hubiera contado con mucho más apoyo del que tuvo en el exterior de su país.

Otra prueba de responsabilidad personal en tanto que escritor comprometido creo darla hoy aquí, por el simple hecho de mi presencia entre ustedes. Durante diez años me negué a aceptar las muchas y desde luego generosas y bien intencionadas invitaciones que recibí de diferentes centros intelectuales de los Estados Unidos, y en todos los casos mi negativa fue claramente explicada; incluso, en el caso de la Universidad de Columbia, el decano Frank McShane hizo publicar el texto de la carta que le enviara con ese motivo. Las razones de mi negativa tocaban una vez más a mi responsabilidad como latinoamericano frente a la actitud del gobierno de los Estados Unidos con respecto a Cuba y a muchos otros países de mi continente y de otros continentes. Esa actitud, que por desgracia no se ha modificado en lo sustancial, ha sufrido sin embargo los cambios impuestos por una década de historia particularmente dura para este país. Puedo equivocarme, pero siento como si una nueva perspectiva comenzara a mostrarse al pueblo norteamericano en su conjunto después de experiencias que le han probado la voluntad y la capacidad de algunas pequeñas naciones para defender su libertad y su soberanía, y entiendo que la hora es propicia para lo que está ocurriendo aquí esta noche; pienso que ha llegado el momento de un diálogo auténtico, de una confrontación directa, de un contacto abierto en el que todo puede y debe decirse para bien de nuestros pueblos. Por eso vine hace un año a Nueva York para asistir a un seminario sobre la traducción de autores latinoamericanos al inglés, y por eso estoy aquí ahora para contribuir en lo posible a un mejor conocimiento de nuestra literatura.

Pero al mismo tiempo —y quiero que esto quede claramente subrayado— sigo luchando en el seno del Tribunal Russell para denunciar cosas tales como la nefasta intervención de las sociedades transnacionales norteamericanas en la política local de nuestros países; si no hiciera eso, no me sentiría justificado como visitante de esta universidad, a pesar de la generosidad de su llamada. Ojalá que estas pocas conferencias personales les sirvan para mostrar mejor lo que quise decir cuando aludía a la responsabilidad y a la conducta del intelectual latinoamericano.

Y ahora, para terminar, volvamos al otro aspecto de esa responsabilidad, la que podríamos llamar responsabilidad profesional. Yo la definiría en una sola frase: no retroceder jamás, por motivos de cualquier orden, en el camino de la creación. Poco importa que una literatura que podemos llamar de vanguardia no cuente todavía con la comprensión de todos los lectores que quisiéramos; precisamente para conseguir alguna vez esa totalidad hay que buscar encarnizadamente las nuevas rutas de la creación y la palabra, hay que lanzarse a lo nuevo, a lo inexplorado, a lo más vertiginoso de la realidad del hombre. Toda simplificación en nombre o en procura de un público más vasto, es una traición a nuestros pueblos. La creación puede ser simple y clara en su más alto nivel; enhorabuena, ahí están los poemas de Pablo Neruda para probarlo. Pero la creación puede también ser oscura y poco accesible en ese mismo alto nivel, y ahí están los poemas de César Vallejo para probarlo. Los dos fueron fieles a sí mismos, y su compromiso político se ejerció total y hermosamente sin que jamás claudicaran de su manera personal de sentir la realidad y de enriquecerla con su voz propia. Conozco de sobra los reproches de hermetismo que me han hecho a lo largo de estos años; vienen siempre de los que reclaman un paso atrás en la creación en nombre de un supuesto paso adelante en la lucha política. No es así como ayudaremos a la liberación final de nuestros países, sino combatiendo a la vez con la palabra y con los actos, con nuestros pueblos y para nuestros pueblos.

Al comienzo de esta charla dije que esperaba mostrar cómo los intelectuales que no entienden necesariamente de política podían comprometerse eficazmente en la larga lucha por nuestra plena identidad latinoamericana. No sé si habré conseguido mostrarlo; por mi parte, desde mi gran ignorancia de tantas cosas que ya no tendré tiempo de aprender, sigo un camino donde mis libros y mi persona son y quieren ser una sola voluntad tendida hacia un futuro más justo y más bello para todos mis hermanos de América Latina y del mundo.

Una muerte monstruosa

En la larga lucha contra los enemigos internos y externos de los pueblos latinoamericanos, las bajas son frecuentes y penosas; larguísima es ya la lista de hombres y mujeres que han dado su vida combatiendo a las tiranías, las dictaduras, las ingerencias imperialistas en nuestras tierras. Cada una de esas pérdidas es irreparable, cada hueco en las filas es como un pedazo de oscuridad en nuestros corazones. Y sin embargo, hay en ellas un ejemplo y una fuerza que iluminan cada día de renovado combate, que multiplican la voluntad de seguir adelante hasta alcanzar la meta final. Los golpes más fatales del enemigo se vuelven contra él, porque sus crímenes acendran la voluntad de combate de quienes han visto caer a sus compañeros y saben que la única manera de llorarlos está en seguir adelante en todos los terrenos de la lucha.

¿Pero qué decir frente al cadáver de un compañero que no ha sucumbido frente al enemigo común, sino que ha sido asesinado turbiamente en el marco de una disensión partidaria, y que sus victimarios pretenden mostrar como un traidor? Estoy hablando del poeta Roque Dalton, asesinado en su país y por compatriotas, no por aquellos que vienen sojuzgando a El Salvador a lo largo de años y años de sangre y de vileza, sino por un grupo de los que pretenden liberarlo en nombre de la libertad y la revolución. Ignoro —y creo que casi todos los ignoramos— los detalles precisos de un crimen que sobrepasa en horror a los peores que haya podido cometer el enemigo interno o externo de El Salvador. Declaraciones y contradeclaraciones, mentiras y desmentidos se han sucedido con la velocidad necesaria para quienes de alguna manera necesitan lavarse las manos de una sangre que un día sabrán indeleble, imperdonable. Después de largas semanas en que la esperanza se mantuvo viva, hay que aceptar que Roque Dalton ha muerto de resultas de una disensión entre miembros del ERP, Ejército Revolucionario del Pueblo. La fracción responsable de su «juicio» y su «ejecución» dio a conocer desde el principio un comunicado en el que acusaba a Dalton de trabajar para la CIA y de haber procurado su infiltración en el seno del movimiento.

De la acusación, que parecería ridícula en el caso de Dalton si no fuera tan monstruosa por provenir de quienes se autotitulan revolucionarios, no he de decir nada. ¿Para qué, si el mismo Roque la había anticipado con una claridad que multiplica la culpa de sus asesinos? Una editorial mexicana se dispone a publicar su novela titulada *Pobrecito poeta que era yo*, de la que Roque me había dado a leer largos pasajes. En ella (debo la referencia concreta a Roberto Armijo) se cuenta que en la época en que el poeta estuvo preso en El Salvador, el agente de la CIA que lo interrogaba le dijo en algún momento lo siguiente: «No creas que vas a morir como un héroe, tenemos documentos necesarios para hacerte parecer como un traidor, y la historia y tus hijos se avergonzarán del nombre de su padre... Así que olvídate de que tu muerte te convertirá en héroe.» Esto ocurría nada menos que en 1964; más de diez años después de esa innoble amenaza, la vemos cumplirse literalmente.

Dentro de poco, el libro citado va a circular con su terrible anuncio de muerte. Pero incluso si Roque no hubiera denunciado esa amenaza de sus enemigos, la acusación con que se pretende justificar su asesinato seguiría siendo monstruosa, puesto que en ella se acumula no solamente la calumnia más infame que pueda hacerse a un luchador revolucionario, sino que esa calumnia procede de quienes en algún momento él consideró sus compañeros en la lucha política salvadoreña. No sorprenderá, pues, que a lo largo de estas semanas hayan surgido diversas voces indignadas para condenar el asesinato de Dalton y el simulacro de justificación con que se ha pretendido justificarlo. Acabo de leer el magnífico texto de Angel Rama, que con el título de «Roque Dalton asesinado» publicó *El Nacional* de Caracas el 13 de julio. Y quiero citar su comienzo:

El horror ya no es en América Latina una «historia extraordinaria», como pensaba el poeta norteamericano. Si alguien pudo definirse «consternado y rabioso» ante la muerte del Che Guevara a manos de la dictadura boliviana de entonces, ¿cómo definirse ante el fusilamiento del poeta Roque Dalton por un grupo guerrillero salvadoreño? La incredulidad, la ira, el horror, se suceden ante esa hoja volante que a fines de mayo hizo circular en El Salvador el Ejército Revolucionario del Pueblo atribuyéndose la ejecución de Roque Dalton, «porque siendo militante del ERP estaba colaborando con los aparatos secretos del enemigo». Demasiadas escasas palabras para justificar semejante monstruosidad y para cubrir con el baldón de traidor el cadáver de un hombre que durante veinte años estuvo activamente dedicado a la causa revolucionaria.

Sí, veinte años de lucha revolucionaria; y sin embargo, por ser como él era, como lo vimos y lo quisimos sus amigos, Roque Dalton no era un escritor lo suficientemente conocido en la América Latina. Su muerte, inútil es decirlo, despertará a muchos de los que duermen en el campo de la crítica, y pronto empezarán las valoraciones y las exégesis. Enhorabuena, claro está, pero a mí me parece ver la sonrisa traviesa con que Roque seguiría ese repentino interés por su obra y su palabra. Nunca me dio la impresión de que ese relativo desconocimiento lo preocupara; otras cosas más importantes lo hacían vivir contra viento y marea, contra destierros y prisiones, contra el hostigamiento cotidiano del revolucionario que quiere estar en la línea de fuego. ¿Hablar de Roque Dalton, poeta? Sí, desde luego, pero sin olvidar un solo instante la admirable frase del Che cuando alguien le preguntó por su profesión: «Yo era médico», y que encuentra su eco y su fidelidad en el Roque Dalton que titula su última novela: *Pobrecito poeta que era yo.* Hablar del poeta, sí, pero del poeta combatiente, del revolucionario que jamás dejo de ser poeta.

Entre lo mucho que me ha dado Cuba, el conocimiento y la amistad de Roque Dalton se contará siempre entre lo más precioso. No sé en cuál de mis viajes a la Isla nos encontramos por primera vez; escribo en un lugar donde ni siquiera tengo los libros de Roque, y me faltan referencias cronológicas. En todo caso estoy seguro de que nos conocimos en la Casa de las Américas, de cuyo comité de colaboración habríamos de formar luego parte. Alguna mañana vi llegar a un muchacho moreno y flaco, de rostro aniñado y a la vez lleno de tiempo; al principio los dos nos confundimos sobre nuestra edad, nos hicimos las bromas de rigor, empezamos a mirarnos de veras. Yo conocía muchos poemas de Roque, admiraba su particular acercamiento a la poesía dentro de una voluntad de comunicación, de cercanía con cualquier tipo de lector, y que no se tradujera en la chabacanería y el populismo suicida que tanto mal hace a mucha poesía revolucionaria. De eso hablamos tomando café y tragos en el barrio viejo de La Habana, o en los intervalos de nuestra tarea en la Casa. Para Roque, que se sorprendía un poco de mi admiración, no había nada más natural que escribir así, pero yo insistía en que esa naturalidad tenía que haberle costado enormemente a un poeta centroamericano. Esto, claro, lo hacía estallar en carcajadas, y en Roque la risa era uno de sus mensajes más directos y más hermosos, se reía como un niño, echándose hacia atrás y tratándome de argentino, es decir de metido para adentro, pronto a ver la paja en el ojo ajeno y no la retórica rioplatense en el propio. Y entonces me tocaba a mí reírme, pero nunca supe ni sabré hacerlo como Roque.

Para quienes no estaban al tanto de su pasado, ese hombre simple y hasta anodino podía engañar físicamente al mejor observador. Nunca lo escuché referirse a su propia persona salvo cuando se trataba de dar testimonio sobre la historia de su país, en cuyas turbulentas alternativas había tomado parte activa. Entonces era preciso y claro, sin caer jamás en los localismos comprensibles pero nefastos de muchos militantes; no hacía falta conocer su pasado para darse cuenta de que Roque Dalton tenía una visión general de la lucha revolucionaria, y que sus múltiples andanzas por el mundo le habían dado una experiencia que pesaba en sus juicios y en sus opiniones. Eso, junto con la poesía y el sentido del humor, nos llevó a sentirnos amigos desde el primer momento; ahora que no volveré a hablar con él, pienso que nos vimos muy poco, que estábamos demasiado ocupados en Cuba para vagar juntos por las calles y charlar en los hoteles y los cafés. Y en París, donde nos encontramos dos veces, la urgencia de los problemas, de las circunstancias siempre críticas en nuestro trabajo, no nos dejó la libertad que hubiéramos querido para discutir de libros, de películas, de hombres y de mujeres. Hablar con Roque era como vivir más intensamente, como vivir por dos. Ninguno de sus amigos olvidará las historias acaso míticas de sus antepasados, la visión prodigiosa del pirata Dalton, las aventuras de los miembros de su familia; y otras veces, sin mayor deseo pero obligado por la necesidad de defender un punto de vista, el recuerdo de las prisiones, de la muerte rondando, de la fuga al alba, de los exilios, de las vueltas, la saga del combatiente, la larga marcha del militante.

Sus poemas, sus relatos, contienen más o menos abiertamente todo eso, y sobre todo lo que hizo de Roque Dalton un hombre que me parece ejemplar dentro de una perspectiva de futuro: la vitalidad, el sentido del juego la búsqueda del amor en todos los planos, la duda antes que el dogma, la crítica previa al acatamiento. De todo esto da testimonio la última carta que recibí de él, fechada en Hanoi el 15 de agosto de 1973, pero llegada a mis manos muchísimo después por razones que nunca sabré (junto con la carta venía un capítulo y uno de los apéndices testimoniales de su novela *Pobrecito poeta que era yo*). Como siempre conmigo, Roque era franco y directo; más de una vez nos habíamos topado en el plano político y en el concepto que cada uno tenía de la literatura dentro de un esquema socialista, y esos enfrentamientos polémicos (por desgracia orales en su mayor parte) me habían hecho mucho bien, me habían enseñado muchas cosas aunque las diferencias persistieran en todo o en parte. Por eso no me sorprendió su anuncio, al comienzo de la carta: «Hace meses te envié un articulito mío sobre Corea, en que me metía polémica fraternalmente contigo, arriesgándome a parecer extremista y exagerado al tratar de dialectificar una relación Cortázar-Kim Il Sung...» Nunca recibí ese texto, ni otros que Roque decía haberme enviado; cito el pasaje porque lo muestra tal como fue siempre, frontal en su actitud amistosa, dando cariño y amistad precisamente porque no daba tregua ni hacía concesiones. En esa misma carta, hablando de mi *Libro de Manuel* que esperaba poder leer cuando volviera a La Habana, decía:

> *Tu país va a necesitar mucho de todos los que... saben o sienten que el talento que no tiene su corazoncito no sirve para un carajo. ¿Tú sabes que he releído Rayuela precisamente aquí en Hanoi? Me metí en un lío con el guía-intérprete vietnamita porque una madrugada con síntomas de inminente tifón lo desperté con mi ataque de risa; el culpable fue el piantado uruguayo que planifica la nueva sociedad: lo de la granja en que se criarán microbios y ballenas... Pero explicárselo al vietnamita fue de bala, pues él no alcanzaba a entender por qué un «utopista loco» me daba tanta risa...*

Una de las imágenes más nítidas que guardo de Roque se vincula con la de Fidel Castro y una larguísima noche habanera. Sorpresivamente, al término de una jornada de trabajo en la Casa de las Américas, Fidel se apareció en la sobremesa para charlar con los miembros del jurado del premio literario de la Casa. Estuvimos reunidos desde las diez de la noche hasta las seis de la mañana, una treintena de personas que se fumaron la mitad de la cosecha de tabaco de ese año e hicieron mil preguntas que encontraron siempre la respuesta de un Fidel incansable. Más de una vez esas respuestas fueron muy diferentes de lo que esperaban algunos, y a Roque parecía divertirle especialmente el desconcierto que provocaban en los espíritus monolíticos. Recuerdo que en algún momento se habló de la guerra en Vietnam, y alguien trató de cobardes a los soldados norteamericanos. Fidel no solamente no estuvo de acuerdo, sino que sostuvo la equivalencia total de los soldados de cualquier ejército, insistiendo en que su conducta, su valor y su moral eran el resultado forzoso de la causa que defendían, y que en Vietnam los norteamericanos estaban vencidos de antemano y en alguna medida desde dentro porque su causa carecía de justicia y de verdad.

El final de aquella noche es para mí la imagen de Roque discutiendo con Fidel un problema de utilización eficaz de no sé qué arma. Cambiando bromas y a la vez defendiendo encarnizadamente sus puntos de vista, cada uno trataba de convencer al otro mediante demostraciones con una metralleta invisible que esgrimía de una u otra manera, abundando en consideraciones que a mí se me escapaban por completo. La diferencia entre el corpachón de Fidel y la figura esmirriada y flexible de Roque nos causaba un regocijo infinito, mientras la metralleta abstracta pasaba de uno a otro y se repetían las demostraciones sin que ninguno quisiera ceder terreno; la salida del sol definió el debate, mandándonos a todos a la cama.

Vuelvo a la última carta que tuve de Roque; ahora, más que nunca, sé por qué quiso darme a leer algunos capítulos de la novela que acababa de terminar. Cuando el público la conozca, comprenderá lo que los asesinos de hombres como él no quieren comprender, en El Salvador o en cualquier otro país del mundo. Comprenderán que el camino de un verdadero revolucionario no pasa por la seguridad, la convicción, el esquema simplificante y maniqueo, sino que a él se llega y por él se transita a lo largo de una penosa maraña de vacilaciones, de dudas, de puntos muertos, de insomnios llenos de interrogación y de espera, para finalmente alcanzar ese punto sin retorno, esa maravillosa cresta de la colina desde donde se sigue viendo lo que quedó atrás mientras se abre a los ojos lavados y nuevos el panorama de una realidad otra, de una meta por fin perceptible y alcanzable. Al enviarme esos capítulos, Roque quiso que yo supiera de ese itinerario interior y exterior que había hecho de él un combatiente, un hombre con su opción final tomada y asumida después de un largo proceso crítico. Por encima de nuestras diferencias, él encontraba en mí la misma definición y la misma esperanza frente al socialismo que los monolitos de las revoluciones pretenden destruir en nombre de una aquiescencia dogmática. Infinitamente más adelante que yo y que tantos más, puesto que había sabido hacer coexistir la palabra y la acción, me esperaba generosamente en alguna esquina de la vida: él llegó antes a algo que no era una meta sino una emboscada, y llegó porque había elegido ir hasta el final, como Che Guevara. Precisamente por eso, los que quedamos más acá por incapacidad personal o por una noción diferente del terreno de combate, tenemos hoy el deber de mostrar en Roque Dalton al hombre tal como fue, adelantándonos a la fácil y presumible monolitización que muchos querrán hacer con él. ¿Un héroe? Sí, pero un héroe que además de su conducta política inquebrantable deja un testamento: toda su poesía y ahora esa novela de la que sólo conozco los fragmentos que él me enviara, pero que bastan para mostrar lo que hay que entender por héroe frente a los fabricantes de estatuas. No faltará quien diga que se trata de una obra de ficción, y que las ideas y sentimientos del protagonista no tienen por qué reflejar las del escritor Roque Dalton. Por mi parte sé que basta leer esa crónica de juventud para encontrar en cuerpo y alma a Roque. Y su verdadero heroísmo está en haber sabido extraer el justo balance, la justa opción, después de pasar por etapas como la que refleja el fragmento que transcribo tal como él me lo envió, y que corresponde al diario del protagonista de la novela:

¿Qué es, pues, lo que me piden? Renunciamientos y más renunciamientos. Sinceramente: comprendo a la Revolución y la hallo hermosa. Creo que tengo cabida en ella y que mis defectos y mis lados sombríos también caben en ella, conmigo. Porque si me dicen que este criterio moral mío por el que soy capaz de hacer crecer todas mis posibilidades de pasión, debe ser combatido y anulado, yo digo, con fiereza si es necesario, que simplemente por él vivo y que, inclusive, yo iría a las filas de la Revolución para defenderlo en forma más eficaz. Comprendo que soy un hombre complicado y que mis criterios, también —lógicamente— complicados, no formarían la mejor agenda para una reunión de jóvenes comunistas, por ejemplo, tan empecinados en el candor. ¿Pero es que acaso no hay también en la Revolución personas maduras? ¿O es que eso de que «el comunismo es la juventud del mundo» es peyorativo? Quiero explicarme aún más. Acepto que pase como un hecho normal (hoy por hoy) el mantener lejos de las manos de un joven carpintero salvadoreño los mejores libros de Henry Miller. Hay tutelas necesarias, hijas de lo que yo llamaría el «amor lúcido», que pueden ejercerse con simpatía y frutos, siempre y cuando se conozca su necesaria efimeridad histórica. Pero al mismo tiempo considero que los intelectuales de la Revolución, sus escritores en concreto, deben aprender de Miller una serie de técnicas formales indispensables (la sinceridad de Miller, para el caso, es un aspecto de su técnica, sin que tal parecer sea una censura tácita), y por otra parte (la obvia) no deben desperdiciar el aspecto crítico a la sociedad norteamericana, que no está lejos de ser una de las cuestiones fundamentales de la obra milleriana, tanto más valiosa en cuanto que nos pone en contacto, a un nivel no alcanzado antes por la mayoría de los grandes escritores norteamericanos, con las taras del alma individual de los habitantes del país-monstruo por excelencia. Es decir, que aun aceptando los riesgos que toda posición excepcionalista implica, creo que la Revolución debe tener una política para tratarme, para tratar a las personas que, como yo, no hacemos otra cosa que reflejar, con las más agudas evi-

dencias (debido, no podría decir si al talento o a la irresponsabilidad), las complicaciones del mundo actual cuya transformación lograrán los revolucionarios. Amén.

Estas reflexiones corresponden a la juventud del protagonista en El Salvador, en tiempos de la dictadura de Lemus, pero fueron escritas mucho después por Roque, cuando ya había andado la mayor parte del camino que habría de desembocar en su horrible asesinato. El hombre había dejado de ser el muchacho perplejo y vacilante que pinta la novela; y sin embargo ese muchacho piensa con los pensamientos del hombre que tanto después habría de escribir ese libro. Ahí, lo repito, reside el verdadero heroísmo de un revolucionario como Roque Dalton, capaz de mantener vivos los reflejos dialécticos que dan al ser humano su dimensión más valedera. A él no le hubiera disgustado, lo sé, que yo cierre aquí esta condena de todos sus asesinos, los que físicamente lo mataron y los que lo hubieran matado en toda ocasión y lugar posibles, con este fragmento de un poema que Roque incluyó en su novela y que lo muestra como fue, como lo guardaremos siempre en nuestro corazón:

Pero me posesiono de todas las historias y de todos los rostros,
nunca se cansa el corazón de conocer a todos los habitantes de la tierra;
aunque en todas partes la historia de Caín y Abel
es tan vieja como el principio del mundo,
y en todas partes la cara del diablo o la del ángel
asoma cambiante y sardónica.

Hubiera deseado tanto llegar a puerto seguro
pero es como decir «llegar al paraíso».

Sin embargo estoy vivo y pisando la tierra,
los vientos del Caribe traen sueños vagos...
y el mundo parece venir a plomo de repente.

Es necesario ir a buscar nuevos vientos alisios
y hacer de cuenta, a veces,
que es la brújula quien nos vuelve locos,
que todavía existe una pulgada de tierra
no descrita en ninguna de las cartas marinas.

Y uno termina forastero en el mundo, muerto a campo traviesa.

Reseña de *Cómico de la lengua*,
de Néstor Sánchez.

Supongo que se habrá renunciado a la ilusión de llegar a saber qué es la literatura; como el tiempo, la luz o la jaqueca, frente al misterio de su esencia sólo nos cabe el consuelo de circunscribir y de nombrar sus manifestaciones más accesibles. Así, cuando en el campo de lo literario aislamos lo específicamente narrativo, dos actitudes se delimitan con aparente claridad: 1) el novelista narra una anécdota compleja con una escritura inmediatamente comunicante; 2) el novelista narra una anécdota simple con una escritura cuya comunicación entraña un trabajoso esfuerzo del lector.

Poco cuesta darse cuenta de que la claridad de esta dicotomía es, como se indica más arriba, aparente. La categoría 2) destruye la ilusión de la categoría 1); en efecto, abrirse paso en una escritura que exige el máximo empeño del lector lleva a descubrir que la anécdota supuestamente simple no lo era en absoluto, y que un novelista centrado en esa actitud (Néstor Sánchez es un altísimo ejemplo) vuelve patente que la categoría 1) es sólo una remota e ineficaz aproximación a una realidad voluntariamente empobrecida para lograr un simulacro de aprehensión, de conocimiento. En ese sentido, un puñado de libros 2) basta para hacer polvo la abrumadora mayoría de la producción literaria 1), de la misma manera que una simple reflexión metafísica destruye cualquier esquema práctico de vida, al mostrar que éste no es más que una serie de admisiones dogmáticas o pragmáticas destinadas a salvar al *homo sapiens* del vértigo existencial y mantenerlo satisfactoriamente al nivel de lo social y lo gregario.

No se trata, por supuesto, de tomar partido en lo literario y sostener que 2) es mejor que 1), el *homo* es lo suficientemente *sapiens* para haber comprendido desde sus orígenes que una actitud exclusivamente esencializante sólo puede llevarlo a un nirvana individual que otras potencias de su ser rechazan, puesto que, ya ha sido dicho, *il faut tenter de vivre*. Así, un libro como *Cómico de la lengua*, perfecto ejemplo de 2), no sólo no invalida un libro como *Cien años de soledad*, perfecto ejemplo de 1), sino que todo lector bien constituido pasará del uno al otro y del otro al uno con el doble sentimiento de felicidad que da el zambullirse en una piscina y volver a la superficie donde está esperando la bocanada de aire. El valor de ciertos buceos en profundidad está en que multiplican el valor de ese regreso a la superficie en la medida en que la bocanada de aire será gozada con una intensidad que ignora la respiración indiferente que nos hace vivir.

No sorprenderá, después de esto, verificar que la trama de *Cómico de la lengua* se reduce, si se la mira con la perspectiva de 1), a un mero ir y venir de un puñado de personajes para quienes parecen tener importancia ciertos estímulos propios de nuestra época: el viaje, la droga, el gurú, y que conducen sus acciones y destinos sin esa coherencia causal y psicológica que reclama la narrativa de la perspectiva en cuestión. El objeto de Néstor Sánchez consiste precisamente en mostrar la infinita, inaprehensible complejidad de esa trama aparentemente primaria; su método está en la detención minuciosa, casi entomológica del escritor frente a lo que trata de decir, y su opción casi siempre explicitada en cada caso, en cada paso de lo que se narra. ¿Por qué? Porque el escritor que se valga del lenguaje sin esa implacable crítica permanente, está condenado a que el lenguaje se valga de él; porque, como dice Sánchez, «cada palabra debía ser redicha, cada palabra debía ser reescuchada, cada palabra debía ser representida, renecesitada para aquello que necesitaba nombrarse por primera vez, cada palabra debía ser paulatinamente remerecida».

Nombrar por primera vez, Sánchez nombra *siempre* por primera vez, se niega a la memoria conceptual, a la simplificación mutilante que alguna vez denunciara Rilke («y esto se llama perro, esto se llama casa... Ustedes están matando las cosas»), y no solamente lucha por nombrar por primera vez incluso lo más conocido, sino que en cada cosa busca lo que escapa a la definición o al uso de la tribu: «Vamos a tener necesidad de un lenguaje común, un lenguaje común capaz de nombrar por primera vez, frente a la multitud de cosas ya nombradas de afuera, la multitud de cosas casi nunca nombradas de adentro.»

Así, *Cómico de la lengua* podría definirse como el reverso de una novela, el reverso de una realidad narrativa, el reverso de una escritura usual; de ahí su considerable dificultad que desalentará a los cómodos, de ahí los innúmeros escollos que presenta a la lectura más atenta, puesto que si Sánchez consigue casi siempre esa ardua comunicación basada en el rechazo de los puentes verbales presumibles, hay pasajes en que el lector deberá enfrentar el texto tal como el mismo Sánchez enfrenta lo que ese texto busca decir: en una actitud preadámica de opción total, sin tradición ni herencia, solo y desnudo frente a una de las tentativas más audaces que se hayan hecho para tenderle los cabos de una nueva relación con la realidad, de un nuevo descenso a sí mismo y al mundo.

Para Solentiname

Este texto responde a la crítica de Danubio Torres Fierro a mi libro Alguien que anda por ahí, *publicada en la revista* Vuelta, 11, *México, octubre de 1977.*

En materia literaria creo que nunca he respondido públicamente a mis críticos; en parte porque no me gustan las polémicas, que casi siempre terminan *not with a bang but a whimper*, y también porque prefiero seguir aventurándome por mi cuenta en vez de quedarme en la esquina atendiendo a las luces verdes o rojas. Si hoy me concedo esta excepción, los motivos son graves y no puedo pasarlos por alto, precisamente en la medida en que no me conciernen personalmente sino que tocan la raíz misma de la literatura latinoamericana de nuestros días.

Danubio Torres Fierro decide varias cosas en su crítica de mi libro *Alguien que anda por ahí.* No comentaré las que tocan al oficio literario, pues ahí cada cual tiene derecho a sus gustos; en cambio tengo algo que decirle cuando entra en el terreno que verdaderamente motiva su artículo, quiero decir la presencia de lo ideológico e incluso lo político en una narrativa imaginaria. Torres Fierro es un buen ajedrecista de las ideas y prepara hábilmente su ataque; sucesivamente me califica de «narrador denunciatorio», actividad que se sumaría trabajosamente a la de «narrador fantástico» (sic), y subraya mi adhesión a la causa cubana, en la que registra un «leve distanciamiento» en la época del llamado caso Padilla, seguida de lo que él estima un *mea culpa* y que yo sigo creyendo una razón de ser y de estar y de sentirme identificado con una de las pocas causas latinoamericanas coherentes y eficaces. Hace notar que mi socialismo es «bondadoso y de color de rosa», ironía que no alcanza a disimular que su punto de vista es exactamente el opuesto. La ironía se extiende a una distinción que creo capital (cito mis propias palabras) «entre los errores e incluso los crímenes dentro de un concepto socialista y los errores y los crímenes equivalentes que se pueden producir dentro de un concepto capitalista e imperialista». Sigo creyendo que nada hay de cínico en esto, pues el socialismo como *plan de realidad* es el único camino digno de la historia, en tanto que el capitalismo lleva a lo que de sobra sabemos y vemos en América Latina *inter alia.* No es una novedad que, como proceso político, el socialismo dista de la perfección geométrica que ojalá pudiéramos aplicar a la historia, y que pasa por los azares y las contingencias del manejo humano de los negocios humanos. También yo hubiera podido escribir la frase que se leyó en los muros de Praga: «Levántate, Lenin, Brejnev está metiendo la pata»; también yo condeno las violaciones de los derechos humanos en la URSS, pero tengo buen cuidado de no ponerlas en un mismo plano con las violaciones que son esenciales para la supervivencia del sistema capitalista. Los accidentes de ruta pueden corregirse y confío en que se corregirán; los otros no, porque sin ellos el imperialismo se viene abajo. La opción es clara, pues, lo que no impide ni mucho menos la crítica y la condenación de lo que puede y debe evitarse en el campo del socialismo.

Una vez que Danubio Torres Fierro ha cumplido su etapa pavlovniana con el lector (lo digo sin ironía, no es mi culpa si Pavlov era ruso), pasa de lleno a los juicios. Es así que, como consecuencia de todo lo que antecede, el último libro de Cortázar queda «descalificado como obra de arte». Es bien posible que Torres Fierro tenga razón si encuentra que la frecuente tentativa de «ensamblar su vena fantástica con su intención denunciatoria» debilita los relatos de Cortázar; ya dije que no me meto con los juicios estrictamente literarios, pero antes asomó por ahí la palabrita «arte» («descalificado como obra de arte») y ahora vienen más detalles: para Torres Fierro la conciliación entre lo fantástico y lo condenatorio es imposible, «como si alguien se atareara afanosamente en mezclar el agua y el aceite», lo que crea una situación falsa para el arte. Llegamos así a una frase que por sí sola lo resume todo y que cito: «Cortázar... resplandece y alcanza su plenitud cuando habla de la vida, y en cambio falla cuando lo hace de la realidad. Vida y realidad, es hora de decirlo, no son la misma cosa, y si la literatura tiene necesariamente que ver con la primera, sus relaciones con la segunda son secundarias, apenas tangenciales.»

Uno se frota los ojos, lee de nuevo, da una vuelta a la manzana y regresa a releer. Sí, ha leído bien: vida y realidad no son la misma cosa. Se ha leído realmente muy bien: si la literatura tiene que ver necesariamente con la vida, sus relaciones con la realidad son secundarias, apenas tangenciales.

En fin.

Usted se acordará, Danubio Torres Fierro, de aquel pasaje de la *Ilíada* (cito de memoria) en que Agamenón increpa a Calcas diciéndole: «¡Adivino de males, nunca me profetizaste nada bueno!» Desgraciadamente Cortázar es también Calcas en este mes de noviembre de 1977. A menos de dos años de haber escrito uno de los relatos del libro que usted critica, y que se llama *Apocalipsis de Solentiname*, la guardia nacional del dictador Anastasio Somoza ha tomado por asalto la comunidad del poeta y sacerdote Ernesto Cardenal, nadie conoce el destino de los campesinos y pescadores que encontraban en ella aliento espiritual y medios de vida, y el propio Cardenal es, como tantísimos otros, un exiliado perdido en algún rincón del mundo.

En ese relato no había descripciones detalladas de la vida de la pequeña y pobrísima comunidad. Una frase me vuelve a la memoria, frase de Calcas adivino de males: «Al otro día era domingo y misa de once, la misa de Solentiname en la que los campesinos y Ernesto y los amigos de visita comentan juntos un capítulo del evangelio que ese día era el arresto de Jesús en el huerto, un tema que la gente de Solentiname trataba como si hablaran de ellos mismos, de la amenaza de que les cayeran en la noche o en pleno día...» Ya está hecho, ya les cayeron; las noticias de que dispongo informan que la guardia nacional destruyó la mayoría de los simples cobertizos que servían de casas y de talleres, y que instaló un cuartel en la iglesia, ese simplísimo hangar abierto al aire del lago y que manos campesinas habían decorado con imágenes bellísimas, animales y plantas y pequeños personajes, esa iglesia donde el altar era una simple mesa y donde la música la hacían muchachos guitarreros que venían con los otros feligreses después de remar durante horas sobre las duras aguas del lago.

Allí vi a Ernesto y a sus amigos entregados a su trabajo y a su meditación, la joven maestra que alfabetizaba a los niños de la isla, vi los trabajos de alfarería, los peces policromados de madera de balsa (uno de ellos flota ahora en el aire de este cuarto, se mueve lentamente como una brújula perdida que buscara el rumbo de Nicaragua, las manos que lo vistieron de naranja y de azul); allí sentí la amenaza y el peligro, yo mismo llegué clandestinamente después de un pintoresco viaje en avioneta, yip y lancha del que se habla en el cuento, y no me costó nada darme cuenta de que la comunidad estaba en peligro, como de sobra lo sabían Cardenal y sus amigos. Precisamente por eso, por una esperanza ingenua pero necesaria, en ese relato no se incluye ninguna imagen premonitoria de lo que ahora acaba de ocurrir, y las fotos que el protagonista ve desfilar en una pantalla se refieren a otros países latinoamericanos. ¿Qué diferencia hay después de todo entre el horror de la Argentina, Chile, Uruguay y tantos otros países? Escribir sobre Solentiname era una de las muchas maneras de atacar el oprobio y la opresión desde la literatura, sin caer en «contenidismos» que jamás he aceptado pero entrando con la palabra en esa realidad que a su vez entra y debe entrar en la palabra del escritor. Lo ocurrido en Solentiname me prueba irrefutablemente que nunca fue más necesaria esa permeabilidad, esa ósmosis continua que tiene que haber entre la escritura y la realidad, entre el arte y la realidad; y si eso no es la vida, ¿me dirá usted qué es? ¿De qué le sirve la «vida» a la literatura si el que vive no quiere mirar en torno, no quiere ir a Solentiname?

Por lo que toca a la literatura puramente imaginaria, no seré yo quien me oponga a ella puesto que reincido todos los días, me encanta escribir sonetos lúdicos o eróticos, poemas permutantes y toda clase de experimentos; pero bien claro se va viendo en América Latina que aquellos que sólo trabajaron y trabajan dentro de vasos no comunicantes producen hoy en día una obra cada vez más reseca, cada vez más reducida a las técnicas del texto sobre el texto, la reflexión abstraída de su correlato objetivo, etcétera. Estoy más que de vuelta de ese elitismo vergonzante que muestra su verdadera cara cuando, como ahora, rechaza la presencia de la realidad inmediata en la obra de acción. Puede ser que mi cuento no valga nada, como a usted le parece, pero no será por las razones que aduce. En todo caso hay ahí un testimonio sobre Solentiname, una prueba de solidaridad y admiración dada con todo lo que puedo dar como escritor, dada sobre todo a los lectores, a gentes que un día conocerán a través de esas pocas páginas lo que fue Solentiname, lo que hizo Ernesto Cardenal por su pueblo. Y lo conocerán por la literatura, que es vida y realidad y arte en una sola operación vertiginosa.

Usted califica de «simplezas», nacidas de una mala conciencia, las que se dicen en un párrafo del cuento que citaré tal como usted mismo lo hace: «Era grato pensar que todo volvería a darse poco a poco, después de los cuadritos de Solentiname empezaría a pasar las cajas con las fotos cubanas, pero por qué los cuadritos primero, por qué la deformación profesional, el arte antes que la vida, y por qué no, le dijo el otro a éste en su eterno indesarmable diálogo fraterno y rencoroso, por qué no mirar primero las pinturas de Solentiname si también son la vida, si todo es lo mismo.»

Ahí, en el momento en que el protagonista tiene que decidir si va a mirar las fotos que tomó en Cuba o las que reproducen las pinturas de los campesinos de Solentiname, hay un debate interno que se resuelve a favor de las pinturas, precisamente porque no se trata de una prioridad estética como sin duda se la hubiera acordado usted, sino porque el protagonista se sorprende a sí mismo en la tentación de ceder al esteticismo y ver primero las pinturas; le basta un segundo de reflexión para decirse que está bien, que al fin y al cabo esas pinturas no están por encima ni por debajo de las fotos de la «realidad» puesto que nacen de ella al igual que las escuelas cubanas en el campo o las flotillas de barcos pesqueros. A usted le parecerá una simpleza, pero yo veo en eso una admisión mucho más rica de algo que usted se empeña en parcelar y jerarquizar (el *harte*, hubiera dicho un tal Oliveira en sus viejos tiempos). No hay ninguna diferencia entre ver primero los cuadros ingenuos de Solentiname o las fotos cubanas; en el relato (porque el relato soy yo) todo está en todo, no relego ni derogo una cosa en nombre de otra, no estoy en la torre de marfil o plexiglás de quien entiende como usted que la realidad sólo puede ser tangencial y secundaria para la literatura.

De la misma manera y para terminar, usted no parece haber querido entender que el relato titulado *Segunda vez*, que cita sin más, contiene en unas pocas páginas el horror cotidiano de la Argentina aplastada por la junta militar de Videla, el sistema fríamente atroz que ha acabado con escritores como Haroldo Conti, como Rodolfo Walsh, que ha hecho desaparecer centenares de periodistas y abogados y científicos, y millares de obreros y militantes sindicalistas. La junta leyó ese cuento mucho mejor que usted, puesto que censuró el libro antes de su aparición, exigiendo que el autor retirara el cuento y también el que da título al libro (y que pasa en Cuba, claro, ese fantasma que recorre el mundo). De este último relato no diré nada, salvo que estoy seguro de haber escrito uno de mis textos más «fantásticos» dentro de un contexto revolucionario, y que lo hice deliberadamente para mostrar a algunos compañeros cubanos que una cosa no quita la otra, que si la realidad no es tangencial a la literatura, la literatura está ahí para mostrarla en sus formas más vertiginosas e insospechadas. Mis buenas agarradas tendré todavía con muchos de ellos, pero eso me parece bueno y necesario, no sé de otra manera de apoyar lo que amo. Con usted también, aunque por causas muy diferentes, he tenido esta agarrada; tampoco creo que sea inútil.

América Latina: exilio y literatura

Lo que sigue es una tentativa de aproximación parcial a los problemas que plantea el exilio en la literatura, y a su consecuencia forzosa, la literatura del exilio. No tengo ninguna aptitud analítica; me limito aquí a una visión muy personal, que no pretendo generalizar sino exponer como simple aporte a un problema de infinitas facetas. Hecho real y tema literario, el exilio domina en la actualidad el escenario de la literatura latinoamericana. Como hecho real, de sobra conocemos el número de escritores que han debido alejarse de sus países; como tema literario, se manifiesta obviamente en poemas, cuentos y novelas de muchos de ellos. Tema universal, desde las lamentaciones de un Ovidio o de un Dante Alighieri, el exilio es hoy una constante en la realidad y en la literatura latinoamericanas, empezando por los países del llamado Cono Sur y siguiendo por el Brasil y no pocas naciones de América Central. Esta condición anómala del escritor abarca a argentinos, chilenos, uruguayos, paraguayos, bolivianos, brasileños, nicaragüenses, salvadoreños, haitianos, dominicanos, y la lista no se detiene ahí. Por «escritor» entiendo sobre todo al novelista y al cuentista, es decir, a los escritores de invención y de ficción; a la par de ellos incluyo al poeta, cuya especificidad nadie ha podido definir pero que forma cuerpo común con el cuentista y el novelista en la medida en que todos ellos juegan su juego en un territorio dominado por la analogía, las asociaciones libres, los ritmos significantes y la tendencia a expresarse a través o desde vivencias y empatías.

Al tocar el problema del escritor exiliado, me incluyo actualmente entre los innumerables protagonistas de la diáspora. La diferencia está en que mi exilio sólo se ha vuelto forzoso en estos últimos años; cuando me fui de la Argentina en 1951, lo hice por mi propia voluntad y sin razones políticas o ideológicas con frecuencia a mi país, y sólo a partir de 1974 me vi obligado a considerarme como un exiliado. Pero hay más y peor: al exilio que podríamos llamar físico habría de sumarse a partir del año pasado un exilio cultural, infinitamente más penoso para un escritor que trabaja en íntima relación con su contexto nacional y lingüístico. En efecto, la edición argentina de mi último libro de cuentos fue prohibida por la Junta Militar, que sólo la hubiera autorizado si yo condescendiese a suprimir dos relatos que consideraba como lesivos para ella o para lo que ella representa como sistema de opresión y de alienación. Uno de esos relatos se refería indirectamente a la desaparición de personas en el territorio argentino; el otro tenía por tema la destrucción de la comunidad cristiana del poeta nicaragüense Ernesto Cardenal en la isla de Solentiname.

Como se ve, puedo hoy sentir el exilio desde dentro, es decir, paradójicamente, desde fuera. Años atrás, cada vez que me fue dado participar en la defensa de las víctimas de cualquiera de las dictaduras de nuestro continente, a través de organismos como el Tribunal Bertrand Russell II o la Comisión de Helsinki, no se me ocurrió situarme en el mismo plano que los exiliados latinoamericanos, puesto que jamás había considerado mi lejanía del país como un exilio, y ni siquiera como un autoexilio. Para mí al menos, la noción de exilio comporta una compulsión y muchas veces una violencia. Un exiliado es casi siempre un expulsado, y ése no era mi caso hasta hace poco. Quiero aclarar que no he sido objeto de ninguna medida oficial en ese sentido, y es muy posible que si quisiera viajar a la Argentina podría entrar en ella sin dificultad; lo que sin duda no podría es volver a salir, aunque desde luego la Junta Militar no reconocería ninguna responsabilidad en lo que pudiera sucederme; es bien sabido que en la Argentina la gente desaparece sin que, oficialmente, se tenga noticia de lo que ocurre.

Así, entonces, asumiendo y viviendo la condición de exiliado, quisiera hacer algunas observaciones sobre algo que tan de cerca nos toca a los escritores. Mi intención no es una autopsia sino una biopsia; mi finalidad no es la deploración sino la respuesta más activa y eficaz posible al genocidio cultural que crece día a día en tantos países latinoamericanos. Diré más, a riesgo de rozar en la utopía: creo que las condiciones están dadas entre nosotros, los escritores exiliados, para superar el desgarramiento, el desgarramiento que nos imponen las dictaduras, y devolver a nuestra manera específica el golpe que nos inflige cada nuevo exilio. Pero para ello habría que superar algunos malentendidos de raíz romántica y humanista, y, por decirlo de una vez, anacrónica, y plantear la condición del exilio en términos que superen su negatividad, a veces inevitable y terrible, pero a veces también estereotipada y esterilizante.

Hay, desde luego, el traumatismo que sigue a todo golpe, a toda herida. Un escritor exiliado es en primer término una *mujer* o un *hombre* exiliados, es alguien que se sabe despojado de todo lo suyo, muchas veces de una familia, y en el mejor de los casos de una manera y un ritmo de vivir, de un perfume del aire y un color del cielo, de una costumbre de casas y de calles y bibliotecas y de perros y de cafés con amigos y de periódicos y de músicas y de caminatas por la ciudad. El exilio es la cesación del contacto de un follaje y de una raigambre con el aire y la tierra connaturales, es como el brusco final de un amor, es como una muerte inconcebiblemente horrible porque es una muerte que se sigue viviendo conscientemente, algo como lo que Edgar Allan Poe describió en ese relato que se llama *El entierro prematuro*.

Ese traumatismo harto comprensible determinó desde siempre y sigue determinando que un cierto número de escritores exiliados ingresen en algo así como una penumbra intelectual y creadora que limita, empobrece y a veces aniquila totalmente su trabajo. Es tristemente irónico comprobar que este caso es más frecuente en los escritores jóvenes que en los veteranos, y es ahí donde las dictaduras logran mejor su propósito de destruir un pensamiento y una creación libres y combativos. A lo largo de los años he visto apagarse así muchas jóvenes estrellas en un cielo extranjero. Y hay algo aún peor, y es lo que podríamos llamar el exilio interior, puesto que la opresión, la censura y el miedo en nuestros países han aplastado *in situ* a muchos jóvenes talentosos cuyas primeras obras tanto prometían. Entre 1955 y 1970 yo recibía cantidad de libros y manuscritos de autores argentinos noveles que me llenaban de esperanza; hoy no sé nada de ellos, sobre todo de los que siguen en la Argentina. Y no se trata de un proceso inevitable de selección y decantación generacional, sino de una renuncia total o parcial que abarca un número mucho mayor de escritores que el previsible dentro de condiciones normales.

También por eso resulta tristemente irónico verificar que los escritores exiliados en el extranjero, sean jóvenes o veteranos, se muestran en conjunto más fecundos que aquellos a quienes las condiciones internas acorralan y hostigan muchas veces hasta la desaparición o la muerte, como en los casos de Rodolfo Walsh y de Haroldo Conti en la Argentina. Pero en todas las formas del exilio la escritura se cumple dentro o después de experiencias traumáticas que la producción del escritor reflejará inequívocamente en la mayoría de los casos.

Frente a esa ruptura de las fuentes vitales que neutraliza o desequilibra la capacidad creadora, la reacción del escritor asume aspectos muy diferentes. Entre los exiliados fuera del país, por la necesidad de reajustar su vida a condiciones y a actividades que la alejan forzosamente de la literatura como tarea esencial. Pero casi todos los otros exiliados siguen escribiendo, y sus reacciones son perceptibles a través de su trabajo. Están los que casi proustianamente parten desde el exilio a una nostálgica búsqueda de la patria perdida; están los que dedican su obra a reconquistar esa patria, integrando el esfuerzo literario en la lucha política. En los dos casos, a pesar de su diferencia radical, suele advertirse una semejanza: la de ver en el exilio un disvalor, una derogación, una mutilación contra la cual se reacciona en una u otra forma. Hasta hoy no me ha sido dado leer muchos poemas, cuentos o novelas de exiliados latinoamericanos en los que la condición que los determina, esa condición específica que es el exilio, sea objeto de una crítica interna que la anule como disvalor y la proyecte a un campo positivo. Se parte casi siempre de lo negativo (desde la deploración hasta el grito de rebeldía que puede surgir de ella), y apoyándose en ese mal trampolín que es un disvalor se intenta el salto hacia adelante: la recuperación de lo perdido, la derrota del enemigo y el retorno a una patria libre de déspotas y de verdugos.

Personalmente, y sabiendo que estoy en el peligroso filo de una paradoja, no creo que esta actitud con respecto al exilio dé los resultados que podría alcanzar desde otra óptica, en apariencia irracional pero que responde, si se la mira de cerca, a una *toma de realidad* perfectamente válida. Quienes exilian a los intelectuales consideran que su acto es positivo, puesto que tiene por objeto eliminar al adversario. ¿Y si los exiliados optaran también por considerar como positivo ese exilio? No estoy haciendo una broma de mal gusto, porque sé que me muevo en un territorio de heridas abiertas y de irrestañables llantos. Pero sí apelo a una distanciación expresa, apoyada en esas fuerzas interiores que tantas veces han salvado al hombre del aniquilamiento total, y que se manifiestan entre otras formas a través del sentido del humor, ese humor que a lo largo de la historia de la humanidad ha servido para vehicular ideas y praxis que sin él parecerían locura o delirio. Creo que más que nunca es necesario convertir la negatividad del exilio —que confirma así el triunfo del enemigo— en una nueva toma de realidad, una realidad basada en valores y no en disvalores, una realidad que el trabajo específico del escritor puede volver positiva y eficaz, invirtiendo por completo el programa del adversario y saliéndole al frente de una manera que éste no podía imaginar.

Me referiré otra vez a mi experiencia personal: si mi exilio físico no es de ninguna manera comparable al de los escritores expulsados de sus países en los últimos años, puesto que yo me marché por decisión propia y ajusté mi vida a nuevos parámetros a lo largo de más de dos décadas, en cambio mi reciente exilio cultural, que corta de una tajo el puente que me unía a mis compatriotas en cuanto lectores y críticos de mis libros, ese exilio insoportablemente amargo para alguien que siempre escribió como argentino y amó lo argentino, no fue para mí un traumatismo negativo. Salí del golpe con el sentimiento de que ahora sí, ahora la suerte estaba verdaderamente echada, ahora tenía que ser la batalla hasta el fin. El sólo pensar en todo lo que ese exilio cultural tiene de alienante y de pauperizante para miles y miles de lectores que son mis compatriotas como lo son de tantos otros escritores cuyas obras están prohibidas en el país, me bastó para reaccionar positivamente, para volver a mi máquina de escribir y seguir adelante mi trabajo, apoyando todas las formas inteligentes de combate. Y si quienes me cerraron el acceso cultural a mi país piensan que han completado así mi exilio, se equivocan de medio a medio. En realidad, me han dado una beca de *full-time*, una beca para que me consagre más que nunca a mi trabajo, puesto que mi respuesta a ese fascismo cultural es y será multiplicar mi esfuerzo junto a todos los que luchan por la liberación de mi país. Desde luego no voy a dar las gracias por una beca de esa naturaleza, pero la aprovecharé a fondo, haré del disvalor del exilio un valor de combate.

Inútil decir que no pretendo extrapolar mi reacción personal y pretender que todo escritor exiliado la comparta. Simplemente creo factible invertir los polos en la noción estereotipada del exilio, que guarda aún connotaciones románticas de las que deberíamos librarnos. El hecho está ahí: nos han expulsado de nuestras patrias. ¿Por qué colocarnos en su tesitura y considerar esa expulsión como una desgracia que sólo negativamente puede determinar nuestras reacciones? ¿Por qué insistir cotidianamente en artículos y en tribunas sobre nuestra condición de exiliados, subrayándola casi siempre en lo que tiene de más penoso, que es precisamente lo que buscan aquellos que nos cierran las puertas del país? Exiliados, sí. Punto. Ahora hay otras cosas que escribir y que hacer, como escritores exiliados, desde luego, pero con el acento en escritores. Porque nuestra verdadera eficacia está en sacar el máximo partido del exilio, aprovechar a fondo esas siniestras becas, abrir y enriquecer el horizonte mental para que cuando converja otra vez sobre lo nuestro lo haga con mayor lucidez y mayor alcance. El exilio y la tristeza van siempre de la mano, pero con la otra mano busquemos el humor: él nos ayudará a neutralizar la nostalgia y la desesperación. Las dictaduras latinoamericanas no tienen escritores sino escribas: no nos convirtamos nosotros en escribas de la amargura, del resentimiento o de la melancolía. Seamos realmente libres, y para empezar librémonos del rótulo conmiserativo y lacrimógeno que tiende a mostrarse con demasiada frecuencia. Contra la autocompasión es preferible sostener, por demencial que parezca, que los verdaderos exiliados son los regímenes fascistas de nuestro continente, exiliados de la auténtica realidad nacional, exiliados de la justicia social, exiliados de la alegría, exiliados de la paz. Nosotros somos más libres y estamos más en nuestra tierra que ellos. He hablado de demencia; también ella, como el humor, es una manera de romper los moldes y abrir un camino positivo que no encontraremos jamás si seguimos plegándonos a las frías y sensatas reglas del juego del enemigo. Polonio dice de Hamlet: «Hay un método en su locura.» Tiene razón, porque aplicando su método demencial Hamlet triunfa al fin; triunfa como un loco, pero jamás un cuerdo hubiera echado abajo el sistema despótico que ahogaba a Dinamarca. La vida de Ofelia, de Laertes y la suya con el terrible precio de esta locura, pero Hamlet acaba con los asesinos de su padre, con el poder basado en el terror y la mentira, con la Junta de su tiempo. En esa locura hay un método, y para nosotros un ejemplo. Inventemos, en vez de aceptar, los rótulos que nos pegan. Definámonos contra lo previsible, contra lo que se espera convencionalmente de nosotros.

Estoy seguro de que esto es posible, pero también de que nadie lo logra sin dar un paso atrás en sí mismo para verse de nuevo, para verse nuevo, para sacar por lo menos ese partido del exilio. La toma de realidad a que aludí antes no será posible sin una autocrítica que por fin y de una buena vez nos quite algunas de las vendas que nos tapan los ojos.

En ese sentido todo escritor honesto admitirá que el desarraigo conduce a esa revisión de sí mismo. En términos compulsivos y brutales, tiene el mismo efecto que en otros tiempos se buscaba en América Latina con el famoso «viaje a Europa» de nuestros abuelos y padres. Lo que ahora se da como forzado era entonces una decisión voluntaria y gozosa, era el espejismo de Europa como catalizadora de fuerzas y talentos todavía en embrión. Ese viaje de un chileno o un argentino a París, Roma o Londres era un viaje iniciático, un espaldarazo insustituible, el acceso al Santo Grial de la sapiencia de Occidente. Afortunadamente, estamos saliendo más y más de esa actitud de colonizados mentales que pudo tener su justificación histórica y cultural en otros tiempos, pero que el empequeñecimiento y la simultaneización del planeta han vuelto anacrónica. Y sin embargo, resta una analogía entre el maravilloso viaje cultural de antaño y la expulsión despiadada del exilio: la posibilidad de esa revisión de nosotros mismos en tanto que escritores arrancados a nuestro medio.

Ya no se trata de aprender de Europa, puesto que incluso podemos hacerlo lejos de ella aprovechando la ubicuidad cultural que permiten los *mass media* y los *happy few media*, se trata sobre todo de indagarnos como individuos pertenecientes a pueblos latinoamericanos, de indagar por qué perdemos las batallas, por qué estamos exiliados, por qué vivimos mal, por qué no sabemos ni gobernar ni echar abajo a los malos gobiernos, por qué tendemos a sobrevalorar nuestras aptitudes como máscara de nuestras ineptitudes. En vez de concentrarnos en el análisis de la idiosincrasia, la conducta y la técnica de nuestros adversarios, el primer deber del exiliado debería ser el de desnudarse frente a ese terrible espejo que es la soledad de un hotel en el extranjero y allí, sin las fáciles coartadas del localismo y de la falta de términos de comparación, tratar de verse como realmente es.

Muchos lo han hecho a lo largo de estos años, incluso valiéndose de su literatura como terreno de rechazo y de reencuentro con ellos mismos. Es fácil identificar a los escritores que se han sometido a ese examen despiadado, pues la índole de su creación refleja no sólo la batalla en sí sino las nuevas inflexiones del pensamiento y de la praxis. Por un lado están los que dejan de escribir para entrar en un terreno de acción personal, y por otro los que siguen escribiendo como forma específica de acción, pero ahora desde ópticas más abiertas, desde nuevos y más eficaces ángulos de tiro. En los dos casos el exilio ha sido superado como disvalor; en cambio, quienes callan para no hacer nada o siguen escribiendo como habían escrito siempre se vuelven igualmente ineficaces puesto que acatan el exilio como negatividad.

En la medida en que seamos capaces de esta dura crítica de todo aquello que haya podido contribuir a llevarnos al exilio, y que sería demasiado fácil e hipócrita achacar exclusivamente al adversario, prepararemos desde ahora las condiciones que nos permitan luchar contra él y retornar a la patria. Ya lo sabemos: poco pueden los escritores contra la máquina del imperialismo y el terror fascista en nuestras tierras; pero es evidente que en el curso de los últimos años la denuncia por vía literaria de esa máquina y de ese terror ha logrado un impacto creciente en los lectores del extranjero, y por consiguiente una mayor ayuda moral y práctica a los movimientos de resistencia y de lucha. Si por un lado el periodismo honesto informa cada vez más al público en ese terreno, cosa fácilmente comprobable en Francia, a los escritores latinoamericanos en exilio les toca sensibilizar esa información, inyectarle esa insustituible corporeidad que nace de la ficción sintetizadora y simbólica, de la novela, el poema o el cuento que encarnan lo que jamás encarnarán los despachos del télex o los análisis de los especialistas. Por cosas así, claro está, las dictaduras de nuestros países temen y prohíben y queman los libros nacidos en el exilio de dentro y de fuera. Pero también eso, como el exilio en sí, debe ser valorizado por nosotros. Ese libro prohibido o quemado no era del todo bueno: escribamos ahora otro mejor.

El lector y el escritor*

Hace algunos meses asistí a la reunión internacional de escritores que se celebra anualmente en Montreal y frente al tema, *El escritor y el lector*, opté por una fórmula inversa que me parece la única positiva en nuestro trabajo intelectual, es decir, *El lector y el escritor.* Casi todos los mensajes significativos llegan al público por la vía de la escritura; discutir entre nosotros, los intelectuales, es útil y necesario, pero lo que de veras cuenta en la coyuntura histórica actual, es la paulatina proyección de todo eso en la conciencia de quienes por razones harto conocidas y harto desesperantes constituyen una especie de tercer mundo del pensamiento. Como latinoamericano, esta presencia éticamente acusadora de un tercer mundo mental determina en mí una mala conciencia que muchos otros escritores comparten, y que no se resuelve por la vía de las comunicaciones de alto nivel o los debates entre colegas.

---

* Conferencia dictada por J. Cortázar el pasado mes de julio del presente año en el P.E.N. Club de Estocolmo, Suecia.

Pero, al mismo tiempo, sé que tampoco las intervenciones en un mero plano de combate político constituyen la tarea esencial de un escrito para quien la poesía, la ficción y la experimentación en el plano de la escritura son la razón esencial de su trabajo y el trabajo de su razón. Lograr un equilibrio, una viabilidad entre ambas cosas es una empresa tan ardua como exasperante; no hay que extrañarse entonces de que, en la mayoría de los casos, los escritores se dividan entre aquéllos que optan por la literatura política y los que se encierran en la creación pura. Pero en América Latina, y me refiero especialmente a los países del Cono Sur, esta doble posibilidad de opción choca contra una realidad que la rechaza, porque frente a grupos minoritarios de lectores para quienes la literatura militante o la literatura pura constituyen respectivamente una respuesta satisfactoria, se alza una abrumadora mayoría de lectores para quienes la lectura literaria debe colmar a la vez una profunda necesidad lúdica y una preocupación inmediata por una identidad auténtica, una dignidad y una libertad individual y colectiva que los enemigos de fuera y de dentro le niegan.

Si esta situación general del lector y del escritor puede hacerse extensiva a muchísimos países pertenecientes a todas las regiones del globo, pienso que actualmente alcanza su punto más crítico en el Cono Sur de América Latina. Deliberadamente desposeídos de sí mismos, como individuos y como comunidades, los pueblos de Argentina, Chile, Uruguay, Paraguay y Bolivia (sin olvidar a Brasil, amordazado desde hace tantos años) se encuentran en la situación de prisioneros, a quienes no solamente se prohíbe la comunicación con el exterior sino incluso con sus compañeros de cautiverio. Por eso, sin ignorar que este enfoque del problema concierne a millones de hombres en el planeta, y dentro de ellos a millares de intelectuales residentes en sus países o exiliados de ellos, hago hincapié en mi propia nación y me sitúo al igual que tantos otros como un latinoamericano exiliado que no puede ni quiere proseguir su trabajo de escritor al margen de ese infierno cotidiano. Durante más de veinte años he vivido en Europa por voluntad propia, porque hacerlo significaba una plenitud individual sin cortar por eso las raíces con mi nacionalidad: el hecho de sentirme hoy un exiliado forzoso no modifica en nada mi actitud y mi trabajo. Como tantos latinoamericanos que escribieron y escriben en español a miles de kilómetros de sus patrias, mantengo el contacto con mis hermanos prisioneros o vilipendiados, escribo para ellos porque escribo en su idioma que siempre será el mío, busco junto con tantos otros la manera de llevarles aliento y contribuir a su liberación. Si hoy hablo aquí es por eso y no por razones de gregarismo literario; hasta el final, los lectores contarán infinitamente más para mí que los escritores.

No hay que hacerse ilusiones sobre el número total de los lectores latinoamericanos; con la sola y admirable excepción de Cuba, es insignificante en relación con las grandes masas total o parcialmente analfabetas. Pero dentro de ese panorama más que negativo, es perceptible, en estos últimos veinte años, el aumento a veces vertiginoso del número de lectores que siguen de cerca la obra de nuestros escritores, y entre ellos predominan largamente los que buscan en esa lectura algo más que distracción u olvido. Su lectura es cada vez más crítica y más exigente, y tiende a incorporar la literatura a un terreno de experiencia concreta, de testimonio y de acción. Al leer, está como leyendo en sí mismo y en lo que lo rodea; al terminar cada libro despierta, como el Viejo Marinero de Coleridge, *más triste y más avisado*; triste por las razones geopolíticas que todos conocemos de sobra, y avisado porque nuestra literatura es cada vez más capaz de ayudarlo a comprender y actuar frente a esas razones.

De esto daré un simple ejemplo que, por desgracia, puede multiplicarse hasta el vértigo. El año pasado publiqué en España un libro de cuentos que debía ser editado simultáneamente en la Argentina. El así llamado gobierno de mi país hizo saber al editor que el libro sólo podría aparecer si yo aceptaba la supresión de dos relatos que consideraba agresivos para el régimen. Uno de ellos se limitaba a contar, sin la menor alusión política, la historia de un hombre que desaparece bruscamente en el curso de un trámite en una oficina de Buenos Aires; ese cuento era agresivo para la Junta Militar porque diariamente en la Argentina desaparecen personas de las cuales no se vuelve a tener noticias. La desaparición ha reemplazado ventajosamente al asesinato en plena calle o al descubrimiento de los cadáveres de incontables víctimas; los gobiernos de Chile y de Argentina, y los comandos paralelos que los apoyan, han puesto a punto una técnica que, por un lado, les permite fingir ignorancia sobre el destino de los desaparecidos, y por otro lado, prolonga de la manera más horrible la inútil esperanza de parientes y amigos. Tal ha sido, puesto que estamos entre escritores, el destino del novelista argentino llamado Haroldo Conti, y tal ha sido el de otro novelista, Rodolfo Walsh. Pero citar dos nombres conocidos es dejar caer dos gotas de agua en un recipiente lleno hasta el borde de otros nombres casi siempre ignorados en nuestros círculos, nombres de obreros, de militantes políticos, de sindicalistas, a los que puede agregarse una interminable nómina de abogados, médicos, psiquiatras, ingenieros, físicos; casos como el del rector de la Universidad de Bahía Blanca y el de las religiosas francesas, que ocuparon largamente las columnas de la prensa europea, son también minoría frente a una realidad que puede haber disminuido o no frente al peso de la presión internacional, pero que está lejos de haber desaparecido porque las condiciones que permiten esas desapariciones se mantienen invariables; baste saber que el jefe de la Junta Militar argentina se retirará del ejército para seguir, como civil, al frente del gobierno hasta 1981; militares o civiles, las figuras de la baraja siguen siendo las mismas, los responsables siguen y seguirán los mismos.

El segundo relato prohibido narraba una visita clandestina que hice en 1976 a la comunidad de Solentiname, en el gran lago central de Nicaragua. Nada hay en él que pueda ofender directamente a la Junta argentina, pero todo en él la ofende porque dice la verdad sobre lo que sucede hoy en tantos países latinoamericanos; y ese relato fue además tristemente profético, pues un año después de haberlo escrito, las tropas del dictador Somoza arrasaron y destruyeron esa pequeña, maravillosa comunidad cristiana dirigida por uno de los grandes poetas latinoamericanos, Ernesto Cardenal. No me excuso por citar trabajos míos; son el mero espejo de tantos otras censuras que amordazan a escritores y a lectores en nuestros países. Es verdad que los escritores encontraremos siempre la manera de escribir y hasta de publicar, pero del otro lado del muro están los lectores que no pueden leernos sin riesgo; del otro lado están los pueblos cuya sola información es la oficial; del otro lado hay una generación de niños y de adolescentes que, como en el caso de Chile, están siendo «educados» para convertirlos en perfectos fascistas, en defensores automáticos de las grandes palabras con las que se disfraza la realidad: la patria, la seguridad nacional, la disciplina, el orden, Dios, y la lista es larga. Son ellos, y nos lo intelectuales, los que cuentan hoy para mí: los pescadores y los campesinos de Solentiname, los niños chilenos, los desaparecidos en Argentina y Uruguay, todos y cada uno de los círculos del infierno que es el Cono Sur latinoamericano. Y no como temas literarios, por cierto, pero sí como la razón profunda que todavía puede llevarme a escribir, a estar más cerca, a no creerme del todo inútil.

Conocemos, por desgracia, el grado muy relativo de eficacia que tienen los escritores frente a los desbordes del poder en cualquiera de sus formas, y por eso, aunque he hecho estas referencias imprescindibles a la situación en el cono Sur, no es en ella donde quiero poner el acento, sino ahondar en esta dialéctica del lector y el escritor como parte capital de nuestro oficio. El lector de antaño esperaba los libros que la predilección o el azar iban trayendo a sus manos; el lector de hoy, de muchas maneras directas o indirectas, los reclama. Un escritor latinoamericano que alcance un cierto renombre y sea conocido por sus posiciones democráticas, vive asediado por la correspondencia postal de un lector, angustiado y ansioso, para quien lo literario en buena parte va más allá del comentario crítico, puesto que contiene un deseo y una voluntad de diálogo que nada tienen que ver con la pasividad admirativa de otros períodos de la historia y la literatura. Ese reclamo del lector al autor, que muchos de nosotros conocemos diariamente (a veces con alegría, a veces con temor y temblor) no es ya un reclamo exclusivamente literario. El reclamo del lector latinoamericano es sobre todo personal, es una demanda y una espera de responsabilidad por parte del escritor. En muchos casos, por supuesto, se trata de incorporarlo a un sector político, pero lo que cuenta de veras es otra cosa, es esa casi terrible ansiedad por hacer coincidir cada vez más una predilección literaria con una conducta que aproxime, en todos lo planos, al autor con respecto al lector. Desde luego, el escritor ha dado ya el primer paso en la medida en que su obra y/o su definición política son lo bastante claras como para que el lector sepa a quién le escribe, y es obvio que, por ejemplo, un lector argentino consciente de lo que significa el régimen de la Junta Militar no va a gastar el precio del franqueo para escribirle a Jorge Luis Borges. Esa demanda liga al lector con el escritor en un terreno no sólo de cultura sino de destino, de avance en común hacia el cumplimiento de un ideal de libertad y de identidad. Como es simple imaginar, esa búsqueda de contacto del lector con escritores de su continente multiplica la desconfianza y la cólera de las dictaduras hacia los unos y los otros; cuando la Junta de Pinochet quemó millares de libros en las calles de Santiago, estaba quemando mucho más que papel, mucho más que novelas y poemas; a su siniestra manera quemaba a los lectores de esos libros y a quienes los habían escrito.

Hoy, ya no basta con dar el máximo de nuestras posibilidades como escritores; al margen y acaso como consecuencia de ese esfuerzo que ha producido tantos admirables frutos en América Latina (mal que les pese a esos comisarios de la inteligencia que reclaman una literatura «sencilla» para gentes «sencillas»), el lector también espera de nosotros otras formas de comunicación y de presencia. Fácil sería responder a esa esperanza con una demagogia literaria, con el paternalismo de quien se toma por el pastor espiritual de su pueblo, pero los lectores que buscan en nosotros algo más que narradores o poetas no son lectores pasivos, no son los suscriptores del *Reader's Digest* o los devoradores obedientes del best-seller del mes; aun los más modestos o los más ignorantes de entre ellos intuyen otra cosa en la literatura, buscan libros capaces de extrañarlos, de sacarlos de sus casillas, de ponerlos en nuevas órbitas de pensamiento o de sensibilidad, y además buscan que los autores de esas obras, cuando son sus compatriotas, estén cerca de ellos en el plano de la historia; su demanda es una demanda de hermandad.

En México, en Venezuela, en Costa Rica, he dado conferencias sobre literatura ante un vasto público formado principalmente por estudiantes universitarios y jóvenes escritores. A la hora de los diálogos, cada uno de ellos se dirigiría a mí como un lector, pero un lector es parte de la vida y no del ocio, parte de la política y de la historia. Nunca sentí con más fuerza la diferencia entre ese tipo de lector latinoamericano y el de aquellas culturas donde la literatura guarda todavía una función primordialmente lúdica; entre nosotros escribir y leer es cada vez más una posibilidad de actuar extraliterariamente aunque la mayoría de nuestros libros más significativos no contengan mensajes expresos ni busquen prosélitos ideológicos o políticos. Escribir y leer es una manera de actuar porque, en la dialéctica lector-autor que he tratado de esbozar, el lector tiende a rebasar el límite de la literatura que ama y a vivirla existencialmente, como parte de su experiencia vital. Nada hay de gratuito o de aleatorio en que la literatura de nuestros países haya alcanzado un público tan relativamente vasto como el de estos últimos veinte años. En las obras de escritores como Neruda, Asturias, Carpentier,

Arguedas, Cardenal, García Márquez, Vargas Llosa y muchos otros, el lector encontró más que poemas y más que novelas y cuentos, sin que esos libros contuvieran necesariamente mensajes explícitos. Encontró signos, indicaciones, preguntas más que respuestas, pero preguntas que ponían el dedo en lo más desnudo de nuestras realidades y de nuestras debilidades; encontró huellas de la identidad que buscamos, encontró agua para beber y sombra de árboles en los caminos secos y en las implacables extensiones de nuestras tierras alienadas. Pero, además, encontró a los autores en ese terreno de hermandad y de contacto que el lector reclama y que ellos, los escritores que he citado y tantos otros, le dieron y le siguen dando por caminos y por conductas que tocan a su responsabilidad de latinoamericanos, de individuos inmersos en una historia que asumieron y asumen sin rehuir ninguna de sus responsabilidades como escritores y como individuos.

Las oportunidades de asumir esa actitud global no le faltan al escritor, yo diría que desgraciadamente, puesto que casi siempre se trata de enfrentar el oprobio, la violencia y hasta el genocidio físico y cultural. En estos días, los periódicos anuncian que el embajador de los Estados Unidos ha entregado a la Junta Militar argentina una lista de 10.000 prisioneros políticos existentes en ese país, recopilada por el Argentine Information Service Center of New York. La ironía, que es uno de los atributos más fecundos de la literatura, encuentra aquí un terreno de elección; irónico es, en efecto, que esa enorme lista sea proporcionada por un país cuyo credo imperialista y cuyos procedimientos de apropiación y de opresión en América Latina son de sobra conocidos. Irónico es que un sistema capaz de contribuir decisivamente a la caída del régimen democrático de la Unidad Popular en Chile, busque actualmente esclarecer el monstruoso asesinato de Orlando Letelier, y que después de haber favorecido abiertamente tantas dictaduras militares en la Argentina, se indigne ahora del número de presos políticos en el país. Ocurre que el olvido no es sólo una necesidad higiénica en el hombre, sino también un innoble escamoteo de la verdad; por eso quisiera remitir a los olvidadizos a las actas del Tribunal Bertrand Russell II, que durante varios años recogió testimonios aplastantes sobre la intervención norteamericana en los países de América Latina. Lo hago además para mostrar que los escritores pueden en muchas ocasiones responder con actos tangibles a esa demanda de sus lectores de que hablé antes. En los trabajos del Tribunal Russell estuvieron presentes como miembros del jurado tres intelectuales latinoamericanos cuya obra literaria nada tiene que ver con el proselitismo o los mensajes políticos que tantas veces se exige a los escritores; me refiero a Armando Uribe, poeta y diplomático chileno, a Gabriel García Márquez y a mí mismo. Pienso que, para muchos de nuestros lectores, ese trabajo de denuncia y de testimonio les habrá confirmado lo que esperan de un escritor, además de sus libros; en todo caso, sé que puedo seguir escribiendo mis ficciones más literarias sin que aquéllos que me leen me acusen de escapista; desde luego, esto no acaba ni acabará con mi mala conciencia, porque lo que podemos hacer los escritores es nimio frente al panorama de horror y de opresión que presenta hoy el Cono Sur; y sin embargo debemos hacerlo y buscar infatigablemente nuevos medios de combate intelectual.

Comunicación al Foro de Torún, Polonia

Nosotros, los escritores unidos a la causa de los pueblos que, como el de Chile, sufren opresión e injusticia, vivimos un fin de siglo particularmente difícil, pero la dificultad es la condición *sine qua non* de toda literatura verdaderamente avanzada, verdaderamente progresista, y por eso nuestras dificultades no se resuelven en negatividad; muy al contrario, constituyen una pasión, un motivo más para escribir. Si las dificultades en nuestro enfrentamiento cotidiano con la historia, eso que se ha dado en llamar «compromiso» con el derrotero de los pueblos hacia la libertad, la justicia y la felicidad, se vuelven cada día más agudas y más dramáticas, los escritores que merecen ese nombre y la confianza de quienes los leen no se desaniman en absoluto; muy al contrario, cada nuevo obstáculo que el terror, el desprecio, el fascismo en una palabra, alza contra la labor intelectual y artística, es un acicate y un desafío que multiplica su voluntad y sus fuerzas. En esta afirmación no hay jactancia y tampoco hay ingenuidad; espero poder mostrarlo suficientemente hoy, como lo muestran todos los que participan en esta lucha desde diversas lenguas, formas, prácticas y circunstancias.

Los pueblos tienen un genio instintivo que les hace guardar en la memoria ciertas frases, ciertos pensamientos que terminan por parecer triviales pero que no lo son. A lo largo de la segunda guerra mundial la propaganda desaforada de los nazis incluyó millares de libros, discursos y *slogans* destinados a convencer a sus adversarios de que la causa de Hitler era justa y poco menos que sagrada. ¿Qué queda de todo eso, qué queda de las teorías demenciales de los Rosenberg y los Goebbels?

Prácticamente nada, puesto que ideológica y éticamente eran un castillo de naipes tan hueco como frágil. Y sin embargo en la memoria de muchos de nosotros quedan algunas frases que resumen y concentran esa tentativa demoníaca de aplastar definitivamente la libertad. Yo recuerdo sobre todo dos: en Buenos Aires, en los terribles años 40 y 41, las ondas cortas traían cada noche la voz y la propaganda nazi desde los cuarteles del *Führer.* Y cada programa, infaliblemente, comenzaba con este slogan: «Aquí Alemania, defensora de la cultura.» Todo el resto se pierde en la retórica de las arengas y los comunicados, pero esa simple frase permanece como una síntesis jamás igualada de mentira, de tergiversación total, de cinismo y de desprecio.

La segunda frase, atribuida a uno de los jerarcas nazis, Goering o Goebbels —lo mismo da—, es igualmente corta y contiene también la misma palabra clave. Esa frase dice: «Cuando oigo hablar de cultura, saco la pistola.» La diferencia es clara: aquí, por una vez, se decía la verdad, se confesaba el verdadero programa del nazismo. Pero lo significativo para nosotros, hoy y aquí, es que las dos frases contenían la palabra *cultura.* Y frente a lo que está ocurriendo en Chile, en Argentina, en Uruguay, y la lista es larga, no será inútil abrir estas reflexiones teniendo en cuenta ese telón de fondo, esos dos slogans que son como una advertencia y una amenaza. De sobra se sabe que en todos los campos ideológicos se saca a relucir la cultura, y que, como lo ha dicho un humorista, el sentido del término termina por perder el sentido. Si estamos reunidos hoy aquí bajo la advocación de algo que a veces amenaza convertirse en una mera palabra que cualquiera puede esgrimir como una bandera o amenazar con una pistola, haremos bien en detenernos un momento, en fijar nuestra propia posición y nuestra propia valoración antes de seguir adelante.

Nadie sabe exactamente qué es la cultura, pero al mismo tiempo existe una noción, yo diría más bien un sentimiento inequívoco de lo que significa para la vida de los pueblos, y esa noción está en los pueblos mismos y se expresa en todas las formas posibles al margen de los niveles especializados o académicos de la cultura. Este fin de siglo no permite ya ninguna ilusión exagerada sobre sus poderes, y a la vez multiplica la conciencia de que sólo ella es el índice de la libertad y la justicia en el seno de las sociedades. Los intelectuales del siglo XIX creyeron que el poeta y el novelista, símbolos por excelencia de la cultura, eran capaces de transformar el mundo; los vieron como demiurgos y legisladores, y basta releer a románticos como Shelley o Víctor Hugo para saberlo. Los intelectuales de hoy, en cambio, somos como el Viejo Marinero del poema de Coleridge: la experiencia de la historia hace que cada día nos despertemos más conscientes y a la vez más tristes. Y nuestra lucha es doble, porque si lo esencial es luchar por la causa de nuestros pueblos y de la humanidad entera, también nos toca luchar contra nosotros mismos, ser a la vez Jacob y el ángel, oponernos a la tristeza sin caer en la ingenuidad, y ahondar en nuestra conciencia sin perder la capacidad de acción. Pero si alguien como yo, como tantos de nosotros, sube hoy a esta tribuna, a centenares de tribunas del mundo entero, la prueba está dada de que esa lucha contra el desánimo y contra la tristeza está ganada, y que para nosotros sólo cuenta esa convicción cada día más honda, más precisa y más práctica de nuestras posibilidades y de nuestros deberes.

Basta abrir libros, revistas, periódicos de nuestro tiempo, para encontrar en todas partes las huellas de una contraofensiva cultural perfectamente manipulada en un sentido negativo. Como hemos perdido las ilusiones románticas de nuestra fuerza demiúrgica, se nos dice amablemente que ya es tiempo de volver a encerrarnos en nuestros gabinetes, de concentrarnos en eso que se dio en llamar «el arte por el arte»; de volver, en una palabra, a nuestras torres de marfil. No se lo dice así, por supuesto; las técnicas están a la altura de la época y se buscan caminos más sutiles, se vuelve casi irónicamente a los criterios de tolerancia que llenaron tantas páginas inútiles entre las dos guerras mundiales, y que dieron el resultado que todos sabemos; se nos previene contra la recuperación y el uso que los aparatos políticos hacen y harán de nosotros; se toca nuestro amor propio de creadores de belleza, nuestra necesidad de imaginación y experimentación, se nos muestran los tristes resultados de la obediencia a ideologías que tantas veces prefieren lo mucho mediocre a lo poco bueno. Cada vez que una tentativa revolucionaria se ve aplastada por la resurgencia de la barbarie fascista, se nos compadece por haber dedicado tanto tiempo y tanto trabajo a algo que culmina en un fracaso. Y todo eso nos es predicado en nombre de la cultura, de la no violencia, del respeto a los derechos humanos; y como nunca faltan pruebas de errores, de deformaciones y de traiciones en cualquier proceso progresista de la sociedad, aquellos que nos dan lecciones de *buen* sentido y de *buena* conducta lo hacen desde su *buena* conciencia; todo es bueno, como se ve, desde su lado, porque es el lado de los que buscan la verdad y la belleza en un terreno alejado de las contingencias y las contradicciones y las vicisitudes históricas. La única historia que aceptan es la que a lo largo de la verdadera historia de los pueblos no ha hecho más que prolongar, con doradas promesas teóricas y falsos edificios ideológicos, la espantosa pesadilla contra la que nos alzamos hoy y aquí, la pesadilla diurna y real del fascismo en un país latinoamericano y en tantos otros países de la tierra.

Claro y concreto es nuestro programa: nos reunimos aquí por la causa de Chile, un país dominado por una de las tantas dictaduras que imperan en América Latina, y lo hacemos para plantear y debatir los problemas y los caminos de la cultura frente al régimen de la junta militar encabezada por Pinochet. Es ahora, antes de nada, que nos toca analizar y precisar las connotaciones de este valor espiritual que tantas veces sirve para fines ambiguos, y que un sector del mundo intelectual emplea para atacar y desmoralizar a quienes, como nosotros, le damos un sentido inseparablemente vinculado a la causa y al destino de los pueblos. Esta necesidad de ver claro, de no servirse del término «cultura» en un sentido general y casi siempre idealista, se vuelve imperiosa en el caso preciso de Chile, porque las circunstancias actuales de nuestra posición de combate no pueden ser ya exactamente las mismas que en los primeros años que siguieron al putsch del 11 de septiembre. Y si nuestra reunión ha de tener alguna utilidad, la tendrá en la medida en que midamos lúcidamente el paso del tiempo y sus consecuencias, y evitemos caer en una mera repetición de criterios y de consignas de lucha. Que sea esta lucidez el aporte principal de los intelectuales a estas jornadas, puesto que frente a una situación cambiante todo maniqueísmo se vuelve aún más estéril de lo que es habitualmente. En 1979, la situación en Chile no es la misma que en 1973, y quienes se obstinen en mantener actitudes sobrepasadas por la evolución de los hechos sólo lograrán consolidar las posiciones del enemigo puesto que sus ataques ya no darán en el blanco y sus esfuerzos se perderán en el vacío.

Si hago hincapié en esta necesidad elemental de analizar lo que en primero y último término es nuestra arma de combate —quiero decir la cultura como levadura de los pueblos, como factor determinante de las tomas decisivas de conciencia—, lo hago porque en estos últimos meses me ha tocado participar en actividades que, por las razones esbozadas, han provocado discrepancias y suscitado malentendidos en muchas personas y grupos que combaten por la causa chilena. Si me aludo como escritor es porque he podido comprobar directamente este tipo de reacciones, y porque pienso que esta tribuna es particularmente adecuada para debatirlas y, lo espero, superarlas. Parto de la convicción de que muchos de los que vacilan frente a esta necesaria evolución de estrategias y de tácticas de combate no han reflexionado aún lo bastante sobre el problema, y continúan guiándose primordialmente por criterios que todos hemos compartido a lo largo de estos años pero que esos mismos años obligan a adaptar a nuevas circunstancias. Tengo plena confianza en que esos compañeros de combate tendrán en cuenta lo que estas jornadas puedan aportarles como materia de reflexión, y por eso empiezo diciendo que he sido de los primeros en vacilar frente a las nuevas perspectivas que se abren a los intelectuales a esta altura del proceso chileno. Brevemente, no me parecía claro que después de cuatro o cinco años en que nuestra tarea consistió casi exclusivamente en atacar por todos los medios a nuestro alcance el régimen de la junta militar, se abriera una etapa en la que ese ataque debería asumir nuevas formas que, para algunos observadores o incluso protagonistas, podrían parecer ambiguas, por no decir contemporizadoras. A mí, como a tantos, me ha tocado pasar por un proceso de análisis que me permitió comprender las razones de esta evolución en la resistencia contra el régimen de la junta, y es dentro de ese proceso que la función de la cultura me pareció y me parece más fundamental que nunca. A nadie le extrañará que mi visión actual de esa función haya tenido su detonador en lo que está ocurriendo no solamente en Chile sino en mi propio país, la Argentina. Insisto en autocitarme porque puedo dar pruebas de mi propia experiencia y extrapolarlas sin temor de caer en meras hipótesis o generalizaciones teóricas.

Hace dos años, un libro mío fue prohibido en Argentina porque contenía, entre otros, dos relatos que la junta militar estimó ofensivos para el régimen. El hecho, tristemente banal en sí, me hizo sentir hasta lo más hondo algo que hasta entonces me había parecido obvio dentro de las prácticas fascistas y que no había analizado lo suficiente; de pronto, en carne propia, supe que ya no era solamente un exiliado físico, cosa sabida y sin más alcance que el personal, sino que a partir de esa hora me convertía en un *exiliado cultural.* Y esto, que aparentemente no sería más que una prolongación del exilio en sí mismo, tiene un alcance infinitamente más grave y más horrible que el exilio físico, puesto que ya no se trata de mí o de tantos otros intelectuales y científicos que han debido abandonar el país, sino que el verdadero exiliado es el pueblo argentino, la totalidad del pueblo argentino separado, arrancado, desarraigado del producto artístico, científico o literario de centenares y centenares de sus mejores creadores. Y en ese mismo instante comprendí mucho mejor, no ya desde la razón sino desde la sangre y la carne, que al pueblo chileno le había ocurrido y le estaba ocurriendo la misma cosa desde el golpe del 11 de septiembre, y que los chilenos o los argentinos en el exterior no éramos los verdaderos exiliados sino aquellos que se habían quedado adentro, aquellos que tenían que seguir viviendo en un enclave no sólo figurativamente cerrado por alambradas y por mastines.

Si este enfoque es exacto, si estamos en presencia de un verdadero genocidio cultural en Chile, como en Argentina o Uruguay o Paraguay, si la imposibilidad de hacer llegar al pueblo tantos productos artísticos, científicos y literarios se traduce en un empobrecimiento mental y espiritual de los exiliados internos, no cabe la menor duda de que esta reunión se justifica imperiosamente puesto que ha llegado la hora, a la luz de las condiciones actuales, de abrir más a fondo el frente de combate cultural. De ninguna manera estoy diciendo que a lo largo de estos años el pueblo de Chile ha enmudecido, que sus creadores en todos los campos se han abstenido, muchas veces arriesgando sus vidas, de llevar al público sus creaciones en todos los campos espirituales. Precisamente esta resistencia cultural, casi totalmente clandestina en los primeros tiempos que siguieron al putsch militar, fue siempre un factor admirable y heroico de lucha; todos hemos visto ejemplares de los periódicos clandestinos que circulaban de bolsillo a bolsillo, todos hemos leído los poemas de la resistencia nacidos muchas veces detrás de las alambradas de los siniestros campos de concentración donde la muerte rondaba, como en el poema profético de Pablo Neruda, «vestida de almirante». Pero en estos últimos dos años las manifestaciones creadoras han empezado a ganar la calle, se han vuelto colectivas y hasta multitudinarias.

En un artículo que escribí hace seis meses y que fue ampliamente difundido en la prensa de lengua española, cité múltiples ejemplos concretos de esta actividad cultural que estaba empezando a cambiar considerablemente el panorama chileno a pesar de los esfuerzos de la junta por frenarlo. Hablé ahí de los talleres literarios donde jóvenes poetas y narradores ejercitan sus talentos, de grupos, teatros y asociaciones musicales que ofrecen espectáculos y recitales para públicos cada vez más numerosos. Cité, como símbolo transparente de toda esa actividad siempre difícil, siempre peligrosa, un cartel que había tenido en las manos y que decía: *¡Cuidado! La poesía está en la calle.* Al dar todos esos ejemplos sabía muy bien que apenas significaban algo, numéricamente hablando, frente a la extraordinaria labor cultural cumplida en el período del gobierno de la Unidad Popular. Pero al mismo tiempo hacía notar lo que esta explosión espiritual y artística significaba como resistencia manifiesta, como oposición de fondo a los planes alienantes de la junta en materia de enseñanza y de publicaciones. Según los informes más recientes, ese avance popular es objeto de medidas represivas cada vez más frecuentes y previsibles; arrestos, prohibiciones e intimidaciones siguen a la orden del día; y sin embargo las actividades se renuevan, cambian de nombre o de lugar, recomienzan con una obstinación que prueba su fuerza interna, su capacidad de seguir llegando poco a poco a la mayoría del pueblo a pesar de todos los obstáculos.

Frente a ese panorama, a la vez patético y alentador, de un pueblo que no renuncia a lo mejor de sí mismo, ¿cuál puede y debe ser la actitud de los intelectuales chilenos exiliados y de los intelectuales no chilenos pero íntimamente unidos a su causa? Es aquí donde se abre un terreno de reflexión y de discurso, y es aquí también donde se agazapan los malentendidos a que me referí antes. Es obvio que todo retorno a Chile, toda voluntad de reincorporarse a la labor cultural del país será objeto de tentativas de recuperación por parte del sistema, que proclamará a través de sus voceros y sus turiferarios que muchos escritores, científicos y artistas regresan porque han comprendido sus errores y están dispuestos a participar en el plan de lo que la junta llama la liberación nacional. Es obvio que la debilidad y hasta el cansancio se mezclarán a veces turbiamente en este proceso de reconquista cultural, y que el oportunismo no perderá la ocasión de manifestarse y de sacar provecho. Así, para citarme por última vez puesto que el ejemplo me parece aleccionante, el diario *El Mercurio*, de Santiago, ha publicado en estos últimos meses una serie de textos míos difundidos en múltiples diarios latinoamericanos y españoles a través de una agencia de noticias, y los ha publicado mintiendo descaradamente al presentarlos como «colaboraciones especiales» a dicho diario. Cosas de este calibre ocurren y ocurrirán largo tiempo, pero esas tentativas de recuperación no engañan prácticamente a nadie en Chile; en cambio, publicar colaboraciones auténticamente «especiales» en revistas que expresan una voz y una voluntad popular, me parece una obligación en estos momentos, y por mi parte la estoy cumpliendo cada vez que puedo.

Pienso que ningún chileno o no chileno debe preocuparse por el posible aprovechamiento que el régimen pueda hacer de su trabajo cultural en el país o desde fuera del mismo. Excluida la posibilidad inmediata de un enfrentamiento directo, el único camino positivo está en ganar cada vez más la calle para devolver al pueblo la conciencia de su fuerza y la alegría de poder ejercitarla más abiertamente. Desde luego (y éste es un rasgo típico de todas las dictaduras) la mínima y en general mediocre «cultura oficial» hará todo lo posible por dar la impresión de que el resurgimiento constituye una sola corriente y que esa corriente es inspirada y apoyada por el régimen. Por eso importa que en la medida de lo posible los intelectuales y los artistas se definan lo más inequívocamente posible a través de su obra y de su conducta personal. No se puede hablar de política ni hacer política en Chile, pero la intuición popular es grande cuando se trata de distinguir entre un demagogo que sirve a los intereses del poder, y un escritor o un artista que expresa y transmite un mensaje auténticamente entroncado con el pueblo, sea o no de fácil acceso. Habrá desde luego equívocos y confusiones como en todo proceso histórico, pero lo que cuenta es salir del silencio, seguir ganando la calle, entrar otra vez en las grandes órbitas nacionales. Se tiene la impresión de que la junta ha llegado a un callejón sin salida en este plano, y que no le queda más remedio que seguir cediendo terreno. Ya lo hemos dicho, la represión cultural aumenta, pero es incapaz de cerrar esas compuertas que empuja admirablemente un pueblo cada vez más decidido a abrirlas por todo lo ancho.

Es evidente, y no vacilo en repetirlo, que el frente cultural representa en todos los planos una larga y dura batalla. Por ejemplo, quienes expresan dudas sobre la conveniencia de librarla (y cito aquí opiniones de compañeros que merecen toda mi confianza); cada vez que se manifiesta un resurgimiento de la cultura en el plano popular, hay de inmediato una recuperación por el sistema, no sólo por razones de prestigio sino por una necesidad intrínseca que resulta evidente. Así, lo que no es recuperable es relegado a un pequeño sector de lo permisible (más angosto o más ancho según las circunstancias), y lo que no es recuperable ni permisible es expulsado del cuerpo social, lo que significa asesinato, cárcel o exilio según los casos.

Frente a esto, es casi inútil señalar que mucho depende de que la opinión pública y privada en el extranjero se manifieste cada vez más enérgicamente contra la represión y la arbitrariedad, a fin que la junta se vea obligada a tenerla en cuenta aunque sólo sea por razones de prestigio, de imagen exterior, allí donde la hipocresía la obliga de todos modos a frenar lo que se desataría en toda su salvaje violencia si los ojos del mundo no estuvieran mirando permanentemente hacia Chile. Seamos esos ojos, no los cerremos ni un solo instante; de nuestra mirada y de nuestra palabra depende el triunfo en esta batalla en la que las armas de la belleza enfrentan a las armas de fuego y las vencerán un día.

Tales me parecen los aspectos y las posibilidades esenciales de nuestra acción, pero hay otros igualmente urgentes que reclaman no sólo atención sino imaginación. ¿Qué podemos hacer nosotros, desde aquí, desde los países europeos, para estimular el avance popular de la cultura en Chile? ¿En qué medida y de qué manera podemos ayudar a que la poesía esté realmente y cada vez más en las calles? No lo sé concretamente, pero puedo imaginarlo y ofrecer lo imaginario a quienes sean capaces de volverlo concreto. Entre tantas cosas posibles imagino un comité que no sólo preste ayuda a intelectuales chilenos en el exilio sino que favorezca la salida de los escritores o artistas o científicos que no pueden trabajar en Chile pero sí bajo otras condiciones de vida. ¿Por qué no lo creamos aquí mismo? Imagino una editorial que permita la publicación de los mejores entre los incontables manuscritos que circulan dentro y fuera de Chile y cuyo contenido es muchas veces una espléndida arma de combate. ¿Por qué no la hacemos realidad? Así como se creó y se hizo circular en numerosos países el Museo de la Resistencia «Salvador Allende», así imagino la creación de un fondo económico destinado a favorecer la obra de los plásticos chilenos en el exilio y a hacer venir de Chile a otros cuya obra no alcanza a cumplirse y sobre todo a conocerse en el país. Imagino una radio chilena fuera de Chile, con ondas lo bastante potentes para ser escuchadas en cualquier lugar del país, que transmita noche y día no solamente la información que tanto falta en su territorio sino una permanente acción cultural y artística basada en los más altos valores nacionales y extranjeros. Si algo de todo eso fuera realizable a partir de esta reunión, no habríamos venido a ella en vano; si más allá de las palabras nacieran realidades eficaces, todos nosotros recordaríamos este encuentro como un enorme paso adelante.

No quiero terminar esta rápida exploración de nuestras posibilidades y nuestros deberes en el plano de la cultura, sin decir —aunque parezca obvio— que toda acción que emprendamos en este terreno debe basarse más que nunca en la voluntad de acabar con el régimen de la junta militar; los intelectuales podemos hacer más y más por la causa del pueblo chileno, pero en ningún momento hay que distraer la atención del objetivo central, porque correríamos el peligro de que los árboles no nos dejen ver el bosque, y que nuestras actividades adquieran poco a poco un valor restrictivo y demasiado específico. Como el tribuno romano que terminaba invariablemente sus discursos recordando que además había que destruir a Cartago, toda nuestra acción en el campo de la cultura debe confluir obstinadamente hacia la destrucción de esa Cartago fascista que oprime a un pueblo amante de la libertad, de la paz y de la alegría. Cada vez es más necesario cumplir a fondo nuestro trabajo de intelectuales comprometidos en la causa de los pueblos, pero sólo como parte de una acción que abarca muchas otras cosas, que nos reclama en muchos planos, que exige de nosotros una denuncia permanente, una responsabilidad asumida minuto a minuto. El pueblo chileno sólo creerá en nosotros cuando esté seguro de que nuestras palabras y nuestros libros son paralelos a nuestros actos, y de que el trabajo cultural que hacemos es un verdadero frente de batalla, de esa batalla que él ya está librando día a día para ganar la calle y la luz y la libertad.

La literatura latinoamericana a la luz de la historia contemporánea

Casi todos nosotros tenemos una muy alta idea de la capacidad y los conocimientos de aquellos que practican una profesión o un oficio que no es el nuestro. Cuando subimos a un *jet*, lo hacemos con la hermosa seguridad de que el piloto sabe para qué sirven los innumerables botones y palancas de su complicadísimo tablero de comando; cuando nos llevan a una sala de operaciones, estamos seguros, a pesar de nuestro miedo, de que el cirujano conoce la exacta posición de cada uno de esos órganos de los cuales nosotros no tenemos la menor idea precisa a pesar de que nos acompañan toda la vida en el gran bolsillo de nuestro cuerpo.

De la misma manera, aquellos que frecuentan la literatura como lectores y beben a grandes tragos el jugo de naranja que nosotros, los escritores, hemos preparado después de escoger, pelar y exprimir las frutas y verter el producto en un vaso de papel y cartón, tienen la tendencia a pensar que disponemos de un perfecto control de nuestros instrumentos, y que las palabras nos obedecen sin resistencia y sin hacernos malas jugadas. Es bueno entonces decir que las cosas no suceden así, y creo que en este momento soy un buen ejemplo de ello. Cuando las autoridades del Barnard College me invitaron a pronunciar esta conferencia (en inglés, además, lo que prueba no solamente su bondad sino su inocencia, y en este momento su paciencia), me pidieron que les adelantara el título, y como yo estaba todavía a muchos meses del momento en que empezaría a pensarla y a escribirla, propuse el que ustedes conocen, es decir el de *Latin American Literature in the Light of Contemporary*

History, que me pareció un título bastante general y aceptable para lo que me interesaba decir aquí.

Llegó el día en que me acerqué a la máquina de escribir. Esa misma mañana había tomado parte en una manifestación que, todos los días jueves, se realiza frente a la embajada de la Argentina en París para protestar contra los procedimientos inhumanos de la junta militar que desde años aplasta a mi país y a mi pueblo con un régimen que consiste en liquidar cualquier oposición, ya sea torturando y matando, ya sea haciendo desaparecer hombres y mujeres, lo que en definitiva equivale a lo mismo. Me habían llegado también noticias de Chile, con arreglo a las cuales un festival cultural de la juventud era calificado de subversivo y terminantemente prohibido. El diario traía asimismo la noticia del asesinato de Monseñor Romero, Arzobispo de El Salvador, noticia que resumía en todo su horror la decisión de la oligarquía salvadoreña de defender por cualquier medio su sistema feudal basado en la explotación de un pueblo miserable sometido desde hace varias décadas a los peores sufrimientos.

En ese momento, al escribir en lo alto de la página el título de esta conferencia, sentí que las palabras me habían traicionado, que la confianza de los lectores en los escritores no se justificaba para nada en muchos casos, y que el verdadero título no era el de mostrar la literatura latinoamericana a la luz sino a la sombra de la historia contemporánea, una sombra que, como en un cielo de tormenta, deja parar aquí y allá algún rayo luminoso pero que cubre gran parte del cielo y del horizonte de nuestro continente con una espesa, amenazante capa de nubes. Prefiero decir esto de entrada, no como un juego de palabras, sino como un ajuste más verdadero y más preciso de lo que quisiera resumir en estos momentos.

Aquí, en los Estados Unidos, se leen cada vez más novelas, cuentos y poemas de autores latinoamericanos contemporáneos, y estas palabras que hace veinte años sólo hubieran sido comprendidas por unos pocos críticos o lectores excepcionales, llegan ahora claramente a considerables masas de estudiantes universitarios y de público en general. Se ha pasado afortunadamente de una etapa en la que nuestros libros se leían aquí como literatura exótica, interesante solamente en la medida en que producía las mismas sensaciones placenteras de un viaje turístico y por lo tanto superficial a regiones tropicales o zonas indígenas, a una nueva etapa en la que nuestra literatura es comprendida cada vez más desde adentro, desde sus raíces auténticas. Ya no se publican, como ocurría hace apenas diez años en grandes diarios y revistas norteamericanas, críticas en las que se deploraba por ejemplo que un Carlos Fuentes hubiera renunciado a escribir novelas típicamente mexicanas, con todo el sabor local y la suficiente dosis de señoritas y sombreros, o que alguien como yo hubiera publicado un libro que transcurría principalmente en París en vez de seguir divirtiendo a los lectores norteamericanos con el pintoresco ambiente de Buenos Aires. Los mismos críticos que parecían ignorar hasta qué punto la generación de los Hemingway, los Scott Fitzgerald y las Gertrude Stein había creado admirables obras nacionales basándose en sus experiencias europeas, consideraban que los escritores latinoamericanos tenían prácticamente la obligación de no moverse de sus zonas culturales respectivas y seguir produciendo libros estrictamente peruanos, venezolanos o uruguayos.

Todo eso ha sido reemplazado hoy por una visión más amplia y más rica, tanto en Europa como aquí. Actualmente un escritor puede hablar de nuestra literatura sin preámbulos ni explicaciones, porque tienen la suficiente certidumbre de que será comprendido por sus oyentes. Por eso y sin temor a crear malentendidos puedo afirmar de entrada que la literatura latinoamericana actual más viva y más fecunda es una literatura que ya no necesita la protección o la etiqueta de lo típico, de lo pintoresco, de lo parroquial en cualquiera de sus formas, sino que posee fuerza y experiencia suficientes para mostrar sus inconfundibles orígenes y raíces sin tener que refugiarse en una temática exclusivamente nacional o regional. Nuestro lenguaje —yo diría nuestros lenguajes, puesto que el gran árbol de la lengua española se abre hoy con múltiples ramas diferentes que sin embargo siguen fieles a su tronco original— ha logrado una madurez estilística, una riqueza de invención, una variedad de metamorfosis y permutaciones que le permiten abarcar temáticamente los más vastos horizontes sin dejar por ello de ser profundamente latinoamericano. Basta leer sucesivamente una novela de Juan Carlos Onetti, una de Gabriel García Márquez, una de José Lezama Lima y una de Augusto Roa Bastos, por no citar más que unos pocos grandes nombres, para tener la prueba más vertiginosa y concluyente de la apertura y la diversidad literaria en el continente latinoamericano. Pero paralelamente a esos ejemplos mayores se da el semillero tumultuoso y abigarrado de las nuevas generaciones de cuentistas, poetas y novelistas que multiplican al infinito las variedades, las oposiciones, la bifurcaciones, esa especie de exploración total y fabulosa de nuestra realidad, semejante a la que hace el árbol en el aire, allí donde cada rama y cada hoja está palpando un sector diferente del espacio y recibiendo pájaros de los más diversos cantos y plumajes.

Pues bien, si esta dinámica de la creación literaria en América Latina me parece francamente positiva, basta en cambio echar una mirada al escenario donde se cumple para descubrir que las cosas están lejos de ser tan brillantes. Ya hemos sobrepasado el tiempo en que la historia y la crítica de la literatura tenían solamente en cuenta a los autores y a los libros; hoy sabemos que una literatura no es sólo un producto sino una responsabilidad cultural, y el primero en saberlo es el escritor mismo si merece verdaderamente ese nombre y no el de mero escriba. En los países más desarrollados del mundo esa conciencia de responsabilidad cultural no preocupa en exceso a los escritores, por la simple razón de que cualquiera puede leerlos, por lo menos potencialmente, de donde se sigue que su tarea específica es la de escribir mientras el resto corre por cuenta de editores, libreros y lectores. Incluso en países donde no se lee tanta literatura como en otros, un escritor no tiene por qué plantearse problemas de orden moral o ético puesto que todas las condiciones están virtualmente dadas para que cualquiera pueda llegar a ser su lector, a veces por publicidad, a veces por contagio, a veces por el puro azar.

Estas cosas, sin embargo, son tristemente diferentes en el conjunto de América Latina, y creo que si en algo hay que poner hoy el acento cuando se habla de nuestra literatura, no es tanto en la calidad y variedad de su creación como en el hecho aparentemente paradójico y esencialmente trágico de que esa alta y variada creación tiene mucho de *vox clamantis in deserto.* Estadística e históricamente hablando, poseemos una cantidad considerable de escritores, pero en cambio carecemos de una proporción de lectores capaz de dar un sentido cultural más positivo a nuestra producción literaria. Es fácil engañarse pensando en las grandes tiradas de nuestros escritores más célebres, y en el brillo cultural de las metrópolis latinoamericanas; incluso es frecuente que muchos de nuestros novelistas y cuentistas se declaren satisfechos de la amplia difusión de sus obras en el continente. Pensar así es ignorar —o pretender ignorar— la realidad pavorosa de ese continente en el que millones de seres humanos viven sumidos en un analfabetismo total o en grados tan inferiores de educación y de recursos económicos que la idea de leer libros, y por supuesto la de comprarlos, no entra en sus conciencias demasiado abrumadas por el medio en el que tienen que subsistir. Lo repito: es posible que en países como éste o los de Europa haya mucha gente a quien no le interesa la literatura por diversos motivos, pero resulta obvio que la barrera está lejos de ser infranqueable y que sólo depende de circunstancias que pueden cambiar fácilmente. En cambio las enormes zonas rurales latinoamericanas (y dejo de lado, por razones lingüísticas, las vastas regiones de predominio indígena como la amazónica o los altiplanos andinos) están distanciadas de nuestra literatura por un abismo que si en la superficie es cultural, en su esencia es de carácter geopolítico y plantea problemas que ya no pueden ser ignorados por nadie en América Latina, y muy especialmente por los escritores.

Se comprenderá mejor ahora por qué dije hace un momento que la literatura que merece ese nombre en nuestros países no sólo es un producto estético o lúdico sino una responsabilidad. No cabe duda de que el hecho de escribir obras literarias sigue siendo el resultado de una vocación que se manifiesta como interpretación de la experiencia de la vida o como invención de nuevas visiones o combinaciones de esa experiencia; escribir, cuando su producto merece llamarse literatura, será siempre un trabajo eminentemente individual y muchas veces solitario y hasta egoísta en su implacable y empecinada búsqueda de la más alta expresión de todas las posibilidades de la escritura. Pero a esa vocación y a esa dedicación que son las propias de toda gran literatura en cualquier momento de la historia y de la pertenencia geográfica y cultural, se suma hoy una conciencia nueva de responsabilidad que por lo menos en América Latina está mostrando su fuerza, sus posibilidades y en último término sus resultados en el plano geopolítico.

Esa conciencia, cada día más perceptible y que se acentúa en la nueva generación de escritores, me parece la razón principal de que nuestras literaturas estén mostrando un dinamismo y una capacidad de creación que no solamente las vuelven operantes y eficaces entre nosotros, y eso en muchos planos que rebasan el meramente literario, sino que explican el prestigio que han alcanzado en el extranjero a lo largo de estos últimos quince años. En tal sentido esa responsabilidad, que entraña siempre alguna forma de participación en los procesos históricos latinoamericanos, ya sea desde dentro o desde fuera de la actividad literaria, y casi siempre desde ambos lados a la vez, es un hecho que nos une cada vez más a pesar de las enormes diferencias y distancias de todo tipo que nos separan. Es fácilmente verificable que tanto los escritores de países donde no existen trabas a su expresión intelectual, como aquellos pertenecientes a países sometidos a regímenes opresores que los condenan al silencio o al exilio, coinciden hoy en día en un mismo sentimiento de responsabilidad frente a su tarea específica. Tanto los unos como los otros, los libres como los oprimidos, se sienten incluidos en procesos históricos en los que la condición de escritor y de lector ya no están separadas como las del autor y el espectador en el teatro, sino que tienden a una ósmosis, a una interrelación cada vez más grandes. Libre o presionado, el escritor siente que su responsabilidad le asigna más y más una función precisa en su sociedad, ya sea para apoyar sus valores positivos o atacar todo aquello que considera negativo. Cada día hay menos libros que podríamos llamar gratuitos en América Latina, cada día nos abrimos más a lo que nos rodea. Me ocurre recibir una gran cantidad de publicaciones y manuscritos de nuestros escritores, sobre todo de los jóvenes, y a lo largo de estos años he podido comprobar cómo ese grado de responsabilidad se acentúa en la gran mayoría de ellos, cómo su trabajo muestra un contacto creador con todas las pulsiones, las fuerzas y las raíces que deberían permitirnos alcanzar un día nuestra plena identidad de latinoamericanos.

El éxito extraordinario de lo que podría llamarse «literatura de testimonio», la alianza de la indagación sociológica con una ficción que la exalta y la lleva con más fuerza al espíritu del lector, es una de las muchas pruebas de que nuestras literaturas se abren cada día más a todo lo que las rodea, las angustia, las acompaña o las enfrenta, y que las actitudes prescindentes, aunque hayan podido dar y sigan dando productos muy válidos en un plano cultural, se ven más y más rebasadas por una intención de análisis, de toma de contacto, que sigue siendo literatura en la mejor acepción del término pero que a la vez entra a formar parte de las vivencias históricas y sociales de cada uno de nuestros pueblos.

Esto no quiere decir de ninguna manera que ese sentimiento de responsabilidad se exprese a través de temáticas determinadas o de obediencias pasivas de cualquier naturaleza, sean ideológicas o estéticas. Lo que se nota claramente es la creciente renuncia a modelos foráneos, a «ismos» pasajeros, que sólo se manifiestan esporádicamente en la producción más mediocre; la verdadera responsabilidad se siente en ese deseo de *escribir nuestro* sin caer obligadamente en folklorismos o indigenismos o populismos no siempre de buena ley; se la siente en la búsqueda de una escritura que nos exprese mejor, de una temática que nos confronte con lo más hondo de nuestra conciencia y aun de nuestro inconsciente. Es obvio que la mayoría de los nuevos escritores latinoamericanos se dan cuenta de que su literatura entra en un ciclo vital e histórico que va mucho más allá de las funciones harto restringidas que la tradición clásica o académica acordaba a la literatura. Saben que sus libros forman parte de las vivencias totales de sus lectores, es decir de latinoamericanos inmersos en procesos políticos y económicos, en luchas de liberación o consolidación, en etapas de concienciación en diferentes planos. Y aunque esa clara noción del lector que se advierte hoy en nuestros escritores no tiene por qué incidir en sus libros como contenido literario, es evidente que muchos autores son por así decirlo sus propios lectores, sienten esa necesidad colectiva, continental, de ir hacia una mayor autenticidad, hacia una mayor capacidad para rebelarse ante las opresiones y las injusticias.

Para no citar más que uno de los aspectos de esta nueva manera de sentir y orientar la literatura, es evidente que la poesía ha cambiado profundamente en estos años en los países latinoamericanos. Dejo de lado la poesía de protesta y de combate, casi siempre alineada políticamente y reflejando consignas y criterios precisos, para referirme en cambio a esa poesía individual, casi siempre lírica o elegíaca, que se sigue cultivando profusamente en nuestros países. Pues bien, esa poesía ha cambiado, es fácilmente perceptible que los poetas se proyectan cada vez más hacia sus semejantes, hacia lo que los rodea, que se interesan menos por su ego o sus dramas individuales o que en todo caso los vinculan a contextos mayores que muchas veces desembocan en un panorama de visión total sobre lo que los rodea, la ciudad y sus habitantes y sus problemas y sus goces y sus diferentes realidades e irrealidades. Esta poesía, casi siempre de autores jóvenes, muestra que en América Latina se está rompiendo la sempiterna noción del poeta como vigía solitario, víctima indefensa de la sociedad; estos poetas pueden ser solitarios y sentirse víctimas, pero su poesía es mucho más una denuncia que una deploración. El gran ejemplo de la poesía volcada a lo social que es la obra de un Vallejo o un Neruda no ha caído en el desierto, a pesar de las reacciones inevitables que produjo durante muchos años; a su manera, que por suerte tiene formas y temáticas propias, una gran cantidad de poetas chilenos, cubanos, argentinos, mexicanos o nicaragüenses —la lista es muy larga, por supuesto— acepta el reto histórico aunque no hable de la historia en sus versos, hace frente a la injusticia, al imperialismo y a la opresión aunque esas palabras no figuren obligadamente en sus poemas.

Lo que advierto en la poesía, que es siempre como una avanzada humana en el tiempo, lo advierto igualmente en la novela, en el cuento y en el teatro. Si ser responsable en literatura es dar el máximo de sí mismo en la creación y la invención, nuestra mejor literatura actual revela además la presencia inconfundible de la responsabilidad personal, el hecho de que cualquier escritor sabe hoy más que nunca que además de ser escritor es un argentino o un panameño o un boliviano. Lo digo exprofeso porque sé que la expresión «escritor comprometido» se ha prestado y sigue prestando a los peores malentendidos. En el campo meramente político es frecuente que los militantes piensen que los escritores deben dedicarse exclusivamente a la causa de esa militancia, puesto que hay algunos que así lo hacen. La mejor respuesta que está dando a ese punto de vista la mayoría de los escritores que hoy me parecen significativos consiste en el fondo en algo muy simple, es decir que por una parte escriben lo que su invención, su fantasía y su libertad creadora los mueve a escribir con la más entera independencia temática, y por otra parte muestran paralelamente su plena responsabilidad histórica, su solidaridad con las luchas legítimas de sus pueblos, definiéndose sin ambigüedad frente a los poderes opresores o las políticas reaccionarias, y defendiendo de múltiples maneras la causa de los derechos humanos, de la soberanía nacional y de la dignidad de los pueblos. Casi siempre lo hacen a través de la escritura, bajo forma de artículos periodísticos o ensayos sobre temas políticos o sociales, pero también ocurre que lo hacen de otras maneras, colaborando en asociaciones o tribunales que investigan y denuncian los abusos de los regímenes dictatoriales en muchos de nuestros países. Y es un hecho evidente entre nosotros que cuando un escritor muestra a través de su actitud personal que no está separado del contexto histórico en que se mueve su pueblo, sus lectores lo leen con una máxima confianza y no le exigen de ninguna manera una sumisión literaria a su compromiso, no esperan obligadamente de él que hable explícitamente por ellos y de ellos. En América Latina el mismo lector que se emociona al encontrar en un cuento o una novela la descripción o la denuncia de cosas que él está viviendo y sufriendo cotidianamente, gozará también con la lectura de otros textos que lo arranquen de su contorno inmediato para hacerle cumplir un vertiginoso viaje imaginario; pero este goce estará basado en un sentimiento de confianza del lector hacia el escritor, puesto que lo sabe responsable, puesto que está seguro de que no pretende adormecerlo o alejarlo de una realidad que los dos comparten y en la cual cada uno lucha a su manera. Así, cuando un lector que me conoce lee mis cuentos fantásticos, sabe que no estoy tratando de arrancarlo de la historia y anestesiarlo con una literatura de evasión y de renuncia; si me sigue en mis caminos más irreales y más experimentales, es porque sabe que jamás he tratado de engañarlo, de alejarlo de su propia responsabilidad histórica. Mi más alta y más bella recompensa como escritor la he recibido al enterarme más de una vez que antes o después de la batalla o en el interminable horror de las cárceles ha habido lectores que encontraban estímulo o alivio en algunos de mis libros. Cada vez que me lo han dicho, en la Argentina, en Venezuela, en Nicaragua, he sentido que esos lectores tenían confianza en ese hombre que los llevaba hacia lo fantástico o lo lúdico, que los arrancaba por un momento a su dura condición para acompañarlos por otros caminos, para invitarlos a trascender la realidad inmediata sin jamás traicionarla.

Pero, desde luego, esta bella complicidad, este contacto cada vez más hondo entre nuestros escritores y sus lectores está pagando un precio muy alto y muy penoso en América Latina. Tocamos aquí el punto más grave que se deriva de la creciente responsabilidad que muestran los escritores en su actitud personal y en su trabajo creativo. En un país sometido a un régimen despótico en cualquiera de sus formas militares o civiles, autóctonas o dependientes (y esos países son muchos en América Latina, ustedes lo saben), esa conducta y esa responsabilidad de los intelectuales desencadena inevitablemente la censura, las trabas a las manifestaciones intelectuales de cualquier naturaleza, y en muchos casos acarrea la privación de la libertad, la desaparición o la muerte. Si la desconfianza y el antagonismo de los regímenes despóticos frente a los intelectuales son viejos como la historia, la multiplicación de los medios de comunicación y difusión de las ideas en nuestra época ha multiplicado también la intensidad de esa desconfianza y de ese antagonismo. En muchos de nuestros países el poder no retrocede ante nada cuando se trata de hacer callar una voz que lo denuncia, porque esa voz llega muy lejos cada vez que se levanta. Y es así que, en un país como el mío, grandes escritores han pagado hace muy poco tiempo el más horrible precio por decir la verdad: hablo de Rodolfo Walsh, de Haroldo Conti, de Francisco Urondo, de Miguel Angel Bustos. En un plano relativamente menos trágico, la consecuencia usual de esta represión implacable a toda libertad intelectual es el exilio. No se puede hablar hoy de literatura latinoamericana sin referirse de inmediato a él, puesto que es el destino de una elevadísima cantidad de intelectuales, entre los que se incluyen no sólo los escritores literarios sino los científicos y los artistas. Todos los países del llamado Cono Sur se han convertido en páramos culturales, en la medida en que un alto porcentaje de creadores ha sido expulsado de ellos, y los que siguen trabajando allí lo hacen en condiciones que impiden la difusión de su pensamiento auténtico; hay que callar lo que no puede decirse, a lo sumo se puede tratar de insinuarlo con los riesgos consiguientes.

Por eso, cualquier acercamiento a nuestras literaturas actuales tiene que tener en cuenta un hecho especialmente trágico del que no siempre se habla lo bastante, y es que los lectores de naciones enteras, como es el caso de los uruguayos o los chilenos entre otros, se ven privados de las obras que sus compatriotas más queridos y más respetados están escribiendo y publicando en el exilio, y de las que sólo algunas llegan a entrar por vías clandestinas o porque las autoridades deciden exceptuarlas para hacer ostentación de libertad. Al hecho de que en América Latina, como lo señalé al principio, enormes masas humanas están totalmente separadas de nuestra literatura, viene a sumarse ahora el que los grupos más capacitados de lectores se ven privados en muchos países de recibir los productos culturales que necesitan. Y así, junto con el exilio clásico, hay otro exilio que me parece infinitamente peor, el exilio interior, el de todo un pueblo que no tiene acceso a la obra de muchos de sus compatriotas. Sólo los que hayan vivido esa situación pueden comprender el desgarramiento y la frustración que significa entrar en una librería de cualquiera de esos países sometidos a dictadura y a censura, y comprobar la falta de aquellas ediciones de las que se ha enterado por comentarios o noticias periodísticas. Si toda carencia tiene algo de infernal, la literatura ha encontrado su infierno en Paraguay, Chile o Uruguay.

Me he referido a algunas de las características y de las condiciones en que se mueve actualmente la literatura latinoamericana, sin detenerme en la producción literaria en sí misma, sobre la cual la bibliografía y la crítica proporcionan todos los detalles deseables. Mi intención ha sido la de indicar algunos elementos subyacentes que los estudios estrictamente literarios no siempre tienen suficientemente en cuenta, pero que son fundamentales en el panorama latinoamericano de nuestros días. Los libros que ustedes leen, las novelas y los cuentos escritos en tantos de nuestros países, son hoy algo más que una serie de productos culturales y estéticos, algo más que una lista de autores y de títulos y de cualidades o defectos. La actual creación literaria presenta para nosotros una de las formas en que se expresa cada vez más intensamente el despertar a una realidad largo tiempo escamoteada y falseada, incluso por la misma literatura en esos períodos en que tendía a dar la espalda a nuestras realidades más hondas y seguir las corrientes y los modelos de ultramar. Este despertar se ha manifestado a lo largo de las últimas décadas a través de convulsiones, triunfos y fracasos de pueblos enteros, y es en esas décadas cuando nuestros escritores han asumido su verdadera condición de latinoamericanos y buscado las formas más auténticas para expresar esa condición, los caminos más ricos y a veces más arduos para explorar y mostrar nuestra realidad. Todo el mundo conoce las figuras de proa, se llamen Miguel Angel Asturias, Octavio Paz, Gabriel García Márquez, José Lezama Lima o tantos otros que han fascinado y fascinan a los lectores del mundo entero; pero en esta América Latina que diariamente combate por conquistar su libertad final o por mantenerla cuando ya la ha conquistado, la literatura no es todavía uno de los placeres del descanso y del sillón junto a la ventana como en los países plenamente estabilizados en su desarrollo y su cultura, sino un interrogarse cotidiano sobre los pros y los contras, un medio de comunicación por la belleza y la ficción que no se queda solamente en ellas, un código de mensajes que la conciencia y el inconsciente de los pueblos descifran como consignas de realidad, como nuevas aperturas hacia la luz en medio de tantas tinieblas. En América Latina la literatura actual, más que el reflejo estético de la vida como en su acepción tradicional, es una forma de la vida misma.

Discurso en la constitución del jurado del Premio Literario Casa de las Américas 1980

Don Ramón de Campoamor, que según parece era un mal poeta pero tenía un sentido del humor que a veces les falta a muchos buenos poetas, escribió un mini-drama que dice más o menos así:

Pasan veinte años. Vuelve él
y al verse exclaman él y ella:
—¡Santo Dios! ¿Y éste es aquél?
—¡Dios mío! ¿Y ésta es aquélla?

Hoy que me toca franquear una vez más las puertas de la Casa de las Américas, casi veinte años después de mi primera visita, lo hago con la alegría y el orgullo de saber que el mini-drama de Campoamor no se aplica ni a la Casa ni a mí; una vez más —y ya son tantas— nos encontramos y nos abrazamos con la bella seguridad de que no hemos cambiado en nuestra relación más profunda, y que si los dos estamos más viejos, nuestra vejez hace todavía más estrecho un contacto que abarca ya tanto tiempo, tantas tormentas, tantas vicisitudes, pero sobre todo tanto camino en común. Sin la menor duda, la Casa y yo podemos desmentir los versos de Campoamor: sí, éste es aquél; sí, ésta es aquélla.

Porque los más jóvenes entre los que asisten hoy a este acto no saben tal vez que mi colaboración con la Casa empezó en 1961, cuando todo era abrumadoramente precario y difícil, cuando los manuscritos destinados al Premio llegaban después de increíbles complicaciones y a veces no llegaban porque los buitres que rodeaban Cuba en un bloqueo total y despiadado los detenían y los destruían, cuando los miembros del jurado tenían muchas veces que dar la vuelta al mundo para acceder a un aeropuerto que poco se parecía al de hoy. El Premio representaba entonces algo así como un desafío desesperado, pues no solamente era difícil participar en él como candidato o como jurado, sino que todo el resto del proceso resultaba aún más difícil; la composición e impresión de los libros (guardo algunas de esas primeras ediciones en las que el número de erratas las convertía en un fascinante problema de lectura, digno del *Ulises* de James Joyce), el papel, las tintas y las máquinas casi siempre ausentes o deficientes, y la distribución al exterior que en muchos casos tenía más de ideal que de realización práctica. Cada vez que en estos últimos años he recibido, con un mínimo de pérdidas, las revistas y los libros aquí nacidos, he pensado con asombro y alegría en el gigantesco paso adelante cumplido por la Casa —y al decir la Casa se comprende que también estoy diciendo la Revolución y lo que ello significa como enlace con el mundo, como mensaje planetario, como ejemplo de voluntad frente a los peores obstáculos—. Muchos lectores del extranjero abren hoy esos paquetes postales sin darse cuenta, a veces, de que en cada uno de ellos hay mucho más que una publicación. Para mí cada envío de la Casa me llega como esas grandes aves migratorias que nada ni nadie puede detener en su vuelo, y que se posan en las más lejanas tierras como para decirnos que el verdadero mundo no tiene fronteras, que la belleza y la verdad sobrevuelan cualquier sistema de radares o de interceptores.

Casi sin quererlo, llevado por el fluir de los recuerdos y los años, toco algo que me parece esencial en la historia y el destino de la Casa de las Américas, que a su vez es el pequeño espejo que refleja la entera imagen de la realidad actual de Cuba. Casi paradójicamente pienso que en los años anteriores a la Revolución, cuando las puertas estaban falsamente abiertas, muy poco de Cuba llegaba más allá de sus fronteras como no fuese un seudofolclor de *music-hall* o esas pocas obras literarias, científicas o artísticas cuyo valor las volvía obligadamente internacionales. En mi infancia argentina, conocíamos mucho más a los grandes boxeadores cubanos o a ciertos sospechosos conjuntos musicales que a los productos culturales presentes hoy en todas las bibliotecas, discotecas, filmotecas y museos del mundo. Acaso la única figura admirable que en esa época impuso su imagen al mundo fue la de Capablanca, y no por cubano, sino por su incomparable genio de ajedrecista. La paradoja admirable está en que, apenas empezaron las dificultades del bloqueo imperialista, la voluntad y el tesón de todo un pueblo hizo lo que la falsa facilidad de antaño no había hecho jamás, y en esa decisión de dar el máximo, de proyectarse más allá de la órbita local como la única manera de encontrarse auténticamente consigo mismo, la labor de la Casa de las Américas asume una significación que ningún elogio podría abarcar, y que sobrepasa largamente su breve vida institucional.

Pienso que aquellos que vivimos fuera de Cuba medimos esto con una claridad que podría escapar a muchos cubanos que no tienen suficientes términos de comparación. En estos últimos años la irradiación cultural de la Casa se ha visto multiplicada por muchas razones, que sólo mencionaré parcialmente. En primer lugar, sus publicaciones y actividades han ocupado un lugar permanente y muy importante en todos los centros de recepción de cultura del mundo, incluso en algunos cuya línea ideológica dista de ser la de Cuba pero que ya no pueden ignorar la calidad y la validez de la producción intelectual y artística que la Casa vehicula y estimula; basta visitar cualquier institución de estudios latinoamericanos en Europa o en los Estados Unidos para descubrir de inmediato la presencia viva de la Casa en la labor de profesores y estudiantes. Pero eso no se detiene en el ámbito académico; innumerables lectores privados esperan y buscan las publicaciones procedentes de Cuba, tanto de la Casa como de los otros centros de cultura de la Isla. A ello se ha sumado en el último quinquenio la incorporación de la literatura de los países del Caribe que jamás habían recibido el menor estímulo, que jamás habían visto sus escasos libros distribuidos más allá de sus fronteras. Gracias a la decisión de la Casa de abrir el ámbito del Premio a los escritores caribeños de lengua inglesa o francesa —y a partir de ahora a los del Brasil, lo que significa un nuevo aporte cultural de extraordinaria importancia—, el público no sólo cubano sino internacional empezará a conocer a autores de valía cuyo destino hubiera sido el anonimato casi total. ¿Cómo negar, incluso en los círculos más reaccionarios del imperialismo y del capitalismo, un trabajo cultural que jamás habían intentado ellos, prisioneros de su supuesta primacía intelectual? Creo que todavía no se ha mostrado suficientemente el valor no sólo directo de esta generosa apertura de la Casa, sino lo que significa como ejemplo para la América Latina y para el resto del mundo. En Europa, la poco frecuente publicación de estas literaturas, consideradas como marginales y exóticas, se ve casi siempre acompañada de un paternalismo tras del cual se agita todavía la sombra del colonialismo; y hay otra cosa importante, y es que los editores extranjeros van siempre a lo seguro, a nombres ya consagrados después de infinitas dificultades y obstáculos, mientras que el premio de la Casa abre grandes las puertas a jóvenes creadores del Caribe y del Brasil, que se impondrán o no, que serán apreciados u olvidados según los casos, pero que al igual que los otros jóvenes concursantes de la América Latina tendrán ahora el beneficio de una distribución internacional que hace años hubiera sido impensable.

Es por eso que la constitución anual del jurado que deberá otorgar los nuevos premios reviste una importancia cada vez mayor, en el sentido de que no se trata de una ceremonia retórica destinada a poner en marcha este certamen, sino que vale como una tribuna de reflexión, de análisis y de crítica de la que el Premio debería salir reforzado, debería ser el producto de exigencias cada vez mayores en el plano de la calidad. Si los miembros del jurado están hoy aquí, y mantendrán paralelamente una reunión de escritores, es porque conocen de sobra los valores y los aportes de la Casa de las Américas en el plano de la cultura, es decir de la desalienación mental de nuestros pueblos, de su concienciación histórica basada en una mayor solidez literaria y estética. Precisamente por eso, todos los que estamos unidos directa o indirectamente a esta labor vemos claramente que las circunstancias geopolíticas dentro de las cuales se cumple representan más que nunca un desafío que no solamente exige voluntad de respuesta, sino una conciencia cada vez más aguda de todos los factores negativos que podrían debilitar e incluso frustrar esta respuesta. Si todas las revoluciones llevadas a cabo por la humanidad han cumplido un ciclo que se parece estrechamente al ciclo de la vida individual, la Revolución Cubana entra también, como cualquier individuo, en su etapa plenamente adulta, y esto que significa desarrollo de las fuerzas materiales y espirituales positivas, acarrea al mismo tiempo fijaciones, estabilizaciones no siempre buenas, de la misma manera que el hombre adulto supera al niño en reflexión y en capacidad de acción, pero suele perder en el camino una parte de la frescura imaginativa, de la fantasía que abre ventanas a nuevos horizontes, de la invención que renueva formas de vida y de trabajo y de visión del mundo. El admirable esfuerzo que cumple la Casa de las Américas ha revelado muchas veces que en ella el niño no había muerto del todo en el hombre, y que sus dirigentes eran capaces de dejar atrás etapas ya cumplidas y buscar nuevas formas de expresión y de acción. Se me ocurre, sin otra autoridad para decirlo que mi fiel cariño, que es posible ir todavía más allá en ese camino renovador y dinámico. Porque sucede que la llamada ley de la fatiga, esa inevitable forma de la entropía mental que nos lleva a desatender poco a poco lo que antes suscitaba nuestra atención más viva, debe ser tenida en cuenta no solamente en cualquier trabajo cultural prolongado, sino que incluso es posible enfrentarla y anularla mediante nuevas modulaciones que no alteren la esencia invariable de ese trabajo pero que lo presenten con nuevo dinamismo y nueva variedad. Los animadores de la Casa no ignoran que la reiteración de formas, de fórmulas y de formatos puede llevar a las hormas (es decir, formas anquilosadas) y perder parte de su fuerza ante la sed de renovación y de invención que mueve la curiosidad de los hombres y los pueblos. Siempre he imaginado a la Casa como un gran árbol que multiplica sus ramas, y la diversidad de sus preocupaciones en el campo de la literatura, la investigación, la música, las artes plásticas y el teatro, si se la compara con la de sus primeros años de vida, es la clara prueba de que esa multiplicación no ha de detenerse por razones de edad. Que se puede innovar aún más es posible y deseable; por eso yo le deseo al gran árbol de la Casa que sus flores y sus frutos contengan nuevas y hermosas sorpresas para esa nueva y hermosa generación que surge en Cuba y en los otros países libres del mundo.

Pero este trabajo de difusión cultural lo está cumpliendo hoy la Casa de las Américas dentro de un contexto latinoamericano en el que los factores negativos se hacen sentir con más fuerza que nunca. Si procesos tales como la liberación de Nicaragua muestran lo fundado de nuestra inquebrantable esperanza en el triunfo final de la libertad y la justicia social, la persistencia de los regímenes dictatoriales en los países del Cono Sur muestra los límites siniestros que encarcelan y alienan a millones de hombres argentinos, paraguayos, chilenos y uruguayos, para quienes toda comunicación cultural con el exterior es cada vez más precaria y se cumple al precio de un riesgo que muchas veces puede ser mortal. Incluso en países donde los gobiernos son considerados como democráticos, el panorama cultural latinoamericano es pavorosamente limitado y se circunscribe a las minorías más pudientes. Sabemos de sobra que el acceso masivo a la educación sólo se logrará en la América Latina después de su liberación total del imperialismo; Cuba lo ha mostrado de sobra, y el hecho de que estemos hoy aquí es el resultado directo de algo que todavía está lejos de verse en muchos, en demasiados países latinoamericanos donde las reuniones y certámenes culturales más importantes se cumplen casi siempre desde lo alto y para lo alto, entendiendo por alto los privilegios del dinero y del poder. Por eso, en un reciente viaje a Nicaragua, me conmovió presenciar el apasionamiento y la alegría con que su joven pueblo está preparando la campaña de alfabetización tal como lo hiciera Cuba casi inmediatamente después del triunfo revolucionario. Que maestros alfabetizadores cubanos estén en este momento colaborando con los educadores nicaragüenses es algo que coincide analógicamente con la labor que en tantos planos ha cumplido y cumple la Casa de las Américas en el ámbito latinoamericano; una vez más el pueblo de Cuba se proyecta hacia sus hermanos con maestros o médicos o libros. Porque contra la noción entusiasta o ingenua de que un pueblo termina siempre por liberarse —y es algo que he oído decir o cantar tantas veces que he llegado a sentir miedo frente a una inocencia que puede tener resultados mortales—, frente a ese convencimiento de que las masas tienen siempre razón en la historia, creo más que nunca que eso sólo es cierto y seguro cuando los pueblos son realmente la suma de los individuos que los componen, entendiendo por individuo a aquel que es capaz de pensar por sí mismo al término de un proceso educativo que le ha dado las bases de una visión coherente del mundo, de la historia, de su país y del conjunto de la humanidad. Esto puede parecer un lugar común, pero en las circunstancias actuales de la América Latina asume un valor trágico, puesto que toda acción cultural como la que realiza la Casa de las Américas, toda manifestación creadora, científica o estética que busca trasmitirse por las vías de la cultura, cumple tan sólo una pequeña órbita dentro de un inmenso espacio en el que no hay ojos que sepan recibir la palabra escrita, ni mentes preparadas para tomar conciencia de su realidad histórica. Hace unos años participé en un congreso en Montreal cuyo tema era «El escritor y el lector», y lo primero que hice fue leer una comunicación cuyo título y tema eran deliberadamente lo inverso: «El lector y el escritor». Porque los escritores, aunque sean un producto obvio de los procesos culturales, se crean de alguna manera por su propia cuenta, encuentran su camino contra viento y marea; pero los lectores no se hacen solos, a los lectores hay que hacerlos, hay que llevarles los elementos para que salgan de la barbarie mental y accedan a nuestro mundo, a nuestros procesos políticos en calidad de protagonistas y no de rebaños. Y este punto de vista, que asombró un tanto a los intelectuales canadienses acostumbrados a otra relación entre el escritor y el lector, es el único punto de vista real y actual en el conjunto de la América Latina. Cuando un escritor de cualquiera de nuestros países se declara satisfecho de ser muy leído, yo me encojo de hombros y pienso que ese escritor no es capaz de medir la diferencia alucinante entre el número de sus lectores y el de aquellos que jamás lo leerán, jamás sabrán de su existencia, jamás se acercarán al pequeño mundo feliz de los intelectuales satisfechos. Sé muy bien que toda empresa de culturización auténtica se enfrenta con inmensas dificultades económicas, geográficas y étnicas en la América Latina, que en nuestros días se multiplican hasta volverse desesperantes como consecuencia de los regímenes neofascistas que proliferan en el Cono Sur y otras partes del Continente, y en cuyo programa esencial entra prioritariamente el atraso cultural como garantía de dominio, de alienación, de animalización del hombre. Es entonces que frente a la satisfacción egoísta de los intelectuales consciente o inconscientemente elitistas, que pretenden dominar un vastísimo panorama cultural cuando sólo alcanzan un poco más allá de la puerta de sus casas, el trabajo colectivo —y yo diría multitudinario— de la Casa de las Américas alcanza todo su sentido y muestra su eficacia. Su revista, centenaria en números ya que no en edad, la he visto en los lugares más variados, en las manos a veces más inesperadas, abriendo perspectivas al trabajo de fondo que cumplen paralelamente las diversas colecciones de libros, empezando por la de este premio. Sé que todo eso se detiene en algunas fronteras aparentemente inexpugnables que se llaman Argentina o Chile entre otros nombres; pero también sé de centenares, acaso de millares de caballitos de Troya nacidos en G y Tercera (Vedado, Habana) que pasan esas fronteras y llegan con su mensaje, lo murmuran al oído de quienes un día lo gritarán en plena calle, en plena victoria.

Quisiera terminar estas ya largas páginas con algo en que se mezcla la confesión personal y la esperanza de alguien a quien cada día se le niega la esperanza en tantos horizontes, empezando por el de su propia patria, y que sin embargo la guardará hasta el fin porque un hombre sin esperanza es como una negación de sí mismo y de su pueblo. En estos últimos años, los altibajos de todo proceso revolucionario, sea el de Cuba o el de otros países, provoca y a veces por desgracia alimenta los ataques de quienes, en nombre de principios o de derechos en los cuales es fácil escudarse, denuncian los errores sin jamás admitir los aciertos, se compadecen del destino de algunos individuos sin jamás admitir el avance de toda una colectividad sometida antaño a la alienación y la explotación y la servidumbre. Lo sabemos de sobra: este tipo de ataque se sigue y se seguirá basando en un criterio elitista que nada tiene que ver con las altisonantes profesiones de fe democrática que se escuchan de los mismos labios. Lo que hubiera podido unirnos, es decir la denuncia de *cualquier* injusticia, de *cualquier* violación de un derecho humano, nos divide y nos dividirá en la medida en que esos intelectuales se obstinen en cerrar la boca ante lo positivo de los procesos revolucionarios globales y en cambio la abran de par en par cuando uno de ellos —siempre un individuo aislado, jamás un sector multitudinario como el de los obreros o los campesinos o los pescadores— es objeto de una injusticia. Si alguien está en contra de injusticias individuales, ése soy yo, cuando estimo que el poder —cualquier poder— abusa, o teme la crítica, o procede con la brutalidad de la ignorancia. Lo que no admitiré jamás es la falsa extrapolación que consiste en condenar una ideología por sus falencias parciales, negar una filosofía política por las eventuales torpezas de sus ejecutores momentáneos. Puedo incluso concebir que alguien niegue la razón del socialismo, aunque en ese caso me gustaría que me mostrara una ideología de remplazo válida. Lo que no concibo ni acepto es que so pretexto de postular *a priori* un socialismo perfecto —como si algo fuera perfecto en este pobre planeta de pueblos y de hombres imperfectos— haya intelectuales que se dicen progresistas y que proyectan las denuncias parciales a la totalidad de un proceso, cayendo exactamente en lo que hacen los enemigos abiertos del socialismo. Desde luego, esos intelectuales no cuestionan jamás explícitamente la ideología básica, pero tampoco se preocupan por establecer, a ojos de sus lectores, la diferencia capital entre los errores que denuncian y la estructura global, válida y positiva donde se cometen esos errores y donde una crítica constructiva podría contribuir decisivamente a su eliminación en el futuro.

Por eso, cuando escritores entre los que me cuento somos acusados de meros panegiristas de la Revolución Cubana, no me preocupo por mi parte de defenderme de ese cargo. Cada vez que lo he creído necesario he criticado lo que me parecía criticable, y mis amigos cubanos saben bien que nuestro diálogo se ha visto alguna vez interrumpido largamente por razones que tanto ellos como yo creíamos válidas en ese momento. A nadie le he ocultado mi convicción de que a estas alturas el horizonte crítico debería abrirse aún más en Cuba, de que los medios de información —como ya lo han señalado algunos dirigentes— siguen por debajo de lo que podrían ser actualmente, y que hay una cantidad de cosas que podrían hacerse y no se hacen o podrían hacerse mejor. Pero estas críticas las hago partiendo siempre de un sentimiento que para mí es la alegría de la confianza, las hago mientras estoy viendo y viviendo la prodigiosa cantidad de cosas positivas que ha cumplido la Revolución Cubana en todos los terrenos, y sobre todo las hago sin anclarme estúpidamente en lo que soy, es decir, un escritor, sin encerrarme en mi criterio exclusivo de intelectual a la hora en que todo un pueblo, contra viento y marea y equivocaciones y tropiezos, es hoy un pueblo infinitamente más digno de su cubanidad que en los tiempos en que vegetaba bajo regímenes alienantes y explotadores. Este recinto, este gran corazón pensante que es la Casa de las Américas, comprenderá estas palabras que no quieren comprender los egoístas y los mandarines del pensamiento. Ella sabe que las digo de frente, y que jamás daré la espalda a la realidad total y palpable de un proceso histórico por el cual valía y vale la pena dar la vida.

Realidad y literatura en América Latina

Aproximar los términos de realidad y de literatura, ya sea en el contexto de América Latina o de cualquier otra región cultural del mundo, puede parecer inútil a primera vista. La literatura es siempre una expresión de la realidad, por más imaginaria que sea; el solo hecho de que cada obra esté escrita en un idioma determinado la coloca de entrada y automáticamente en un contexto preciso a la vez que la separa de otras zonas culturales, y tanto el tema como las ideas y los sentimientos del autor contribuyen a localizar aún más este contacto inevitable entre la obra escrita y su realidad circundante. Pero ocurre, sin embargo, que los lectores de literatura —y por supuesto me refiero aquí a la literatura de invención y de ficción, como la novela o el cuento— tendemos muchas veces a tomar los libros como quien admira o huele una flor sin preocuparse demasiado de la planta de la cual ha sido cortada. Incluso si nos preocupamos por la biografía del autor y nos interesamos por el tema del libro como reflejo de un medio ambiente determinado, el acento se apoya sobre todo en el interés de lo que se nos cuenta y el estilo con el cual nos es contado, es decir, en sus rasgos específicamente literarios.

Esto es perfectamente legítimo puesto que en general los lectores abren un libro para leer su contenido y no para tratar de adivinar lo que ocurrió en torno al libro antes de que su autor lo escribiera o mientras lo estaba escribiendo. Pero los problemas son otros en el caso de ese tipo de lector que no solamente explora el contenido de un libro sino que parte de los libros o llega a ellos para plantearse diversas cuestiones que lo preocupan, y ese tipo de lector es cada vez más frecuente en nuestros países. Vivimos en una época en que los medios de información y comunicación nos proyectan continuamente más allá de los hechos en sí mismos para situarnos en una estructura más compleja, más variada y más digna de nuestras posibilidades actuales de cultura. Abrir un periódico o la pantalla de la televisión significa entrar en dimensiones que se expanden en diagonal iluminando sucesivamente diferentes zonas de la actualidad para que cada hecho aparentemente aislado sea visto como un elemento dentro de una estructura infinitamente rica y variada; esto es evidente en materia de política mundial, de economía, de relaciones internacionales y de tecnologías. ¿Por qué habría de escapar la literatura a esta necesidad muchas veces patética, puesto que es imposible satisfacerla plenamente, de abarcar no solamente los hechos sino sus interrelaciones? El libro que llega hoy a mis manos nació hace seis años en Guatemala o en Perú. Es obvio que puedo leerlo sin preocuparme por las circunstancias que lo motivaron o lo condicionaron, pero también es obvio que cada vez hay más lectores para quienes, si bien una obra literaria es un hecho estético que se basta a sí mismo, representa al mismo tiempo una emanación de fuerzas, tensiones y situaciones que la llevaron a ser como es y no de otra manera. Este tipo de lector, a la vez que goza como cualquier otro con la belleza o la intensidad o la gracia de una novela o de un cuento, va hacia la literatura con una actitud interrogante; para él los libros que escribimos son siempre literatura, pero además son proyecciones *sui generis* de la historia, son como las flores de una planta que no puede ser ignorada puesto que esa planta se llama tierra, nación, pueblo, razón de ser y destino.

Es así como a lo largo de las últimas décadas la noción de literatura ha asumido un matiz diferente tanto para la mayoría de los autores como de los lectores latinoamericanos. Para empezar, en esas décadas se ha producido la gran eclosión de una literatura resueltamente orientada hacia una búsqueda de nuestras raíces auténticas y de nuestra verdadera identidad en todos los planos, desde el económico hasta el político y el cultural. Si la ficción sigue siendo ficción, si las novelas y los cuentos continúan dándonos universos más o menos imaginarios como corresponde a esos géneros, es más que evidente que en la segunda mitad del siglo los escritores latinoamericanos han entrado en una madurez histórica que antes sólo se daba excepcionalmente. En vez de imitar modelos extranjeros, en vez de basarse en estéticas o en «ismos» importados, los mejores de entre ellos han ido despertando poco a poco a la conciencia de que la realidad que los rodeaba era su realidad, y que esa realidad seguía estando en gran parte virgen de toda indagación, de toda exploración por las vías creadoras de la lengua y la escritura, de la poesía y la invención ficcional. Sin aislarse, abiertos a la cultura del mundo, empezaron a mirar en torno más que del otro lado de las fronteras, y comprendieron con pavor y maravilla que mucho de lo nuestro no era todavía nuestro porque no había sido realmente asumido, recreado o explicado por las vías de la palabra escrita. Quizá uno de los ejemplos más admirables lo haya dado en este campo la poesía de Pablo Neruda cuando, después de un comienzo semejante al de tantos otros poetas de su época, inicia una lenta, obstinada, obsesionante exploración de lo que la rodeaba geográficamente —el mar, las piedras, los árboles, los sonidos, las nubes, los vientos—. Y de ahí, avanzando paso a paso como el naturalista que estudia el paisaje y sus criaturas, la visión poética de Neruda ingresa en los hombres, en el pueblo tan ignorado por la poesía llamada culta, en su historia desde antes de la conquista española, todo lo que dará el paso prodigioso que va de *Residencia en la tierra* al *Canto general.*

Paralelamente a este avance de la poesía en una realidad casi siempre sustituida hasta entonces por nostalgias de lo extranjero o conceptos estereotipados, los novelistas y los cuentistas cumplieron derroteros similares, y podría decirse que el conjunto de los mejores libros en esta segunda mitad del siglo es como un gran inventario de la realidad latinoamericana, que abarca desde los conflictos históricos y geopolíticos hasta los procesos sociológicos, la evolución de las costumbres y los sentimientos, y la búsqueda de respuestas válidas a las grandes preguntas conscientes o inconscientes de nuestros pueblos: ¿Qué somos, quiénes somos, hacia dónde vamos?

Siempre he pensado que la literatura no nació para dar respuestas, tarea que constituye la finalidad especifica de la ciencia y la filosofía, sino más bien para hacer preguntas, para inquietar, para abrir la inteligencia y la sensibilidad a nuevas perspectivas de lo real. Pero toda pregunta de ese tipo es siempre más que una pregunta, está probando una carencia, una ansiedad de llenar un hueco intelectual o psicológico, y hay muchas veces en que el hecho de encontrar una respuesta es menos importante que el haber sido capaz de vivir a fondo la pregunta, de avanzar ansiosamente por las pistas que tiende a abrir en nosotros. Desde ese punto de vista, la literatura latinoamericana actual es la más formidable preguntona de que tengamos memoria entre nosotros; y ustedes, los lectores jóvenes, lo saben bien, y si asisten a conferencias y lecturas literarias es para hacer preguntas a los autores en vez de solamente escucharlos como las generaciones anteriores escuchaban a sus maestros.

Leer un libro latinoamericano es casi siempre entrar en un terreno de ansiedad interior, de expectativa y a veces de frustración frente a tantos interrogantes explícitos o tácitos. Todo nos salta a la cara y muchas veces quisiéramos pasar al otro lado de las páginas impresas para estar más cerca de lo que el autor buscó decirnos o mostrarnos. En todo caso ésa es mi reacción personal cuando leo a García Márquez, a Asturias, a Vargas Llosa, a Lezama Lima, a Fuentes, a Roa Bastos, y conste que sólo cito nombres mayores sobre los cuales todos podemos entendernos, pero mi reacción es la misma frente a novelas, cuentos o poemas de escritores más jóvenes y menos conocidos, que por suerte abundan en nuestros países.

Si los lectores que viven lejos de América Latina comparten cada vez más este deseo de valerse de nuestra literatura como una de las posibilidades de conocernos mejor en muy diversos planos, fácil les será imaginar hasta qué punto los lectores latinoamericanos, en cuya propia casa nacen todos estos libros, estarán ansiosos de interrogar y de interrogarse. Es aquí que una nueva noción, y yo diría un nuevo sentimiento de la realidad, se abre paso en el campo literario, tanto del lado de los escritores como de sus lectores, que finalmente son una sola imagen que se contempla en el espejo de la palabra escrita y establece un maravilloso, infinito puente entre ambos lados. El producto de este contacto cada día más profundo y crítico de lo literario con lo real, del libro con el contexto en que es imaginado y llevado a término, está teniendo consecuencias de una extraordinaria importancia en ese plano que, sin dejar de ser cultural e incluso lúdico, participa cada vez con mayor responsabilidad en los procesos geopolíticos de nuestros pueblos. Dicho de otra manera, si en otro tiempo la literatura representaba de algún modo unas vacaciones que el lector se concedía en su cotidianeidad real, hoy en día en América Latina es una manera directa de explorar lo que nos ocurre, interrogarnos sobre las causas por las cuales nos ocurre, y muchas veces encontrar caminos que nos ayuden a seguir adelante cuando nos sentimos frenados por circunstancias o factores negativos.

Hubo una larga época en nuestros países en que ser político era algo así como una profesión exclusiva que pocas veces hubiera tentado a un escritor literario, que prefería delegar los problemas históricos o sociales en esos profesionales y mantenerse en su universo eminentemente estético y espiritual. Pero esta distribución de tareas ha cambiado en estas últimas décadas, muy especialmente en los países latinoamericanos, y eso se advierte sobre todo en el nivel de la juventud. Ustedes, al igual que los jóvenes argentinos o mexicanos o nicaragüenses, se muestran cada vez más despiertos y más conscientes en materia geopolítica, y no necesito darles ejemplos que todos tienen en la memoria y que forman parte de su programa de reflexión y de acción. Por eso habrán comprendido sin esfuerzo que yo haya titulado esta charla «Realidad y literatura» en vez de «Literatura y realidad», como sin duda lo hubiera hecho un conferenciante de comienzos de siglo. Cada vez que me toca hablar ante estudiantes universitarios o jóvenes en general, sea aquí o en México o en Costa Rica, sus preguntas sobre lo que podríamos llamar literatura pura se ven siempre desbordadas por las que me hacen sobre cuestiones tales como el llamado compromiso del escritor, los problemas intelectuales en los países sometidos a regímenes dictatoriales, y otras preocupaciones en las cuales el hecho de escribir y sus resultados en la letra impresa son casi siempre vistos dentro de un contexto que los precede y los desborda. Podemos decirlo sin ironía ni falta de respeto: para hablar únicamente de literatura latinoamericana hay que crear hoy un ambiente bastante parecido al de una sala de operaciones, con especialistas que sólo miran al paciente tendido en la camilla, y ese paciente se llama novela o cuento o poema. Con toda honradez declaro que las pocas veces en que me ha tocado estar en esos quirófanos de la crítica literaria, he salido a la calle con un enorme deseo de beber vino en un bar y mirar a las muchachas en los autobuses. Y cada día que pasa me parece más lógico y más necesario que vayamos a la literatura —seamos autores o lectores— como se va a los encuentros más esenciales de la existencia, como se va al amor y a veces a la muerte, sabiendo que forman parte indisoluble de un todo, y que un libro empieza y termina mucho antes y mucho después de su primera y última palabra.

Nuestra realidad latinoamericana, sobre la cual se ha ido creando cada vez más nuestra literatura actual, es una realidad casi siempre convulsa y atormentada, que con pocas y hermosas excepiones supone un máximo de factores negativos, de situaciones de opresión y de oprobio, de injusticia y de crueldad, de sometimiento de pueblos enteros a fuerzas implacables que los mantienen en el analfabetismo, en el atraso económico y político. Estoy hablando de procesos más que conocidos, en los que las minorías dominantes, con una permanente complicidad de intereses que, como bien lo saben los Estados Unidos, encuentran en nuestros países el terreno ideal para su expansión imperialista, persisten en aplastar a los muchos en provecho de los pocos. En ese dominio manchado de sangre, torturas, de cárceles, de demagogias envilecedoras, que nuestra literatura libra sus batallas como en otros terrenos las libran los políticos visionarios y los militantes que tantas veces dan sus vidas por una causa que para muchos parecería utópica y que sin embargo no lo es, como acaba de demostrarlo con un ejemplo admirable ese pequeño pueblo inquebrantable que es el pueblo de Nicaragua, y como está ocurriendo en este momento en El Salvador y continuará mañana en otros países de nuestro continente.

Por eso hay que subrayarlo: si es afortunadamente cierto que hay países latinoamericanos en los cuales la literatura puede no solamente darse en un clima de mayor libertad sino incluso apoyar resueltamente las mejores líneas conductoras de sus gobernantes, hay en cambio otros en los que la literatura es como cuando alguien canta en una celda, rodeado de odio y desconfianza. Cada vez que un lector abre uno de los libros escritos y editados en uno de esos países donde el pensamiento crítico y hasta la mera imaginación son vistos como un crimen, debería leerlo como si recibiera el mensaje de una de esas botellas que legendariamente se echaban al mar para que llevaran lo más lejos posible un mensaje o una esperanza. Si la literatura contiene la realidad, hay realidades que hacen todo lo posible por expulsar la literatura; y es entonces que ella, lo mejor de ella, la que no es cómplice o escriba o beneficiaria de ese estado de cosas, recoge el desafío y denuncia esa realidad al describirla, y su mensaje termina siempre por llegar a destino; las botellas son recogidas y abiertas por lectores que no solamente comprenderán sino que tomarán posición, harán de esa literatura algo más que un placer estético o una hora de descanso.

A esta altura creo que un viaje que podemos hacer todos nosotros en lo concreto valdrá más que seguir acumulando ideas generales. Cabría, por ejemplo, concentrar el título de esta charla y llamarla «Realidad y literatura en la Argentina», sin olvidar que esta particularización admite por desgracia una gran cantidad de extrapolaciones igualmente válidas en diversos países de América Latina, para empezar los vecinos del mío en eso que se da en llamar el Cono Sur, es decir, Chile, Uruguay y Paraguay. Mi país, desde el punto de vista de la realidad histórica, ofrece hoy una imagen tan ambigua que, en manos de los profesionales de la política y de la información al servicio de las peores causas, es mostrada con frecuencia como un ejemplo positivio que muchas veces puede engañar a cualquiera que no conozca las cosas desde más cerca y desde más hondo.

Voy a resumir muy brevemente esa realidad. Después de un período turbulento y confuso, en el que la actual junta militar desató una represión implacable contra diversas tendencias revolucionarias nacidas de la época igualmente confusa del peronismo, se ha entrado en una etapa de calma superficial, en la cual se está asentando y consolidando un plan económico que suele ser presentado con la etiqueta de «modelo argentino». Frente a las espectaculares realizaciones de este modelo, no solamente muchos argentinos mal informados o dispuestos a aprovechar de la situación, sino también una parte considerable de la opinión pública internacional, consideran que se ha entrado en un período positivo y estable de la vida material e institucional del país. Por un lado, comisiones investigadoras como la de la Organización de los Estados Americanos han comprobado el terrible panorama que presenta una nación en la que solamente las personas desaparecidas alcanzan a quince mil, y en la que desde hace más de cinco años toda oposición teórica o activa ha sido aplastada en condiciones de violencia y salvajismo que van más allá de cualquier imaginación. Por otro lado, cumplida esta liquidación masiva de los opositores, con cientos de miles de argentinos exiliados en Europa y en el resto de América Latina, y una incontable cantidad de muertos, desaparecidos y encarcelados, el aparato del poder ha puesto en marcha el llamado «modelo argentino», que simbólica e irónicamente comienza con un triunfo, el de la copa mundial de fútbol, y se continúa ahora en el campo de la industria pesada y el dominio de la energía nuclear.

Con la total falta de escrúpulos morales que caracteriza a las inversiones económicas destinadas a producir enormes ganancias, países como los Estados Unidos, Canadá, la Unión Soviética, Alemania Federal, Francia y Austria, entre otros, están concediendo enormes créditos y exportando complicadas tecnologías para la construcción de represas, plantas nucleares, fabricación de automóviles, sin hablar de la venta de materiales de guerra. Los informes y las conclusiones de las encuestas sobre la violación de los más elementales derechos humanos no modifican en nada esta afluencia destinada a convertir a la Argentina en una de las grandes potencias industriales y nucleares del continente. Una realidad diferente y deformante toma cuerpo, se alza como un escenario montado rápidamente y que oculta la base sobre la cual se asienta, una base de sometimiento y miseria de las clases trabajadoras, una base de desprecio hacia toda libertad de pensamiento y expresión, una base cínica y pragmática que maneja un lenguaje patriótico y chovinista siempre eficaz en esos casos.

Por todo eso se comprenderá mejor que la literatura argentina, como la chilena y la uruguaya cuya situación es igualmente desesperada, sea una literatura que oscila entre el exilio y el silencio forzoso, entre la distancia y la muerte. Los mejores escritores argentinos están viviendo en el extranjero, pero algunos entre los mejores no alcanzaron siquiera a salir del país y fueron secuestrados o muertos por las fuerzas de la represión; los nombres de Rodolfo Walsh, de Haroldo Conti, de Francisco Urondo están en nuestra memoria como una denuncia de ese estado de cosas que hoy se pretende hacer pasar como un modelo de presente y de futuro para nuestro pueblo. Sin embargo, en esas condiciones que es imposible imaginar peores, la producción literaria argentina mantiene un alto nivel cualitativo y cuantitativo; es más que evidente que sus autores y también sus lectores saben que si escribir o leer significa siempre interrogar y analizar la realidad, también significa luchar para cambiarla desde adentro, desde el pensamiento y la conciencia de los que escriben y los que leen. Así, los que trabajan en el interior del país hacen lo posible para que su mensaje se abra paso frente a la censura y la amenaza, y los que escribimos fuera de nuestro país lo hacemos para que cosas como las que estoy diciendo hoy aquí lleguen a nuestro pueblo por vías abiertas o clandestinas y contrarresten en lo posible la propaganda del poder.

Conozco a un escritor de cuentos fantásticos que hace un tiempo imaginó un relato en el que un grupo de argentinos decide fundar una ciudad en una llanura propicia, sin darse cuenta en su gran mayoría de que la tierra sobre la cual empiezan a levantar sus casas es un cementerio del cual no queda ninguna huella visible. Sólo los jefes lo saben y lo callan, porque el lugar facilita sus proyectos, ya que es una planicie alisada por la muerte y el silencio, y les ofrece la mejor infraestructura para trazar sus planos.

Surgen así los edificios y las calles, la vida se organiza y prospera, muy pronto la ciudad alcanza proporciones y alturas considerables y sus luces, que se ven desde muy lejos, son el símbolo orgulloso de quienes han alzado la nueva metrópolis. Es entonces cuando comienzan los síntomas de una extraña inquietud, las sospechas y los temores de quienes sienten que fuerzas extrañas los acosan y de alguna manera los denuncian y tratan de expulsarlos. Los más sensibles terminan por comprender que están viviendo sobre la muerte, y que los muertos saben volver a su manera y entrar en las casas, en los sueños, en la felicidad de los habitantes. Lo que parecía la realización de un ideal de nuestros tiempos, quiero decir un triunfo de la tecnología, de la vida moderna envuelta en el algodón de televisores, refrigeradores, cines y abundancia de dinero y autosatisfacción patriótica, despierta lentamente a la peor de las pesadillas, a la fría y viscosa presencia de repulsas invisibles, de una maldición que no se expresa con palabras pero que tiñe con su indecible horror todo lo que esos hombres levantaron sobre una necrópolis.

A esta altura de su proyecto, el escritor de que hablo comprendió que si escribía ese relato cometería un plagio, porque el relato ya estaba escrito en el libro de la historia, y la ciudad que él había creído imaginaria respondía al nombre de «modelo argentino». En vez de escribirlo prefirió hacer lo que está haciendo hoy aquí, describir ese modelo en sus grandes líneas, la metrópolis nuclear del futuro asentada sobre un cementerio donde miles y miles de mujeres y de hombres fueron sepultados junto con la dignidad y los derechos de todo un pueblo.

Quisiera terminar estas simples reflexiones subrayando algo que espero haya asomado en lo que llevo dicho. Pienso que ahora está claro que esa dialéctica inevitable que se da siempre entre realidad y literatura ha evolucionado profundamente en muchos de nuestros países por la fuerza de las circunstancias. Lo que empezó como una gran toma de conciencia sobre las raíces de nuestros pueblos, sobre la auténtica fisonomía de nuestros suelos y nuestras naturalezas, es hoy en muchos países latinoamericanos un choque abierto contra las fuerzas negativas que buscan precisamente falsear, ahogar y corromper nuestra manera de ser más auténtica. En todos los casos, positivos o negativos, de esa relación entre realidad y literatura, de lo que se trata en el fondo es de llegar a la verdad por las vías de la imaginación, de la intuición, de esa capacidad de establecer relaciones mentales y sensibles que hacen surgir evidencias y las revelaciones que pasarán a formar parte de una novela o de un cuento o de un poema. Más que nunca el escritor y el lector saben que lo literario es un factor histórico, una fuerza social, y que la grande y hermosa paradoja está en que cuanto más literaria es la literatura, si puedo decirlo así, más histórica y más operante se vuelve. Por eso me alegro de que ustedes encuentren en nuestra literatura el suficiente interés y fascinación como para estudiarla, interrogarla y gozar de ella; creo que en eso está la prueba de que, a pesar del amargo panorama que la rodea en muchas regiones de nuestro continente, esa literatura sigue siendo fiel a su destino, que es el de dar belleza, y a la vez a su deber, que es el de mostrar la verdad en esa belleza.

La batalla de los lápices

En la nueva Nicaragua, organizar algo significa en la mayoría de los casos improvisar, perseverar en la improvisación y darle coherencia y forma a medida que se avanza. Así, con los últimos disparos que marcaron el desbande y la fuga de Somoza y sus secuaces, la Junta de Gobierno de Reconstrucción Nacional invitó al pueblo a preparar con carácter de alta prioridad una cruzada de alfabetización que de hecho significaba que casi la mitad de los nicaragüenses se entregaría a la tarea de enseñar a leer y a escribir a la otra mitad. El resultado fueron seis meses de preparación a base de un mínimo de recursos y un máximo de entusiasmo.

Vista desde el exterior, esta admirable tentativa de autoconcienciación no podía dejar de provocar comentarios y recelos en aquellos sectores internacionales que tienden a mirar el proceso nicaragüense como una repetición del cubano, y que en el aporte pedagógico de Cuba (centenares de maestros especializados en alfabetización) sospechan la presencia de su línea política entre cada línea de las cartillas de lectura. Los responsables nicaragüenses, que tan prudentes se han mostrado en su política interior y exterior, no ignoran estas reacciones que incluso pueden hacerse sentir en los núcleos menos definidos del país, pero las han considerado desdeñables al lado de lo que representa la incorporación de maestros avezados en una tarea tan difícil y penosa. Esta lúcida opción se reflejaba ya en las primeras declaraciones de la Junta a pocos días de la victoria, como bien claro lo muestran estas palabras del comandante Bayardo Arce Castaño pronunciadas el 31 de julio de 1979: *«Estamos convencidos de que el pueblo comprende la situación que se está dando, porque el triunfo de la revolución, el derrocamiento de la dictadura, no serían posibles sin la participación de la inmensa mayoría del pueblo. Sin embargo, determinados sectores que no tuvieron una participación muy activa en la lucha, tampoco tienen la suficiente apertura política para comprender los hechos y fenómenos que se están presentando.»*

Nadie puede cerrar los ojos al hecho de que al término inmediato o mediato de su reconstrucción nacional, en el que la alfabetización representa un factor capital, Nicaragua habrá entrado en una fase que debería encaminarla naturalmente hacia el socialismo; por supuesto, quienes sigan prefiriendo desde dentro o fuera del país una democracia de fachada liberal y trastienda teleguiada, verán en la asistencia pedagógica cubana una punta de lanza destinada a acelerar el proceso de socialización. La realidad práctica es que si por alguna razón Cuba no hubiera creído conveniente enviar maestros a Nicaragua, la campaña se estaría desarrollando lo mismo puesto que los «nicas» no necesitaban ni necesitan de nadie para darse cuenta de la importancia primordial de este primer esfuerzo de concienciación a escala global; la solidaridad cubana es tan útil como bienvenida, al igual que la de otras fuentes internacionales, pero de ninguna manera tiene la gravitación que los malintencionados no han dejado de subrayar.

Vengo de pasar casi tres semanas en la capital, en la costa atlántica y en diversas ciudades del país, y he tenido oportunidad de verificar hasta qué punto el deseo y la voluntad de alfabetizar y alfabetizarse nace de un sentimiento que deriva directamente de la conciencia de libertad, y por ende de responsabilidad, que domina en todos los sectores ligados a la lucha por la liberación y a la enorme tarea de levantar el país de las ruinas en que lo dejó el odio y la crueldad del régimen de Somoza. En poco más de seis meses, las líneas de la campaña fueron tendidas y los escasísimos recursos disponibles puestos a disposición de los organizadores. Es bien sabido que los principales alfabetizadores han sido los alumnos de los liceos secundarios, encuadrados por los estudiantes universitarios y el cuerpo docente nacional. Con una tasa de analfabetos que según algunos cálculos llega al 60 por ciento, y una geografía que vuelve azaroso y hasta peligroso el acceso a las regiones más abandonadas del país, es fácil imaginar los problemas de todo tipo que la campaña planteó a sus responsables directos. Niños y niñas de los liceos manifestaron desde un comienzo su deseo de ser enviados a los lugares más alejados; para quienes los conocen como yo, para quienes han podido hablar con ellos, este deseo es más que comprensible, pues representa para estos adolescentes una continuación directa de la lucha de liberación sostenida por muchos jóvenes de su edad. Los alfabetizadores se consideran a justo título como una milicia sandinista, y precisamente porque conocen las dificultades y los riesgos de su misión insistieron en que se les asignaran los puestos más penosos.

En los últimos meses circularon amenazas de origen claramente somocista, en las que, parodiando una frase célebre de la guerra, se afirmaba que «en las montañas se enterrará el corazón de los alfabetizadores». Si estas amenazas no parecen demasiado realistas dada la actitud y la vigilancia del pueblo nicaragüense, nadie olvida que en Cuba hubo niños alfabetizadores asesinados por los bandidos que se habían alzado en la sierra del Escambray. Dadas esas condiciones, la Junta de Gobierno tuvo buen cuidado de exigir que todo alfabetizador menor de edad debía ser autorizado por escrito por sus padres, lo cual creó problemas en parte inesperados en la medida en que muchas familias temieron por la vida de sus hijos y les negaron la autorización. Estando yo en Managua, este problema se discutía diariamente en los periódicos; la Junta estaba dispuesta a no ejercer la menor presión, pero ocurrió que los alumnos ya autorizados se solidarizaron abiertamente con aquellos compañeros que hubieran querido acompañarlos en la campaña y no podían hacerlo.

Comisiones espontáneas de chicas y chicos iban a visitar a los padres para tratar de convencerlos de que cambiaran de actitud; entre tanto, la inmensa mayoría se entrenaba en los liceos y campos de deportes para familiarizarse lo mejor posible con lo que deberían enfrentar pocas semanas después.

Muy brevemente, los problemas mayores consisten en el aislamiento geográfico y en las diferencias étnicas del país. La región del Pacífico tiene accesos más fáciles desde los grandes centros urbanos, Managua o León por ejemplo, pero la vasta franja de la costa atlántica está separada de la opuesta por inmensas selvas vírgenes que sólo pueden ser atravesadas por escasas rutas. Para ir de Managua a Bluefields, por ejemplo, hay que trasladarse en automóvil hasta el puerto fluvial de Rama, donde barcas lentas e incómodas descienden los interminables meandros del río Escondido para llegar a destino después de muchas horas de viaje. Esta incomunicación ya tradicional acentúa las diferencias entre los pobladores de las dos costas; si el lado que da al Pacífico puede calificarse de «blancos», la costa atlántica comprende las grandes comunidades indígenas, la principal de las cuales es la de los mizquitos, poseedores de una cultura profundamente arraigada y que exigirá una alfabetización en su propia lengua, además del español. Hay asimismo núcleos considerables de población negra, que habla principalmente el inglés y que en alguna medida está más vinculada con Jamaica que con el resto de Nicaragua. Puede imaginarse lo que representó esto como tarea para las jóvenes brigadas de alfabetizadores, que debieron adaptarse progresivamente a ambientes muy disímiles y enfrentar problemas de alimentación y de salud para los cuales no se contaba con los recursos necesarios.

Tal vez, en definitiva, más que la alfabetización en sí misma, lo positivo y lo fecundo de esta vasta operación emprendida por el pueblo para el pueblo resida precisamente en la ruptura de las barreras físicas y mentales que separaban a los núcleos principales y eran un factor debilitante frente a un régimen retrógrado que nada hacía para acercarlos. Los jóvenes de Managua o de Estelí, del lado del Pacífico, convivieron con la gente del litoral atlántico y de las aldeas perdidas en la floresta casi virgen; por su parte, los habitantes de esas regiones recibieron una información que por encima o por debajo del mero aprendizaje de la lectura y la escritura, les ayudó a inscribirse más plenamente en la gran corriente histórica iniciada hace cinco décadas por la gesta de Augusto César Sandino y que culminó con el triunfo del 17 de julio de 1979.

Tanto el gobierno como los protagonistas de la campaña saben que la verdadera batalla que hay que ganar es la de la unidad profunda de un pueblo que en muchos aspectos se busca todavía confusamente y no tiene ideas precisas sobre el derrotero que deberá seguir después de la victoria. Los lápices son los fusiles de esta nueva y difícil batalla, en la que se juega la infraestructura mental y moral de ese pequeño, admirable país.

Roberto Arlt: Apuntes de relectura

Escribo lejos de toda referencia, Arlt y yo solos en un rincón perdido de la costa pacífica. De alguna manera siempre estuvimos solos uno y otro, uno con otro; en mi juventud lo leí apasionadamente pero sin interesarme por los trabajos críticos que buscaron explicarlo después de su muerte; incluso ignoro su biografía en detalle, salvo las síntesis en las solapas de los libros y en algunas páginas de Mirta Arlt y de Raúl Larra. No se busque aquí un «estudio» sino, como prefiero, el juego de vasos comunicantes entre autor y lector, un lector que también llegó a ser autor y que cuenta entre sus nostalgias la de no haber tenido la suerte de que Arlt lo leyera, incluso con el riesgo de que le repitiera su famoso y terrible «rajá, turrito, rajá».

Cualquiera sabe de esas esperanzadas exhumaciones que llegado el día practicamos con ciertos libros, ciertas películas, ciertas músicas, y de sus resultados casi siempre decepcionantes; a veces la razón está en las obras, a veces en quienes buscan repetir lo irrepetible, recobrar por un momento la juventud que mordía a ojos cerrados los frutos del tiempo. De tanto en tanto, sin embargo, salimos de un cine, de un capítulo o de un concierto con la plenitud del reencuentro sin pérdidas, de la casi indecible abolición de la edad que nos devuelve a los primeros deslumbramientos, todavía más asombrosos ahora puesto que ya no tienen por apoyo la inocencia o la ignorancia. Me ocurre eso cuando vuelvo a ver *Vampyr*, *Les enfants du paradis* o *King Kong*, cuando reescucho *Le sacre du printemps* o *Mahogany Hall Stomp*, y en estos días en que retorno a las novelas y a los cuentos de Roberto Arlt (conozco mal su teatro), casi cuarenta años después de la primera lectura, descubro con ese asombro que tanto se parece a la maravilla hasta qué punto sigo siendo el mismo lector de la primera vez.

Sí, pero para eso es necesario que Arlt sea el mismo escritor, que en sus libros no se haya operado la casi inevitable degradación o desleimiento que este siglo vertiginoso ha impuesto a tantas de sus criaturas. Ahora que salgo de su relectura como de una máquina del tiempo que me hubiera devuelto a mi Buenos Aires de los años cuarenta, me doy cuenta de cómo muchos escritores argentinos que en ese entonces me parecían a la altura de Arlt, Güiraldes, Girondo, Borges y Macedonio Fernández (después vendría Leopoldo Marechal, pero ésa es otra historia) se me habían ido esfumando en la memoria como otros tantos cigarrillos. La esporádica relectura de algunos de ellos por nostálgicas razones de distancia y tiempo me dejó vacío y triste, sin ganas de reincidir, y tal vez por eso Arlt se me fue quedando también atrás sin que yo me animara a entrarle de nuevo, acordándome de flaquezas y de incapacidades que, vistas por este Viejo Marinero «más sabio y más triste», podían ahogar definitivamente lo que tanto me había conmovido y enseñado en mi mocedad de grumete porteño.

Pero ocurre que a veces los editores son útiles, y cuando el que lanza esta reedición de Arlt me propuso un prefacio, sentí que ya no podía seguir siendo cobarde frente a un escritor tan querido, y que a riesgo de romperme los dientes que me quedan tenía que hincarlos de una vez por todas en estos ocho o nueve volúmenes polvorientos de mi biblioteca (las ediciones originales y horrendas de *Claridad*, y las subsiguientes y no menos horrendas de *Futuro*). Amigos argentinos me prestaron lo que faltaba, y me vine con todo a una playa mexicana; anteayer terminé la relectura y hoy empiezo estas páginas en caliente, un poco desolado porque Arlt se me fue de las manos con el último cuento de *El criador de gorilas* para dejarme solo frente a un bloc en blanco y un profundo mar azul que no me sirve de mucho. Como si de alguna manera le llegara su turno de leerme, de aprobar o desaprobar esto con el derecho de un amigo de cuarenta años.

Hablando de edad, pienso que Arlt me precedió en la vida por catorce años, y que yo lo he sucedido a lo largo de treinta y ocho; su brusca muerte en 1942 es como un irreparable escándalo en un país que no puede jactarse de tantos escritores como a veces pretende, y en todo caso yo me siento injustamente afortunado por haber vivido todo ese tiempo que le faltó a Arlt, sin hablar de tantas otras cosas que también le faltaron. Él lo dice en el prólogo de *Los lanzallamas*: «Para hacer estilo son necesarias comodidades, rentas, vida holgada.» Como era típico en él, éste es un error que encubre una verdad, porque si no es cierto que «hacer» un estilo exige esas cosas, su carencia sumada a la brevedad injusta de la vida vuelve harto difícil la conquista de una gran escritura. La falta del respaldo, del contagio cultural que se respira en un medio económicamente protegido (cuyos integrantes pueden ser perfectamente brutos pero cuentan con la biblioteca comprada para aparentar, los discos ídem, el teatro, los estudios para el diploma del nene o de la nena, al menos éste era el clima en que me tocó a mí criarme y conmigo a la mayoría de los futuros escritores nacidos en mi tiempo), hace del proletario un paria cultural, y explica el resentimiento que dicta esas palabras de Arlt. Lo que en Buenos Aires se dio en llamar el grupo de Florida y el de Boedo (burguesía y proletariado miniburgués respectivamente, con no pocas zonas linderas o de trashumancia) determinó niveles de cultura y de técnica literaria, ya que desde luego no podía determinar los del genio. Insisto en que eso no era obligadamente una cuestión de «rentas» y de «vida holgada», puesto que, para citar un ejemplo muy posterior que conozco bien —el mío—, lo que contaba era la atmósfera familiar que rodeaba y sigue rodeando a los adolescentes con vocación literaria o artística, atmósfera no siempre directamente relacionada con los niveles económicos. Yo me crié en un suburbio que al principio era casi el campo, y fui a una escuela de Bánfield donde todos mis condiscípulos llegaban al sexto grado diciendo *demelón*, *pantomina*, se *estrenaban* para *bosear*, les dolían las *amídolas*, o anunciaban que *ahora lo vamo a casa* o que después *vamo de mama.* Esos chicos y chicas eran con frecuencia hijos de artesanos o pequeños comerciantes que tenían todas las rentas y la vida holgada que faltaban terriblemente en mi casa, donde los prejuicios de gente burguesa venida al tacho (se me contagia la jerga) exigían una apariencia exterior impecable para disimular la lenta degradación de las deudas, las hipotecas, los usureros, y sólo buscaban empleos «de oficina» porque nadie se hubiera ensuciado las manos con un oficio o una artesanía, no faltaba más. La diferencia estaba en que mientras mis amigos no recibían el menor aliciente espiritual, yo me criaba teniendo a mi alcance los restos de una biblioteca que debió ser excelente y que lo seguía siendo para un niño, y escuchaba conversaciones de sobremesa donde la actualidad mundial, las novedades artísticas e incluso literarias, y el culto de no pocos valores espirituales e intelectuales constituían esa atmósfera que me ayudaría luego a dar mi propio salto. Si por contagio, o por ese gusto de encanallarse que tienen los niños, yo hubiera soltada un *demelón* o un *voy de Pedro*, cuatro personas por lo menos me hubieran corregido sobre el pacho (esta última expresión pasaba por aceptable, porque mi gente no era mojigata para las formas pintorescas del habla mientras no fueran groseras o gramaticalmente incorrectas). Algo muy claro y muy profundo me dice que Roberto Arlt, hijo de inmigrantes alemanes y austríacos, no tuvo esa suerte, y que cuando empezó a devorar libros y a llenar cuadernos de adolescente, múltiples formas viciadas, cursis o falsamente «cultas» del habla se habían encarnado en él y sólo lo fueron abandonando progresivamente y nunca, creo, del todo.

Lo malo es que en esto hay más que las carencias idiomáticas, hay esa incertidumbre en materia de gusto, de niveles estéticos, que es uno de los rasgos de mucha de la literatura tercermundista y que proviene de las circunstancias, de la atmósfera que rodea a un niño como los que conocí en mi propia infancia. ¿Qué escuchan en su casa, en la calle? ¿Qué códigos de sobrevivencia cotidiana los rigen? ¿Cuándo se les ofrece la ocasión de ver algo realmente hermoso y, si lo ven, quiénes están ahí para darles el leve empujón que podría descubrirles el mundo de la poesía, la música o la palabra? Nada tiene de extraño que el primer libro de Arlt, *El juguete rabioso*, se abra resentidamente con un relato de niños pobres titulado *Los ladrones*, y que a su vez el relato empiece con una frase que revela la vocación del autor y la misérrima oportunidad que se le da de satisfacerla: «Cuando tenía catorce años, me inició en los deleites y afanes de la literatura bandoleresca un viejo zapatero andaluz...» ¿Qué leíamos Jorge Luis Borges y yo a los catorce años?

La pregunta no es gratuita ni insolente, y sobre todo no pretende situar de manera paternalista esta visión de Roberto Arlt. Simplemente, cuarenta años después, digo lo que jamás dijeron y ni siquiera pensaron muchos escritores o lectores del grupo de Florida, que en su día cayeron sobre los libros de Arlt con el fácil sistema de mostrar tan sólo sus falencias y sus imposibilidades, como él mismo lo denunciara amargamente en el prólogo de *Los lanzallamas.* Y si es cierto que un escritor no es sino que se hace, sea de Boedo o de Florida, a mí me duele comprender cómo las circunstancias me facilitaron el camino en la misma época en que Arlt tenía que abrirse paso hacia sí mismo con dificultades instrumentales que otros habían superado rápidamente gracias a los colegios selectos y los respaldos familiares. Toda su obra es la prueba de esa desventaja que paradójicamente me la vuelve más grande y entrañable. Basta pasar de *El juguete rabioso* a *Los siete locos*, y sobre todo de éste a *Los lanzallamas*, para advertir la difícil evolución de la escritura arltiana, el avance estilístico que alcanza su culminación en las admirables páginas finales donde se describe el asesinato de la Bizca por Erdosain y el suicidio de este último.

Alcanzado ese límite, el lector no puede dejar de lamentar que mucho de lo anterior y lo posterior esté tan por debajo, que con todo su genio Roberto Arlt haya tenido que debatirse durante años frente a opciones folletinescas o recursos sensibleros y cursis que sólo la increíble fuerza de sus temas vuelve tolerables. Curiosamente, este tipo de desequilibrio ha sido también señalado en Edgar Allan Poe y en Fedor Dostoievski; como se ve, Arlt está en buena compañía después de todo, digámoslo para aquellos que todavía creen demasiado en eso de que el estilo es el hombre.

De ahí las contradicciones que en el fondo no lo son tanto: si después de *Los lanzallamas* el «estilo» de Arlt se depura aún más, como es fácil comprobar leyendo su tercera y última novela, *El amor brujo*, no es menos comprobable que este libro es perceptiblemente inferior a los precedentes. A la zaga de un personaje como Remo Erdosain, el de Estanislao Balder resulta ñoño, y todos los recursos arltianos para llenarlo de ansiedad existencial parecen tan artificiales como la personalidad de Irene, que da la impresión de estar formada por dos mujeres totalmente distintas según que se la busque al comienzo o al final del libro. El resto de su obra de ficción —los cuentos de *El criador de gorilas*— llega a la paradoja de una escritura prácticamente libre de defectos formales pero al servicio de mediocres cuentos exóticos, nacidos de un tardío y deslumbrado conocimiento de otras regiones del mundo, y que salvo alguno que otro pasaje carecen de esa atmósfera que es el estilo profundo de su mejor obra. Ahora que Arlt escribe «bien», poco queda de la terrible fuerza de escribir «mal»; la muerte lo esperaba demasiado pronto y, como siempre, incita a la pregunta sobre una cuarta novela posible. El éxito de las *Aguafuertes porteñas* y otros textos periodísticos más generales debieron alejarlo de esa concentración obsesiva que las salas de redacción no habían podido robarle mientras escribía la saga de Erdosain; de paradojas así está lleno el panteón literario, que lo digan Scott Fitzgerald y Malcolm Lowry entre otros.

Tal vez sea el momento de comprender mejor el deslumbramiento maravillado que me trae esta relectura a cuarenta años de la época en que, juntando con trabajo los cincuenta centavos que costaban las ediciones de *Claridad*, leí *Los siete locos* y de ahí fui pasando no sólo a los otros libros de Arlt sino a sus compañeros de edición y en gran medida de sensibilidad y temática, como Elías Castelnuovo, Alvaro Yunque y Nicolás Olivari, todo eso con un fondo de calles porteñas redescubiertas por ellos, iluminadas o entenebrecidas por los pasos de Remo Erdosain, guía mayor en esta visión abismal de un Buenos Aires que los otros escritores de ese tiempo no habían sabido darme. Me acuerdo de haber repetido itinerarios de *Los siete locos*, y admirado la minuciosa reconstrucción del viaje en tren de Retiro al Tigre que inicia *El amor brujo.* Me acuerdo de haber buscado, sin demasiadas ganas de encontrarla y de entrar, la fonda de los ladrones en la calle Sarmiento, al lado del diario *Crítica*; es así que ciertas ceremonias de la posesión y la fidelidad se repiten como prueba de que algunas novelas no son ese espejo ambulante de que hablaba Stendhal sino incitaciones y signos recortando y ahondando la realidad con una precisión estereoscópica que los ojos de todos los días no saben ver. Cada vez que algún lector me ha contado de sus itinerarios en París tras la huella de algún personaje de mis libros, me he visto de nuevo en las calles porteñas diciéndome que por ahí había pasado el Rufián Melancólico, que en esa cuadra estaba una de las roñosas pensiones donde recalaron Hipólita, la Bizca o Erdosain. Si de alguien me siento cerca en mi país es de Roberto Arlt, aunque la crítica venga a explicarme después otras cercanías desde luego atendibles puesto que no me creo un monobloc. Y esa cercanía se afirma aquí y ahora, al salir de esta relectura con el sentimiento de que nada ha cambiado en lo fundamental entre Arlt y yo, que el miedo y el recelo de tantos años no se justificaban, que Silvio Astier, Remo e Hipólita, guardan esa inmediatez y ese contacto que tanto me hicieron sufrir en su día, sufrir en esa oscura zona donde todo es ambivalente, donde el dolor y el placer, la tortura y el erotismo mezclan humana, demasiado humanamente sus raíces.

Hoy, claro, lo releo con un poco más de distanciamiento intelectual, de embriones de análisis, de territorios descuidados en la primera lectura y que ahora adquieren un relieve diferente. La obsesión científica en Arlt, por ejemplo, que entonces me había dejado indiferente. ¿Influencias familiares, primeros oficios, atavismos germánicos en una época en que la química, la balística y la farmacopea parecían tener su amenazante capital en Berlín? Se sabe que Arlt murió mientras trabajaba en su improvisado laboratorio, a punto de lograr un procedimiento que hubiera evitado un drama de la época que hoy resulta inconcebible: el corrimiento de las mallas en las medias de la mujeres. Múltiples temas y episodios de sus cuentos y novelas vuelven explicable y casi fatal esta vocación paralela de inventor; ya en su primer libro, el adolescente Silvio Astier ha fabricado una culebrina capaz de atraer a toda la policía del barrio, y da consejos a un amigo sobre la manera de hacer volar un aeroplano. El día en que explica ante oficiales del ejército sus ideas sobre un señalador automático de estrellas y una máquina capaz de imprimir lo que se le dicta oralmente, Silvio logra su primer empleo como mecánico de aviación, e irónicamente lo pierde cuando un teniente coronel lo da de baja con una explicación que sigue explicando tantas cosas: «Vea, amigo... su puesto está en una escuela industrial. Aquí no necesitamos personas inteligentes, sino brutos para el trabajo.»

Era obligado que Remo Erdosain buscara en los inventos una de las posibles salidas del laberinto donde voluntariamente se había encerrado. Siendo quien es, la maravillosa rosa de cobre que debía hacer la fortuna de los Espila y de él mismo, se deshoja entre sus manos indiferentes, de la misma manera que los planos y dibujos de la fábrica de fosgeno no son más que una manera de llenar con trabajo el horror de otra noche al borde del crimen.

Arlt era un adolescente en el período de la primera guerra mundial, y el infierno que Henri Barbusse y Remarque describirían en Europa le llegó a través de los libros y los periódicos y se reflejó intensamente en sus novelas mayores. Un cuento como *La luna roja* condensa esas obsesiones, y también las repetidas y a veces extensas citas sobre las propiedades de los gases asfixiantes y sus técnicas de aplicación; pero el punto máximo de su fascinación y su horror frente a un arma que anuncia ya las bombas atómicas que caerían apenas tres años después de su muerte, se da en ese capítulo de *Los lanzallamas* titulado *El enigmático visitante.* Ya antes su imaginación había visto lo que luego veríamos en los noticiosos sobre la explosión en Hiroshima: las víctimas tratando de escapar de la ciudad, *con los cabellos erizados verticalmente.* Vaya a saber qué posición tomarán nuestros cabellos cuando caigan las bombas de neutrones, tan entusiastamente aprobadas por los Estados Unidos, Francia y otros países democráticos.

La perceptible falta de humor en la obra de Arlt traduce un resentimiento que él no alcanzó a superar dentro de condiciones de vida y de trabajo que sólo al final cambiaron un tanto, cuando ya era tarde para abrirle una visión más comprensiva e incluso más generosa. Su tremendismo, manifiesto desde la primera página de las novelas o los cuentos, se da privado de la compensación axiológica y estética del humor; única fuerza dominante, crece sin freno para mantener la tensión dramática, y entra obligadamente en lo repetitivo después de alcanzado el límite máximo. En lo mejor, el resultado es la posesión casi diabólica del lector por los personajes; en lo menos bueno, se resbala hacia la fatiga y la impaciencia, como ocurre en *El amor brujo.*

Buena parte de los cuentos de Arlt constituyen momentos y situaciones que él habría podido incorporar a *Los siete locos* o a *Los lanzallamas*; tanto los relatos anteriores como los que siguen a la novela del doble título, comportan esquemas que se articularían sin esfuerzo en la trama mayor; así (y no es un reproche, basta pensar en

Kafka o en Mauriac), Arlt es el autor de un gran relato único que se parcela a lo largo de su búsqueda, de sus vacilaciones, de su interminable rondar al borde del abismo central en el que ha de precipitarse Remo Erdosain.

Un tema que creo poco o nada tratado, y que es a la vez interesante y patético: Arlt y la música. Como todo aquel que busca rebasar su medio social de origen (él agrega en su rechazo no solamente los otros medios sino la sociedad entera, pero guardando la nostalgia de estamentos culturales superiores), la única manera de evadirse consiste en negar el contexto contaminante y tratar de sustituirlo por otro del que sólo se tiene una noción aproximada. Como todos los argentinos de su tiempo, Arlt crece en un clima de tango, sólo que mientras otros poetas y escritores lo aceptan y elogian en la medida en que el tango no los acusa, no los incluye en sus letras conventilleras, malevas o de cursilería sensiblera, Arlt se siente obviamente aludido por cada tango, involucrado en su marginalidad fundamental. Muy pocas alusiones al tango aparecen en sus libros, y siempre con un claro trasfondo de desprecio y de rechazo («el tango carcelario»). La obligada sustitución estética es desafortunada; queriendo remontar a la «clásica», no va más allá de músicas como la *Danza del fuego* (en *El amor brujo*, por supuesto, lo que sólo en parte es una excusa) y sus equivalentes. Sin embargo se lo adivina sensible a la música, y en el relato *El traje del fantasma* dedica varias páginas a transcribir con toda clase de imágenes y climas una melodía imaginaria que el personaje improvisa en el violín. Una o dos referencias indiferentes al jazz, y eso es todo; la pintura y la música son otros tantos ingredientes de ese Buenos Aires interior que se le escapará siempre a Arlt, reducido a conocer Buenos Aires desde la calle, siempre desde fuera cuando se trata del refinamiento que empieza detrás de las puertas burguesas. El día en que sus libros y él mismo empiezan a franquearlas, ya es tarde para compensar la desventaja, y además no creo que le interesara compensarla ni que en su caso fuera una desventaja: el mundo de Erdosain no tiene lugar para colgar cuadros o escuchar sonatas.

Supongo que la crítica habrá ahondado en el «ideario» —como se decía en estos años— de Roberto Arlt, y no seré yo quien intente ver más claro en sus motivaciones y sus intenciones. De esa inextricable madeja de misantropía, megalomanía, miserabilismo, masoquismo, impulso fáustico, negatividad schopenhaueriana, salto bergsoniano a un dinamismo dionisíaco (y Nietzsche, claro), de ese infierno voluntario en permanente rebelión, empapado de nostalgia de cielos abiertos, de paraísos terrestres, de fugas a lo absoluto, de ese anarquismo en busca de praxis nihilistas o fascistas, de ese rechazo de la doble mugre proletaria y burguesa, no creo que quede nada históricamente aprovechable, salvo la denuncia de un orden social que hace igualmente posibles el horror de lo más bajo y de lo más alto, la configuración prostibularia del mundo del Astrólogo y de Erdosain y su reverso igualmente prostibulario pero en el nivel profiláctico y detergente del mundo empresarial y financiero. Esa denuncia, hecha sin rigor teórico, ese interminable balbuceo de ilota borracho mostrando infaliblemente las llagas del mundo, eso de príncipe Muishkin que tienen Arlt Erdosain o Arlt Balder, nos alcanza en zonas más hondas que las de cualquier cateo sociológico de gabinete, nos quema con el fosgeno imaginario de cada día y cada noche de Hipólita, de Silvio Astier, del miserable de *Las fieras*, del tuberculoso de *Ester primavera*, del Astrólogo castrado y visionario y embaucador, de Haffner golpeando salvajemente a las putas que lo hacen vivir. Roberto Arlt no necesitó la cultura porteña de la música, la pintura y las más altas letras para ser uno de nuestros videntes mayores. En último término su obra es apenas «intelectual»; la escritura tiene en él una función de cauterio, de ácido revelador, de linterna mágica proyectando una tras otra las placas de la ciudad maldita y sus hombres y mujeres condenados a vivirla en un permanente merodeo de perros rechazados por porteras y propietarios.

Eso es arte, como el de un Goya canyengue (Arlt me hubiera partido la cara de haber leído esto), como el de un François Villon de quilombo o un Kit Marlowe de taberna y puñalada. Mientras la crítica pone en claro el «ideario» de ese hombre con tan pocas ideas, algunos lectores volvemos a él por otras cosas, por las imágenes inapelables y delatoras que nos ponen frente a nosotros mismos como sólo el gran arte puede hacerlo.

Que sea él quien cierre estos apuntes, él que ve a su doble Erdosain en ese momento en que, «igual a las fieras enjauladas, va y viene por su cubil, frente a la indestructible reja de su incoherencia». Arlt, que hace decir a Balder, su otro doble: «Mi propósito es evidenciar de qué manera busqué el conocimiento a través de una avalancha de tinieblas y mi propia potencia en la infinita debilidad que me acompañó hora tras hora.» De esa incoherencia, de esas debilidades, nacerá siempre la interminable, indestructible fuerza de la gran literatura.

Felisberto Hernández:
Carta en mano propia

Felisberto, tú sabés (no escribiré «tú sabías»; a los dos nos gustó siempre transgredir los tiempos verbales, justa manera de poner en crisis ese otro tiempo que nos hostiga con calendarios y relojes), tú sabés que los prólogos a las ediciones de obras completas o antológicas visten casi siempre el traje negro y la corbata de las disertaciones magistrales, y eso nos gusta poquísimo a los que preferimos leer cuentos o contar historias o caminar por la ciudad entre dos tragos de vino. Descuento que esta edición de tus obras contará con los aportes críticos necesarios; por mi parte prefiero decirles a quienes entren por estas páginas lo que Antón Webern le decía a un discípulo: «Cuando tenga que dar una conferencia, no diga nada teórico sino más bien que ama la música.» Aquí para empezar no habrá ni sospecha de conferencia, pero a vos te divertirá el buen consejo de Webern por la doble razón de la palabra y la música, y sobre todo te gustará que sea un músico el que nos abra la puerta para ir a jugar un rato a nuestra manera rioplatense.

Esto de abrir la puerta no es un mero recuerdo infantil. En estos días en que andaba dándole la vuelta a la máquina de escribir como un perrito necesitado de árbol, encontré cosas tuyas y sobre vos que no conocía en los remotos tiempos en que por primera vez leí tus libros y escribí páginas que tanto te buscaban en el terreno de la admiración y del afecto. Y te imaginarás mi sorpresa (mezclada con algo que se parece al miedo y a la nostalgia frente a lo que nos separa) cuando llegué a un epistolario recogido por Norah Gilardi, en el que aparecen las cartas que le escribiste a tu amigo Lorenzo Destoc mientras hacías una gira musical por la provincia de Buenos Aires. Como si nada, sin el menor respeto hacia un amigo como yo, fechás una carta en la ciudad de Chivilcoy, el 26 de diciembre de 1939. Así, tranquilamente, como hubieras podido fecharla en cualquier otro lado, sin demostrar la menor preocupación por el hecho de que en ese año yo *vivía* en Chivilcoy, sin inquietarte por la sacudida que me darías treinta y ocho años más tarde en un departamento de la calle Saint-Honoré donde estoy escribiéndote al filo de la medianoche.

No es broma, Felisberto. Yo vivía entonces en Chivilcoy, era un joven profesor en la escuela normal, vegeté allí desde el 39 hasta el 44 y podríamos habernos encontrado y conocido. De haber estado a fines de ese diciembre no hubiera faltado al concierto del Terceto Felisberto Hernández, como no faltaba a ningún concierto en esa aplastada ciudad pampeana por la simple razón de que casi nunca había concierto, casi nunca pasaba nada, casi nunca se podía sentir que la vida era algo más que enseñar instrucción cívica a los adolescentes o escribir interminablemente en un cuarto de la Pensión Varzilio. Pero habían empezado las vacaciones de verano y yo aprovechaba para volver a Buenos Aires donde me esperaban mis amigos, los cafés del centro, amores desdichados y el último número de *Sur.* Vos tocaste con tu terceto en eso que llamás a secas «el club» y que conocí muy bien, el Club Social de Chivilcoy detrás de cuyo amable nombre se escondían las salas donde el cacique político, sus amigos, los estancieros y los nuevos ricos se trenzaban en el póker y el billar. Cuando en tu carta le decís a Destoc que la discusión para que te aceptaran y te pagaran el concierto se libró junto a una mesa de billar, no me enseñás nada nuevo porque en ese club todas las cosas se libraban así. Muy de cuando en cuando, a regañadientes pero obligados a cuidar la fachada de las «actividades culturales», los dirigentes accedían a un concierto o a una velada presuntamente artística, que pagaban mal y sin ganas y que escuchaban apoyándose entredormidos en el hombro de sus nobles esposas.

Si te hablara de algunas cosas que vi y escuché en esos tiempos no te sorprenderían demasiado y en todo caso te divertirían, vos que les contabas tantos cuentos a tus amigos como un preludio para aflojar los dedos antes de refugiarte en tu cuarto de hotel y escribir *tus* cuentos, justamente ésos que hubiera sido imposible contar sin destruir su razón más profunda. En esos mismos salones donde tocaste con tu terceto yo escuché, entre otras abominaciones, a un señor que primero contempló al público con aire cadavérico (probablemente tenía hambre) y luego exigió silencio absoluto y concentración estética pues se disponía a interpretar la... sinfonía inconclusa de Schubert. Yo me estaba frotando todavía los oídos cuando arrancó con un vulgar *pot-pourri* en el que se mezclaban el *Ave María*, la *Serenata*, y creo que un tema de *Rosamunda*; entonces me acordé de que en los cines andaban pasando una película sobre la vida del pobre Franz que se llamaba precisamente *La sinfonía inconclusa*, y que este desgraciado no hacía más que reproducir la música que había escuchado en ella. Inútil decirte que en el selecto público no hubo nadie a quien se le ocurriera pensar que una sinfonía no ha sido escrita para el piano.

En fin, Felisberto, ¿vos te das cuenta, te das realmente cuenta de que estuvimos tan cerca, que a tan pocos días de diferencia yo hubiera estado ahí y te hubiera escuchado? Por lo menos escuchado, a vos y al «mandolión» y al tercer músico, aunque no supiera nada de vos como escritor porque eso habría de suceder mucho después, en el cuarenta y siete, cuando *Nadie encendía las lámparas.* Y sin embargo creo que nos hubiéramos *reconocido* en ese club donde todo nos habría proyectado el uno hacia el otro, yo te habría invitado a mi piecita para darte caña y mostrarte libros y quizá, vaya a saber, alguno de esos cuentos que escribía por entonces y que nunca publiqué. En todo caso hubiéramos hablado de música y escuchado los discos que yo pasaba en una victrola más que rasposa pero de donde salían, cosa inaudita en Chivilcoy, cuartetos de Mozart, partitas de Bach y también, claro, Gardel y Jelly Roll Morton y Bing Crosby. Sé que nos hubiéramos hecho amigos, y andá a imaginar lo que habría salido de ese encuentro, cómo habría incidido en nuestro futuro después de conocernos en Chivilcoy; pero claro, justamente entonces yo tenía que irme a Buenos Aires y a vos se te ocurría elegir ese hueco para dar tu concierto.

Fijate que las órbitas no solamente se rozaron ahí sino que siguieron muy cerca durante una punta de meses. Por tus cartas sé ahora que en junio del 40 estabas en Pehuajó, en julio llegaste a Bolívar, de donde yo había emigrado el año anterior después de enseñar geografía en el colegio nacional, *horresco referens.* Andabas dando tumbos musicales por mi zona, Bragado, General Villegas, Las Flores, Tres Arroyos, pero no volviste a Chivilcoy, la batalla junto a la mesa de billar había sido demasiado para vos. Todo eso asoma ahora en tus cartas como de un extraño portulano perdido, y también que en Bolívar paraste en el hotel *La Vizcaína*, donde yo había vivido dos años antes de mi pase a Chivilcoy, y no puedo dejar de pensar que a lo mejor te dieron la misma pieza flaca y fría en el piso alto, allí donde yo había leído a Rimbaud y a Keats para no morirme demasiado de tristeza provinciana. Y el nuevo propietario, que se llamaba Musella, te acompañó sin duda hasta tu pieza, frotándose las manos con un gesto entre monacal y servil que bien le conocí, y en el comedor te atendió el mozo Cesteros, un gallego maravilloso siempre dispuesto a escuchar los pedidos más complicados y traer después cualquier cosa con una naturalidad desarmante. Ah, Felisberto, qué cerca anduvimos en esos años, qué poco faltó para que un zaguán de hotel, una esquina con palomas o un billar de club social nos vieran darnos la mano y emprender esa primera conversación de la que hubiera salido, te imaginás, una amistad para la vida.

Porque fijate en esto que mucha gente no comprende o no quiere comprender ahora que se habla tanto de la escritura como única fuente válida de la crítica literaria y de la literatura misma. Es cierto que a mí no me hizo falta encontrarte en Chivilcoy para que años más tarde me deslumbraras en Buenos Aires con *El acomodador* y *Menos Julia* y tantos otros cuentos; es cierto que si hubieras sido un millonario guatemalteco o un coronel birmano tus relatos me hubieran parecido igualmente admirables. Pero me pregunto si muchos de los que en aquel entonces (y en éste, todavía) te ignoraron o te perdonaron la vida, no eran gentes incapaces de comprender por qué escribías lo que escribías y sobre todo por qué lo escribías así, con el sordo y persistente pedal de la primera persona, de la rememoración obstinada de tantas lúgubres andanzas por pueblos y caminos, de tantos hoteles fríos y descascarados, de salas con públicos ausentes, de billares y clubs sociales y deudas permanentes. Ya sé que para admirarte basta leer tus textos, pero si además se los ha vivido paralelamente, si además se ha conocido la vida de provincia, la miseria del fin de mes, el olor de las pensiones, el nivel de los diálogos, la tristeza de las vueltas a la plaza al atardecer, entonces se te conoce y se te admira de otra manera, se te vive y convive y de golpe es tan natural que hayas estado en mi hotel, que el gallego Cesteros te haya traído las papas fritas, que los socios del club te hayan discutido unas pocas monedas entre dos golpes de billar. Ya casi no me asombra lo que tanto me asombró al leer tus cartas de ese tiempo, ya me parece elemental que anduviéramos tan cerca. No solamente en ese momento y esos lugares; cerca por dentro y por paralelismos de vida, de los cuales el momentáneo acercamiento físico no fue más que una sigilosa avanzada, una manera de que a tantos años de una mesa de billar, a tantos años de tu muerte, yo recibiera fuera del tiempo el signo final de la hermandad en esta helada medianoche de París.

Porque además también viviste aquí, en el barrio latino, y como a mí te maravilló el metro y que las parejas jóvenes se besaran en la calle y que el pan fuera tan rico. Tus cartas me devuelven a mis primeros años de París, tan poco tiempo después que vos; también yo escribí cartas afligidas por la falta de dinero, también yo esperé la llegada de esos cajoncitos en los que la familia nos mandaba yerba y café y latas de carne y de leche condensada, también yo despaché mis cartas por barco porque el correo aéreo costaba demasiado. Otra vez las órbitas tangenciales, el roce sigiloso sin que nos diéramos cuenta; pero qué querés, a mí me tocaría encontrarte en tus libros y a vos no encontrarme en nada; en este territorio en que habitamos eso no tuvo ni tiene importancia, como no la tiene el que ahora yo no lleve esta carta al correo. De cosas así vos sabías mucho, bien que lo mostrás en *Las manos equivocadas* y en tantos otros momentos de tus relatos que al fin y al cabo son cartas a un pasado o a un futuro en los que poco a poco van apareciendo los destinatarios que tanto te faltaron en la vida.

Y hablando de faltas, si por un lado me duele que no nos hayamos conocido, más me duele que no encontraras nunca a Macedonio y a José Lezama Lima, porque los dos hubieran respondido a ese signo paralelo que nos une por encima de cualquier cosa, Macedonio capaz de aprehender tu búsqueda de un yo que nunca aceptaste asimilar a tu pensamiento o a tu cuerpo, que buscaste desesperadamente y que el *Diario de un sinvergüenza* acorrala y hostiga, y Lezama Lima entrando en la materia de la realidad con esas jabalinas de poesía que descosifican las cosas para hacerlas acceder a un terreno donde lo mental y lo sensual cesan de ser siniestros mediadores. Siempre sentí y siempre dije que en Lezama y en vos (y por qué no en Macedonio, y qué hermoso saberlos a todos latinoamericanos) estaban los eleatas de nuestro tiempo, los presocráticos que nada aceptan de las categorías lógicas porque la realidad no tiene nada de lógica, Felisberto, nadie lo supo mejor que vos a la hora de *Menos Irene* y de *La casa inundada.*

Bueno, se me acaba el papel y ya sabemos que el franqueo es caro, por lo menos el que paga el lector con su atención. Acaso hubiera sido preferible callar cosas que siempre supiste mejor que los demás, pero confesá que la historia de la sinfonía inconclusa te hizo reír, y que seguro te gustó saber que habíamos estado tan cerca allá en las pampas criollas. Esta carta te la debía aunque no sea ni de lejos las que te escriben otros más capaces. A mí me pasó lo que vos mismo dijiste tan bien: «Yo he deseado no mover más los recuerdos y he preferido que ellos durmieran, pero ellos han soñado.» Ahora llega el otro sueño, el de las dos de la mañana. Déjame que me despida con palabras que no son mías pero que me hubiera gustado tanto escribirte. Te las escribió Paulina también de madrugada, como un resumen de lo que había encontrado en vos: *Las más sutiles relaciones de las cosas, la danza sin ojos de los más antiguos elementos; el fuego y el humo inaprehensible; la alta cúpula de la nube y el mensaje del azar en una simple hierba; todo lo maravilloso y oscuro del mundo estaba en ti.*

Te querrá siempre

JULIO CORTÁZAR

Recordación de don Ezequiel

Allá en el Buenos Aires de los años cuarenta, los jóvenes de mi generación y de mis gustos descubrieron pronto a Ezequiel Martínez Estrada. La *Radiografía de la pampa*, seguida por *La cabeza de Goliat*, nos trajeron una visión de la Argentina que era sobre todo una visión argentina, capaz de prescindir en gran parte de las influencias filosóficas europeas que en esos años se hacían sentir de una manera casi siempre excesiva, se tratara de Ortega, de Keyserling, de Bergson o de Spengler.

A los ensayos siguió nuestro descubrimiento de Martínez Estrada como narrador: *La inundación* nos impresionó, como ya nos había impresionado su obra poética (la *Humoresca quiroguiana*, por ejemplo). Y aunque en esos años vivíamos bajo el hechizo más lírico de un Ricardo Molinari e incluso de un Francisco Luis Bernárdez, la obra de don Ezequiel nos colmaba en un plano muy especial, el de ese rigor exploratorio con que el poeta y el filósofo andaban de la mano como alguna vez los presocráticos, y a la vez el de una argentinidad que en muchos casos seguía faltando entre nosotros, sacudidos como estábamos por los grandes ciclones franceses, ingleses y alemanes que llenaban las librerías en traducciones casi siempre horrendas.

Precisamente una librería y una traducción me pusieron por primera vez en contacto con don Ezequiel. Mi amigo Jorge D'Urbano, entonces gerente de la librería Viau, nos reunió en un café venciendo mi casi patológica resistencia a conocer escritores. Martínez Estrada acababa de leer mi traducción de *Nacimiento de la Odisea*, de Jean Giono, y quería decirme personalmente que le había gustado. Cuando se me pasó la primera emoción pude darme mejor cuenta de la cálida humanidad que subyacía en la tremenda inteligencia y la vastísima cultura de ese hombre que se molestaba en felicitar expresamente a un joven traductor desconocido.

Desde ese día decidí seguir los cursos y las conferencias que don Ezequiel pronunciaba con frecuencia en esa época, y fue así como entré a fondo en el mundo de Balzac, analizado por él a lo largo de brillantes charlas que me revelaron muchos aspectos de ese universo literario que mis rápidas lecturas habían pasado por alto. Al término de ellas era frecuente que nos encontráramos en un café junto con otros oyentes y amigos, y allí él solía prolongar su curso en un plano de improvisación intuitiva en el que el mundo balzaciano se volvía texto y pretexto para múltiples escapatorias imaginativas. Junto con algún curso de Borges sobre literatura inglesa, esas conferencias y esas charlas abrieron para mí y para muchos otros una dimensión especulativa poco frecuente entonces en nuestro medio.

En las raras ocasiones en que lo encontré solo o en casa de algún amigo, el tema de la traducción llenó lo mejor de nuestro diálogo, porque a Martínez Estrada lo fascinaban los problemas de ese extraño oficio fronterizo lleno al mismo tiempo de ambigüedades y de rigor. Yo aprovechaba para consultarlo sobre dificultades momentáneas (en esos años estaba traduciendo a Gide, Chesterton, Walter de la Mare y Daniel Defoe, entre otros), y él no solamente se complacía en darme las mejores soluciones sino que cada una era un punto de partida para esos admirables buceos y sondeos que llenan lo mejor de sus obras y que en la conversación nacían sin esfuerzo, uno tras otro.

Creo que mi último recuerdo de don Ezequiel (con quien me desencontré en Cuba muchos años después, lo mismo que en mis viajes a la Argentina) transcurre en una quinta donde cuatro o cinco amigos pasábamos un domingo de descanso. Hubo una larga caminata por el campo, y en un momento dado vimos en el aire una de esas extrañas y bellísimas formas danzantes compuestas por millones de insectos diminutos, cínifes o algo así, que giran en un torbellino alucinante sin salirse de los límites fijados por algún misterioso código. En este caso la figura era un doble cono o embudo que apenas se desplazaba en el espacio mientras su interior vibraba en miriadas de puntos negros girando enloquecidos.

Martínez Estrada nos explicó entonces el misterio, que para él no era tal aunque como siempre la explicación no hiciera más que crear otros misterios aún más insondables. Su teoría, en grandes líneas, era que el espacio no es continuo como pensamos sino que está lleno de agujeros, y que los seres vivientes nacen y se desarrollan hasta el límite dentro del agujero que les corresponde, más allá del cual no pueden pasar. Los cínifes estaban ocupando un agujero en forma de doble cono, que no podían rebasar de ninguna manera; el agujero se desplazaba muy lentamente en el aire, y era inútil tratar de ahuyentar a los cínifes, pues la extraña forma volvería a constituirse en su agujero y la danza continuaría como antes.

Todo esto don Ezequiel nos lo explicaba con una sonrisa de infinita malicia, la misma sonrisa con que tantas veces había iluminado un momento paradójico de una conferencia extremadamente seria. Imposible evocarlo hoy sin que su sentido del humor vuelva a la memoria como uno de sus rasgos más definidos. El destino de la Argentina y de los hombres en general angustió casi siempre a Ezequiel Martínez Estrada, y lo llevó en sus últimos años a crisis de las que salía con esfuerzo. Pero esa angustia que era la lógica resultante de su lucidez y de su responsabilidad, se vio siempre acompañada de algo que bien merece llamarse bonhomía, una calidez de proximidad en todos los planos, un contacto por el lado de la luz y de la risa. Su inteligencia y su sensibilidad formaron siempre ese doble cono donde millones de cínifes ideas y de cínifes sensaciones danzaban el torbellino de una de las vidas más plenas que me haya sido dado conocer.

Sobre puentes y caminos

Hay aquí algunas aportaciones fragmentarias sobre la cuestión de los contactos y los vasos comunicantes en el mundo de la literatura, referidas en este caso a las relaciones entre América Latina y Europa.

La literatura, como las otras expresiones de la cultura, es un hecho social que empieza por ir a la zaga de las corrientes del poder, Aristóteles detrás de Alejandro. El conquistador introduce una cultura, casi siempre sin proponérselo (con la misma inconsciencia introduce también vicios y enfermedades) y una vez asentada la conquista se asiste al contragolpe de la cultura del conquistado: véase el arte de Gandhara o las iglesias barrocas en América Latina. En una primera etapa la espada abre el camino al alfabeto; en el siglo XIX, a partir de nuestros movimientos de independencia, la espada será sustituida por la libra esterlina, el franco o el dólar, aunque la prelación siga siendo la misma, la cultura como perrito faldero del poder (ahora) económico. Pero ese perrito es a su vez más fuerte que los perritos locales, y en un primer tiempo impone su territorio, sus hábitos y sus modas.

Eliminado el conquistador, llega a América Latina una nueva forma de conquista no armada pero igualmente fuerte: la inmigración europea con su potente carga lingüística y cultural. Los países del Cono Sur la recibirían en mayor grado y diversidad que otras zonas del continente, pero sus consecuencias culturales no tardarán en abarcarlo por entero. A su vez, si la presencia asiática puede dejarse de lado, salvo en la gastronomía, la inmigración forzada de pueblos del África negra descargará un tremendo golpe de tambor que habrá de oírse de punta a punta en nuestras tierras; carentes de cultura literaria, los africanos aportarán la del ritmo y el color, que a su manera encontrarán luego su camino en las estructuras literarias latinoamericanas (y viceversa, como bien lo sabrán Nicolás Guillén, Chico Buarque y Vinicius de Moraes). Antes y después de su independencia política, los países latinoamericanos se ven sometidos sin apelación a la culturización del extranjero.

Si reducimos ahora este vasto espectro a lo que toca solamente a la literatura, y lo concentramos en las relaciones entre Europa y América Latina, es fácilmente perceptible que la balanza cultural altera dramáticamente la inclinación de sus platillos a partir de la mitad de nuestro siglo; el ciclo de sometimiento, absorción y asimilación llega a un término más allá del cual empieza un ciclo diferente signado por la descolonización cultural que, en muchos casos, se adelanta a la político-económica: el perrito de la cultura va por una vez a la vanguardia, y las literaturas nacionales latinoamericanas irrumpen en escena con una capacidad de autarquía que hubiera parecido impensable muy poco antes y que desde ahora será irreversible.

A la cabeza o a la zaga, esta irrupción responde a una nueva pulsión de poder, solamente que ahora ese poder nace de una dinámica centrífuga en vez de centrípeta. Pizarro viene del exterior y aplasta a Atahualpa; César Vallejo viene del interior y aplasta cualquier poesía peruana basada en moldes exteriores. Cito nombres allí donde en realidad hay que citar pueblos; la pulsión de poder se origina ahora en una casi siempre sangrienta, casi siempre reprimida pero siempre renaciente y en último término invencible búsqueda de libertad y de identidad (cf. Cuba y Nicaragua). La literatura latinoamericana actual digna de ese nombre es centrífuga en su impulso creador; por eso aquellos que escriben mirando y buscando por fuera de nuestras realidades nacionales y continentales condenan automáticamente su obra al amable nivel de las artes decorativas. Alguna vez pudo existir una explicable confusión entre las avasalladoras influencias europeas y las confluencias con nuestras raigambres (el caso de Rubén Darío, por ejemplo); nada excusa hoy esa confusión, porque el puente de la literatura se tiende de otra manera entre las influencias foráneas que toda cultura busca y connaturaliza, y las confluencias irresistiblemente presentes y preciosas de nuestro *hic et nunc* que es la razón de ser de toda obra literaria latinoamericana digna de recuerdo.

No hace falta erudición crítica o estadística para verificar esta autoinclinación de la balanza cultural, esta opción por lo seminalmente propio. Basta recordar una librería o una biblioteca privada de los años treinta y compararla con sus homólogas actuales. Pienso en mi propia biblioteca de muchacho (cuyo esquema cultural respondía pasablemente al de toda la clase media de mi generación): predominio incontestable de obras europeas, no solamente por razones obvias de mayoría cualitativa y cuantitativa frente a nuestra producción, sino por *preferencia*, una preferencia basada en la educación escolar y universitaria, en la oferta editorial y librera (casi siempre bajo forma de traducciones), en un snobismo que prefería lo importado a lo autóctono, desde los cigarrillos hasta los poetas. Así, mi biblioteca contenía obras francesas, españolas, anglosajonas, alemanas, italianas y rusas en una proporción que sospecho de 40 a 1 con respecto a los autores latinoamericanos. (Durante la segunda guerra mundial la corriente europea disminuyó un tanto por razones evidentes pero fue automáticamente reemplazada por la literatura norteamericana de moda; lo importado siguió siendo lo prioritario.)

Como corroboración bastaría consultar los catálogos y la publicidad de los editores, no ya los de la España peninsular sino los que habían emigrado a Buenos Aires o a México luego del triunfo del franquismo pero que durante largos años se obstinaron, con castellano o catalán paternalismo, en perpetuar criterios tradicionales y defender lo castizo frente a lo que se escribía y se hablaba delante de sus narices. En la medida en que la producción literaria española se había visto dislocada por una diáspora implacable, la escasez de sólidas columnas vernáculas puso a los editores españoles emigrados en la disyuntiva de aceptar de lleno a los escritores latinoamericanos hasta entonces desfavorecidos en materia de publicaciones, o aumentar todavía más el número de ediciones de autores extranjeros traducidos al castellano, cosa esta última que hicieron sin vacilar. (Simple anécdota que hoy asume un valor casi siniestro: el primer gobierno de Juan Perón exigió a los editores argentinos (casi siempre hispano-argentinos) un mínimo de un *diez por ciento* de autores nacionales en sus publicaciones anuales, porcentaje que ahora haría sonreír a cualquiera pero que en el año 1947 provocó histeria y pataletas entre los editores de Buenos Aires.)

Por su parte, la publicidad no hacía sino subrayar esta derogación de la literatura latinoamericana; bastaría exhumar los anuncios de los principales editores entre 1947 y 1955 para ver que las «novedades extranjeras» eran presentadas a todo trapo para más abajo, módicamente, anunciar alguna que otra «novedad nacional»; así vi yo presentar en Buenos Aires algunos de los libros de autores como Leopoldo Marechal, Juan Carlos Onetti o Felisberto Hernández. Piénsese ahora en una librería o una biblioteca de nuestros días; si la suma de autores extranjeros sigue siendo lógicamente mayor dentro de la producción corriente, la proporción de literatura vernácula ha aumentado prodigiosamente. ¿Vaivenes de la moda literaria? Hoy podemos estar seguros de que no. El perrito cultural sigue como siempre el camino que le marcan las grandes pulsiones históricas: en América Latina su avance corresponde a ese despertar caótico y confuso de algo que el Che Guevara resumió en una simple frase: «Esta humanidad ha dicho basta y ha echado a andar.» Desde los años cincuenta las etapas de esa marcha, con sus triunfos y sus fracasos, se han visto parafraseadas y en algunos casos profetizadas por una literatura al fin en terreno propio, concentrada en sí misma como provocación y búsqueda y encuentro. (No otra explicación tiene el llamado *boom*, mal que les pese a algunos editores mitómanos y sobre todo a aquellos críticos y escritores que buscan compensar la mediocridad con el resentimiento.)

Esta manera de ir entrando en nuestra casa propia (lo que significa en primer lugar tener que construirla y amueblarla, cosa que dista de estar hecha a pesar de tantos optimistas para quienes un centenar de buenos libros se ha vuelto prueba irrefutable de un genio latinoamericano infalible e incontenible) no debe llevar a pensar que los escritores y los lectores de nuestras tierras se están distanciando deliberadamente de la literatura europea. Mala cosa es la jactancia cuando su resultado es cruzarse de brazos y estimar que los franceses o los españoles ya no tienen gran cosa que hacer frente a nuestras proezas literarias (frases así se oyen en muchos cafés y editoriales). Como buen aficionado al boxeo, sé de sobra lo que acarrea el hecho de bajar la guardia fuera de tiempo; en América Latina nos amenaza hoy la insularidad asumida como mérito, sobre todo cuando una parte de la crítica europea, fascinada por el «milagro latinoamericano», insiste tontamente en afirmar deslumbramientos que muchas veces son el mero resultado del trasvasamiento cultural, la magia en tecnicolor de nuevos paisajes mentales que consuelan de nostalgias y carencias pero que están lejos de mostrar la realidad profunda de nuestras novelas, nuestros cuentos y nuestros poemas, con su bueno y con su malo. El resultado es que muchos optimistas miden el valor de nuestras letras por su eco en el extranjero, en vez de aplicarles el único cartabón auténtico, la prueba de fuego que es medirlas desde nosotros mismos y no desde el número de traducciones, premios o tirajes. Los otros, los mejores lectores, escritores y críticos latinoamericanos saben bien que toda jactancia se paga cara en el ring de las letras, y que distanciarnos de Europa no significa prescindir de su savia siempre vital y estimulante sino incorporarla sin servilismo ni servidumbre, sin recaer en esa triste serie de sub-Kafkas, sub-Eliots, sub-Faulkners y sub-Sarrautes que hace unos lustros nos llenaron la cara de bostezos.

Hay un distanciamiento, pero en el sentido positivo de alejarse para ver mejor, con la independencia y la lucidez que da el no estar incluido en los primeros planos de lo que se mira. La literatura europea nos llega hoy sin ese nimbo que antaño la sacralizaba ya antes de cortar las páginas de un Mauriac o una Virginia Woolf; nos hemos descolonizado de ese pre-juicio que incluso iba más allá de los escritores para abarcar a los editores, demiurgos infalibles llamados Mercure de France o Faber and Faber. En el fondo el distanciamiento vale por fin como una auténtica toma de contacto sin fabulaciones previas; creo que hoy leemos mucho mejor que antaño a los escritores europeos, y que sus experiencias, su escritura y sus mensajes entran en una dialéctica fecunda y necesaria con nuestros propios combates creativos. Por nuestra parte —y seré muy breve en este punto— pienso que también estamos siendo mejor leídos por los europeos, pero la opinión corriente sobre nuestra influencia en su literatura me parece más un deseo que una realidad; no basta un *boom*, no bastan tan pocas décadas para incidir decisivamente en estructuras que para bien y para mal se cierran sobre sí mismas a la vez que coquetean con los recién llegados, vengan de Europa oriental, del Japón, de Estados Unidos, de Australia o de América Latina. Los europeos dialogan ya con nosotros en el plano literario, pero de alguna manera lo hacen todavía acariciándonos la cabeza como cuando se le habla a un niño. Frente a eso lo único que nos cabe es seguir creciendo, sin negarnos al diálogo, preguntando y respondiendo cada vez mejor, cada vez más cara a cara. Por precoz que sea, el niño tiene todavía mucho que aprender del viejo. Salir del tercer mundo no es fácil, máxime cuando hay tantos interesados en que no salgamos. Solo en su isla, Robinson no es nada hasta que llega Viernes y le devuelve una razón de vida. Ocurre que nosotros somos el joven Viernes frente al viejo Robinson; y Viernes tiene mucho que aprender de él a la vez que lo alivia en otro plano de su lenta, melancólica entropía.

Reencuentros con Samuel Pickwick

Un humorista cuyo nombre se me olvida por razones que acaso Freud conoce, dijo que un prólogo es algo que se escribe después, se pone antes, y no se lee ni antes ni después.

A riesgo de correr tan amarga suerte, me abandono al placer de una presentación que sé esencialmente inútil frente a una de esas obras que vuelven el mundo más soportable y divertido, cualidades cada día más necesarias pero que una parte capital de la literatura contemporánea deja de lado por razones no menos capitales.

Si el humor es esa ilógica y admirable capacidad humana de hacer frente a la sombra con la luz —no para negarla, sino para asumirla y a la vez mostrarle que no nos dejaremos envolver por ella—, *Los papeles póstumos del Club Pickwick* valen como uno de esos raros reductos donde el humor se concentra hasta lograr una máxima tensión y una jubilosa eficacia. Traducido a todas las lenguas imaginables, forma parte de esa literatura que no se menciona casi nunca en las discusiones trascendentales pero que ocupa un lugar inamovible en la biblioteca del recuerdo, en ese sedimento de la infancia y la adolescencia que los críticos suelen dejar de lado para ocuparse de influencias y corrientes más grávidas; como los personales de Lewis Carroll y de Mark Twain, las imágenes y las aventuras de Samuel Pickwick y sus amigos son el trasfondo inicial de muchas vocaciones literarias, valen como intercesores entre la áspera vida que espera en el umbral de la adolescencia y la certeza interior de que el reino de lo imaginario no se detiene ahí y puede seguir llenando de gracia y de ternura nuestro paso por las cosas y los años.

Por todo eso quisiera mostrar a una generación más joven que la mía por qué y cómo siento a *Pickwick* tan cerca de mí; lo más probable es que mi especial relación con su mundo se haya dado o se dará en casi todos sus lectores, y por eso no vacilo en entrar en lo autobiográfico allí donde resulta imposible hablar de una obra literaria sin esa temprana participación personal que domina en la infancia y en la primera juventud, cuando leer es vivir los sueños ajenos con la misma fuerza y la misma fascinación de los sueños propios. No escribo esto como crítico sino como un fiel, enamorado participante del mundo pickwickiano, como alguien que a lo largo de su vida ha tornado y retornado a esas páginas que tienen la misma magia de tantas ciudades o paisajes a los que se regresa por nostalgia, por un irresistible llamado a volver a ver, a volver a ser eso que se fue en otro tiempo y otra edad.

Quienes me conocen no se extrañarán de que el azar haya tenido alguna intervención en lo que estoy escribiendo. Hace unos meses entré en esa recurrente nostalgia de *Pickwick* que me asalta cada tantos años, pero no tenía tiempo para leerlo con calma y dejé irse los días sin decidirme a empezar algo que sería interrumpido a cada momento. Justamente entonces vi en una librería una nueva edición anotada que no conocía, y comprendí que el signo estaba dado y que la hora había sonado. Lo que sonó además fue el teléfono casi al día siguiente, con una invitación de los amigos del Círculo de Lectores para que les prologara esta nueva edición española. Como tantas veces en mi vida, la casualidad se volvió causalidad y aquí está el efecto. Mi relectura de *Pickwick* (y van...) se hizo dentro de condiciones privilegiadas, pues además de seguir el texto en una edición que tiene el encanto adicional de explicaciones y aclaraciones a veces necesarias y siempre divertidas, lo leí con una participación más profunda que nunca, ahora que debía precederlo con estas páginas en su versión española. ¿Y la próxima vez? Ojalá el tiempo me alcance todavía, ojalá una vez más pueda yo entrar con los alegres caballeros pickwickianos en cualquiera de las posadas donde esperan la risa, el ron y las chisporroteantes chimeneas, donde todo puede suceder y todo va a volverse cuento, sueño y bien ganado fin de capítulo.

Apenas abrí el libro, fue el vertiginoso salto atrás de siempre, mi regreso a la primera lectura de *Pickwick* en español en una época que ya no alcanzo a situar. Pienso que debía tener once o doce años cuando me cayó en las manos la edición de Sáenz de Jubera, que desgraciadamente se quedó en alguna biblioteca de Bánfield o de Buenos Aires, ya para siempre fuera de mi alcance. En esa colección de gran formato y textos a doble columna, con horrendas tapas ilustradas a todo color, figuraba la mayoría de los autores que devoré en esos años y cuyos méritos variaban vertiginosamente aunque mi hambre de lectura no estableciera mayores diferencias entre Víctor Hugo y Eugenio Sue, o entre Walter Scott y Xavier de Montepin. Si aún tuviera a mano ese *Pickwick* podría dar detalles sobre la traducción, que supongo tan desenvuelta e inescrupulosa como muchas otras en la misma serie. Si por ejemplo Dostoievski producía la penetrante impresión de haber pasado del ruso al francés y de ahí a Sáenz de Jubera, con las consecuencias imaginables, la novela de Dickens había sufrido por su parte interesantes transformaciones, empezando por la supresión del primer capítulo, que el traductor debió estimar poco divertido, y siguiendo por el título, que se metamorfoseó en *Aventuras de Pickwick.* (En esa época vi cosas todavía peores, por ejemplo una traducción de Mark Twain que se llamaba jacarandosamente *Las aventuras de Masín Sawyer.* Si traducir es en cierto sentido recrear, aquello era una recreación en el sentido más jocoso de la palabra.)

¿Pero qué importaba? Doce años por un lado, y por el otro el genio de un escritor capaz de atravesar todas las barreras idiomáticas: el encuentro fue tan fulminante como maravilloso, y el mundo cotidiano de mi familia y mis amigos entró de inmediato en una penumbra sin el menor interés a tiempo que Samuel Pickwick y Sam Weller, Jingle y Winkle, Snodgrass y Tupman, Arabella Allen y Bob Sawyer irrumpían en mi presente con una alegría y un deslumbramiento que más de medio siglo de vida no ha podido empañar. Miro distraídamente tres líneas arriba y releo mi enumeración de varios personajes masculinos y de una sola mujer; enumeración reveladora porque así me llegaron a los doce años, cuando entre la nutrida cohorte de los pickwickianos y sus amigos, la imagen apenas esbozada de Arabella Allen me enamoró profundamente y asumió una importancia que, como acabo de verificarlo en estos días, no merece en absoluto. Interesante, desde luego, como verificación de las diferentes lecturas de un texto, de los muchos lectores que se suceden en un mismo lector. ¿Cómo vería yo a Lady Rowena si volviera a recorrer las páginas de *Ivanhoe*, a Cosette si me animara a meterle ojo a *Los Miserables*?

Cuando fui capaz de leer en inglés, busqué *Pickwick* inmediatamente después de los cuentos de Edgar Allan Poe. Sentía como una deuda moral, una necesidad de conocer cara a cara lo que sólo se me había dado desde un espejo no siempre bien azogado. Comprendí entonces los problemas prácticamente insolubles que planteaba la traducción de un lenguaje como el de los Weller padre e hijo, y de los espasmódicos discursos de Alfred Jingle, entre millares de otras dificultades. Pero a la vez me di cuenta de que la enorme y constante ebullición vital que emana de los personajes dickensianos era capaz de saltar cualquier barrera idiomática y llegar al lector con un fuerza apenas disminuida. Confieso que me cuesta hablar de literatura con amigos que no leen el inglés, porque me abruma lo que han perdido en ese ámbito de las letras; por suerte *Pickwick* es una de las excepciones más consoladoras, así como en el otro extremo *Alice in Wonderland* sigue desafiando con su suave insolencia a los traductores más avezados.

Casi da miedo pensar que *Pickwick* pudo ser un fracaso, pues las condiciones en que fue imaginado y escrito distaban de ser favorables. El autor, que sólo tenía veinticuatro años y muy poca experiencia literaria, aceptó el peligroso desafío de iniciar un libro de aventuras cómicas para el que un célebre ilustrador de la época había preparado ya una serie de grabados en los que aparecían personajes que Dickens debería hacer vivir en la palabra; por si fuera poco, era preciso entregar una cuota fija de capítulos para su publicación en forma de fascículos como se estilaba en la época.

Contra estas circunstancias que eran otros tantos chalecos de fuerza, *Pickwick* nació como si Dickens hubiera tenido todo el tiempo y la veteranía necesarios para hacer lo que le daba la gana, y la irresistible fuerza de su invención y su humor dominó el terreno desde el principio; a las pocas páginas el autor era el único dueño de la situación, y la alegría de su libertad se tradujo en un torrente de personajes entregados a las aventuras más extravagantes. Si algo fascina al lector desde el comienzo es que también él se ve convertido de inmediato en un miembro del Club Pickwick, y su lectura es una constante y agitada participación visual y auditiva en los acontecimientos. Contrariamente a la mediatización tan frecuente en las novelas del siglo diecinueve, en las que cuidadosos preámbulos y minuciosas descripciones parecen decirnos: «No olvide que yo soy el autor y usted el lector», *Pickwick* nos lanza casi de inmediato a las calles de Londres y sin explicaciones paternalistas nos invita a subir al mismo coche en el que está trepando Samuel Pickwick para regocijarnos de entrada con el diálogo entre el pasajero y el cochero a propósito del caballo. Este ritmo sólo se romperá de cuando en cuando por la intercalación de relatos independientes, casi siempre dramáticos o trágicos, pero precisamente por eso la reanudación de las aventuras pickwickianas se vuelve aún más dinámica; Dickens fue siempre un maestro en el arte de ritmar sus novelas como un músico gradúa y alterna los ritmos de una sonata para exaltarnos por contraposición.

Sin duda esta rápida entrada en materia, esta invitación tácita a mirar lo que pasa en el escenario como si estuviéramos en él y no en la platea tradicional del lector, es lo que hace de *Pickwick* un favorito de la infancia y la adolescencia. A esta participación nada ceremonial se suman otros encantos; paradójicamente, la obligación peligrosa de entregar un capítulo tras otro al editor le da a *Pickwick* un desarrollo temporal muy parecido al de la infancia, poco atenta a un futuro que no forma parte de sus preocupaciones, y sólo interesada en que el presente se despliegue en toda su riqueza y variedad. En ese sentido el joven lector y el ya anciano Pickwick son una misma persona, pues ambos viven un *ahora* permanente; por eso el final de cada aventura tragicómica es como el cierre de un día y el preludio del siguiente, sin la menor responsabilidad ni cuidado por todo aquello que tanto pesa en la conciencia del pasado y del futuro de un adulto normal.

La crítica ha querido ver en Samuel Pickwick y su criado Samuel Weller una versión —quizá una derogación— de Don Quijote y Sancho Panza. Como el hidalgo manchego, Pickwick tiende a lanzarse a aventuras perfectamente descabelladas; como su escudero, Sam Weller hace lo que puede por traerlo del lado del sentido común. ¿Por qué no, si estos acercamientos y similitudes son uno de los grandes encantos de la literatura? Incluso se ha hecho notar cómo Pickwick, al igual que Alonso Quijano, comienza como un extravagante inofensivo para terminar iluminado por una madurez y una sapiencia que reflejan casi míticamente el itinerario iniciático y el arribo a la cima de toda vida humana bien vivida. Pero desde luego las semejanzas no van más allá de las grandes líneas generales, en las que también podríamos hacer entrar a otros personajes análogos, como Parsifal o Frodo. Y además franqueza obliga: las aventuras de Pickwick que más se fijan en nuestra memoria agradecida son aquellas en las que el amable caballero brilla por su tontería, su ingenuidad y su buena fe, así como ciertos molinos de viento giran incansablemente en nuestro recuerdo que en cambio guarda muy poco de los sabios discursos del caballero de la triste figura al término de su vida. Somos lo que somos: Si el Pickwick del final aparece como más noble y más digno, el que vivirá más en nuestra memoria es aquel que después de franquear insensatamente los muros de un pudoroso pensionado de jovencitas se ve enredado en una situación tan equívoca como hilarante, es aquel que se ingeniará para quedar entre dos regimientos de caballería en maniobras que se aprestan a lanzarse a rienda suelta el uno contra el otro. En el fondo la verdadera razón de la persistencia de *Pickwick* está en que nos devuelve a la alegre inocencia de la infancia, sin ética y sin maldad al mismo tiempo. Y el deseo periódico de releerlo viene, creo, del inconsciente deseo de beber en él como en la fuente de Juvencia; lo que esperamos y deseamos es el absurdo delicioso de tantas aventuras pueriles en un mundo de adultos; su final no es más que el resignado reencuentro con nosotros mismos, y cerrar el libro vale como el gesto melancólico de ponernos una vez más la corbata antes de volver a nuestro trabajo cotidiano.

Mirándolo con seriedad, *Pickwick* condensa como todos los libros de Charles Dickens y de sus contemporáneos la moral considerablemente estrecha de su tiempo. El recato, el pudor, la ausencia de fisiología y de sexualidad, las buenas costumbres y los valores burgueses condicionan rigurosamente las conductas y los discursos de los personajes, incluso de los malvados que terminan casi siempre arrepintiéndose o son castigados como corresponde, con la sorprendente y casi gratificante excepción de Dodson y Fogg, los abogados por cuya culpa el señor Pickwick conocerá la prisión por deudas y el sufrimiento. Una parte de la crítica moderna ha insistido en denunciar este universo novelesco convencional, que poco corresponde en realidad a las conductas y valores privados de los ingleses y de Dickens en persona a principios de la era victoriana.

Sin embargo, este tipo de crítica, que de alguna manera consiste en pedirle peras al olmo de la literatura, siempre me ha parecido inconsistente. Lo que considera hipocresía es, en el fondo, un hábil acuerdo tácito y táctico entre autor y lector, en el que ninguno de los dos se engaña ni es engañado; la hipocresía es sólo relativa puesto que deja abiertas las entrelíneas de la literatura para aquellos que sepan leerla. En el terreno de los sentimientos amorosos, por ejemplo, Dickens aplica todas las convenciones de su tiempo —como nosotros las del nuestro, dicho sea de paso—. Así, las jovencitas se sonrojan apenas un caballero las mira, y proceden a desmayarse tan pronto escuchan una alusión matrimonial; calidad de lenguaje aparte, los púdicos galanteos de alguien tan refinado como Snodgrass o Winkle no se diferencian en nada de los de un individuo tan rústico y directo como Samuel Weller. Madres, esposos, hijos y tías cumplen estrictamente el papel que la sociedad espera de ellos. Y sin embargo, el pacto secreto está muy claro entre el autor y el lector, y no es necesario que busquemos demasiado lo que los contemporáneos de Dickens entendían perfectamente.

La mejor prueba la da el mismo Pickwick, cuya edad y condición social lo colocan al margen de toda preocupación galante, pero que en varias ocasiones (al lector le encantará verificarlo durante la lectura) aprovecha circunstancias favorables para mirar de una manera muy especial a alguna tímida doncella, o besar con más intensidad de la necesaria a una joven desposada. Se ha dicho asimismo que la fidelidad de Sam Weller hacia su amo, que lo lleva a posponer su matrimonio para cuidar de él, refleja demasiado la visión de la clase dominante sobre su servidumbre. ¿Por qué, en ese caso, conozco yo a más de una persona que en pleno siglo veinte ha preferido renunciar a su vida personal por los mismos motivos? Si Dickens mira oficialmente el mundo con una mirada de señor, otro Dickens lleno de humor y de ironía pone en sus personajes más sencillos una notable capacidad de crítica; basta escuchar lo que el mismo Sam Weller dice más de una vez sobre Winkle e incluso sobre su propio amo, a quien tiene que proteger contra su irrevocable tendencia a la tontería. Lo convencional no es tan hipócrita en *Pickwick*, y si hoy nos duele una visión social en la que ricos y pobres parecen destinados a serlo eternamente por un decreto divino, ¿cómo no admirar que Dickens dedique más de un centenar de páginas a describir, con detalles de un realismo digno de *Oliver Twist* o de *David Copperfield*, el infierno de la prisión por deudas que innumerables veces denunciará como una de las peores lacras del sistema social de su tiempo?

En su clásica historia de la literatura inglesa, George Sampson dice de *Pickwick* que «su vasto y vigoroso mundo, con sus trescientos personajes y sus veintidós posadas, creado por un joven de veinticuatro años, es uno de los milagros del arte literario». Vaya si es cierto, y cuánto humor dickensiano tiene esa caracterización global a base de un recuento de figuras y de albergues. Por cosas así *Pickwick* nos incorpora a su territorio de la misma manera que lo hace la vida, rodeándonos de una infinidad de contactos personales en los más diversos lugares imaginables; y también como la vida, se esfuma en un sentido mientras se ahínca en otro, en ese extraño teatro de la memoria que archiva determinadas imágenes mientras abandona las demás al olvido. Apenas pasamos dos o tres páginas sin que aparezcan nuevos personajes, que además proceden casi de inmediato a trepar a coches y diligencias para trasladarse de un lugar a otro y conocer junto con nosotros a nuevos amigos o adversarios. Un diluvio de abogados, policías, cocheros, políticos, jueces, propietarios rurales dotados de abundante familia, carceleros, truhanes, criados y viejísimas aunque majestuosas abuelas y tías entran y salen de la escena con una misma truculenta animación desbordante, como si el mero paso del señor Pickwick y sus tres amigos provocara un casi instantáneo pandemonio. Y sin embargo, puesto que el mundo de Dickens es aquí la vida misma, no tardamos en elegir a *nuestros* amigos o adversarios personales mientras el rostro entra muy pronto en la penumbra. Cada lector tendrá como siempre sus favoritos, y en mi caso he dudado entre las dos maravillosas figuras de Samuel Weller padre e hijo, para finalmente escoger otra de la que hablaré después. El genio dickensiano logra con los Weller un milagro de presencia física y espiritual que no creo tenga ningún otro personaje del libro, aunque enfrenten rivales tan peligrosos y admirables como Alfred Jingle, Bob Sawyer y José, el muchacho gordo, extraña y casi misteriosa criatura esta última, que nos hace reír a la vez que nos inquieta.

Pero además hay que pensar en las veintidós posadas de que habla Sampson, porque otro de los milagros del libro es la fuerza y la intensidad de los lugares y los escenarios, algo así como super-personajes silenciosos, envolviendo la locuacidad de los otros. Cada albergue, cada casa de campo, cada celda de la prisión por deudas, alcanza inmediatamente una presencia para lo cual Dickens no necesitó dar demasiados detalles. Su rápida, precisa y diferente visión de los salones de cualquier posada, de los patios del relevo de las diligencias, de la finca de los Wardle o del estudio de los abogados Dodson y Fogg, hace pensar en los grabados de Daumier o de Hogarth esbozando ambientes parecidos. Para lograrlo Dickens integra casi simultáneamente la vida en cada escenario, como en esas piezas de teatro en las que al alzarse el telón hay ya personajes en pleno movimiento. Los lugares asumen así una personalidad especial, una atmósfera que no tiene nada del decorado frecuente en las novelas de la época; con sus amos y criados, sus viajeros rodeando el fuego del salón o bebiendo junto a la chimenea de los albergues, sus parejas enamoradas en los bailes y las glorietas, sus excursionistas saliendo a cazar o a batirse en duelo, sus hoteleros, sus abogados y sus gendarmes, cada lugar está vivo y habitado como la sala o el café donde ahora estamos leyendo el libro, y es por eso que con tanta facilidad pasamos imaginariamente de los unos a los otros.

Cada vez que a lo largo de la vida empecé a sentir la necesidad de releer *Pickwick*, me interrogué sobre cuál de los personajes me estaba llamando con más fuerza a esa nueva cita. La respuesta fue instantánea: Jingle.

Curiosamente, Jingle está lejos de llenar páginas con la misma abundancia que los Weller o la pequeña familia pickwickiana. Entra impetuosamente en el segundo capítulo, reaparece un par de veces y sólo hacia el final su espectro —pues poco queda ya del verdadero Jingle— surge ante Pickwick mientras éste explora el melancólico infierno de la prisión por deudas. Pero así como en mi infancia me atrajo amorosamente la figura más que diluida de Arabella Allen, la encantadora desvergüenza de Jingle debió marcarme para siempre (mal ejemplo, hubiera dicho mi tía de saberlo), y es a su conjuro que siempre he vuelto a abrir el libro y a esperar impacientemente el momento en que se precipita en plena refriega y salva a Pickwick y a sus amigos de la paliza que se disponen a darles los cocheros enfurecidos. Se me ocurre también que quiero a Jingle porque nos da la única referencia a España en un libro tan irremediablemente británico, y que eso pudo ser otro motivo de fascinación en mi primera lectura. Después de sostener que las mujeres españolas son más bellas que las inglesas, afirma que conquistó a miles de ellas, superando como se ve el famoso *récord* de «mil y tres» del Don Juan de Mozart, tras de lo cual pasa a narrar su idilio con doña Cristina y el drama provocado por la intransigencia de su padre, un grande de España que responde al increíble nombre de don Bolaro Fizzgig. Con cosas así era fácil que Jingle no solamente embaucara a los inocentes pickwickianos sino a los lectores como yo, jugando la carta de la imaginación pura frente a los que tienden a no ver más allá de sus narices.

En *Pickwick* sólo un personaje podía hacer frente a Jingle e incluso vencerlo en el terreno de lo imaginario, pero curiosamente Dickens impidió ese combate mental entre Samuel Weller y su digno rival. Esto lleva a pensar cómo la fuerza y la presencia vital de los personajes invitan a cualquier lector a concebir encuentros y combinaciones que no figuran en el libro. Bob Sawyer, por ejemplo, es otro que hubiera provocado admirables enredos si en vez de ser desplazado inmerecidamente por Winkle en el corazón de Arabella Allen (también me desplazó a mí, dicho sea de paso), el novelista lo hubiese metido impetuosamente en cualquiera de las innumerables situaciones en las que medio mundo salía más tonto o más incorregible que antes.

¿Qué decir sobre Sam Weller que él no haya dicho mejor? A su manera indirecta y metafórica, de todos los personajes de *Pickwick* es el que más se refiere a sí mismo, no por pura vanidad sino por riqueza interior, fantasía desbordante y esa *joie de vivre* que nos lo vuelve irresistible. Claro que cuando se conoce a su padre, se da uno cuenta de dónde le vienen esas cualidades; en la inmensa farándula de personajes a cual más exuberante, los Weller padre e hijo sobrepasan a todos porque nadie es capaz de mayor naturalidad en la truculencia, de mayor fuerza en la expresión de los sentimientos y las conductas. Pickwick no hubiera llegado muy lejos en sus aventuras sin el providencial ingreso de Sam en su vida, mientras que éste hubiera encontrado su camino en cualquier circunstancia sin perder su manera de ser y su libertad profunda. Precisamente ahí está su grandeza, porque cuando renuncia a la independencia para dedicarse a cuidar a su amo envejecido y ya un poco chocho (que no nos oiga ninguno de los dos), Sam nos da la mejor lección de libertad personal imaginable. Se queda porque le da la gana, como dijo el viejo cuando le preguntaron cómo era que le faltaban todos los dientes menos uno; es el tipo de respuesta que Sam hubiera dado a cualquier preguntón, aunque con mucha más gracia.

Se habrá visto que estas impresiones más subjetivas que críticas se fundan en una temprana lectura de *Pickwick*, que las condiciona con una fuerza a la que no puedo ni quiero resistir. Por eso me resulta difícil imaginar la reacción de un lector adulto (en años y en lecturas), y nada me extrañaría que sea muy diferente de la mía. A esta altura de la historia contemporánea todos nos sentimos, como el Viejo Marinero de Coleridge, «más tristes y más sapientes», y libros como *Pickwick*, *Los tres mosqueteros* o *Huckleberry Finn* pueden tropezar hoy con la impaciencia y hasta el desdén. Me parece triste que tanto la crítica como el lector tiendan —muchas veces sin darse clara cuenta— a jerarquizar la literatura a base de parámetros exclusivamente modernos, y a establecer sus opciones por motivos que en el fondo tocan más a la ética que a la estética. Como ejemplo deliberadamente exagerado, nadie duda de que un Dostoievski nos propone un mundo harto más complejo y trascendental que un Dickens, pero el error empieza cuando una lectura de Dickens puede malograrse total o parcialmente por el peso que ejerza en la memoria cultural la lectura del novelista ruso. Es un hecho que la búsqueda de verdad y de profundidad en la novela moderna parece alejarnos cada vez más del puro placer narrativo; casi nada se cuenta hoy por el encanto de contarlo, pero tal vez por eso cuando en nuestros días surge nuevamente un gran narrador, hay como un inconsciente reconocimiento agradecido de ese arte esencialmente hedónico, y libros como *Cien años de soledad* encuentran millones de lectores apasionados, exactamente como los encontraron Charles Dickens y Alejandro Dumas en su tiempo.

Voluntaria o no, esa admisión por parte del lector moderno me parece no sólo saludable sino prueba de que la balanza literaria actual está excesivamente desequilibrada. ¿Cuántas veces me habrán reprochado que en vez de insistir en los aspectos más dramáticos de mi mundo novelesco me haya dejado llevar por la alegría y el desenfado? Nunca me he sentido culpable de hacerlo, porque Dimitri Karamazov no puede matar en mí a Samuel Pickwick, de la misma manera que Pickwick no podrá hacerme olvidar jamás la presencia apocalíptica de los Karamazov en nuestra vida y nuestra historia. Simplemente me gustaría contribuir a una especie de liberación moral de esos lectores que creen de su responsabilidad consagrarse a la literatura «profunda», rellénese esta palabra como se prefiera. Apunto a una dialéctica de la lectura que debería ser también una dialéctica de vida, una pulsación más isócrona de la búsqueda y el gusto, del conocimiento y el placer, mejor ajustada a todo eso que tenemos tan al alcance de la mano que casi no lo vemos: el gran latido cósmico, el diástole y el sístole del día y de la noche, del flujo y el reflujo del océano.

*

Querido señor Pickwick:

¿Qué hubiera pensado usted de lo que acabo de escribir? Su proverbial cultura y su gran cortesía no se hubieran opuesto a recibir estas páginas de mi mano, como tantas veces y en tantas posadas o salones recibió manuscritos que luego leyó a la luz de un candil después de haberse puesto su camisón y su gorro de dormir. Incluso le diría, para facilitarle la tarea en caso necesario, que su generosidad en esa materia no siempre se vio recompensada con una buena lectura, pues los relatos intercalados en los distintos momentos de sus viajes están casi siempre por debajo de todo lo que usted y sus amigos me han dado a lo largo de sus admirables aventuras (con la excepción del *Manuscrito de un loco*, que debió influir nada menos que en Edgar Allan Poe). Por eso, si el sueño le llega antes de la última palabra, ni usted ni yo nos preocuparemos demasiado; sabido es que la buena literatura no le está dada a todo el mundo.

Quiero creer, con un optimismo que muchos amigos me reprochan, que alguna de las cosas que he dicho merecerán su aprobación. Usted es todavía más optimista que yo, al punto que también sus amigos han debido reprochárselo, y pienso que en el fondo lo que buscan decirnos es que somos tontos. Pero a mí no me pareció nunca una tontería que usted decidiera servir a los altos intereses culturales del Club Pickwick lanzándose a los perceptibles riesgos que entrañaban los coches (y sus cocheros), las posadas (donde nunca estaba excluida la horrible posibilidad de meterse por error en la habitación de una señora sola), y el encuentro con personas que, como tantas veces ocurre, eran truhanes bajo la apariencia de caballeros o abogados. Su perfecta autodefinición, la de observador de la naturaleza humana, no solamente le valió al club Pickwick uno de los más ricos archivos en la materia, sino que millones de seres humanos de todos los países del mundo han mirado junto con usted y gracias a usted esa comedia humana cómica que sigue bullendo infatigable en nuestra memoria.

Como todos los personajes de los grandes libros, usted tiene el don milagroso de atravesar el tiempo y estar presente entre nosotros; lo que cada lector piensa de usted traduce de alguna manera lo que usted hubiera pensado de él. Quienes lo encuentran absurdo o inconsistente se desnudan ante usted como carentes por completo de humor y de generosidad vital; los que lo estudian lupa en mano para ahondar en sus circunstancias históricas o sociológicas, hubieran sido inmediatamente designados miembros correspondientes del Club Pickwick. Por mi parte yo lo veo como un alto ejemplo de humanidad, en el sentido de quien reduce lo más posible su natural egoísmo para entregarse a la contemplación multiforme y generosa de sus semejantes; y si muchos de los más grandes autores literarios son grandes precisamente por esa capacidad de abrazar una realidad en toda su riqueza, pocos de sus personajes lo son. En ese plano, en cambio, no hay ninguna diferencia entre Dickens y usted, y se diría que al lanzarlo al gran escenario de la letra impresa su autor estaba ya proclamando lo que después daría la infinita riqueza de sus novelas mayores; usted anuncia *David Copperfield* y *Oliver twist*, muestra alegre e inocentemente el camino de *Grandes Esperanzas* y de *Dombey e Hijo.*

Por cosas así quisiera decirle que usted ha sido uno de mis mejores maestros imaginarios, y que en esa época en que las normas sociales buscaban hacer de mí un ente satisfactoriamente racional y utilitario para mayor provecho del orden estatuido y los principios vigentes, usted entró en la gran sala de clase de mi vida tropezándose contra una pared, equivocándose de puerta, tomando gato por liebre y ocasionando las peores confusiones para usted mismo, diversas señoras, y la gran mayoría de sus amigos y admiradores. Sin esperar más salí en su seguimiento y no he cesado de hacerlo desde entonces, porque usted, para quien la poesía no parece existir, me la mostró con su conducta; usted, la seriedad personificada, me introdujo para siempre en el mundo del humor; usted, que nada tiene de soñador puesto que es una mente científica capaz de descubrir misteriosas piedras con jeroglíficos y otros enigmas científicos, me mostró el camino de la luna y el encanto de ir de un lado a otro sin la menor finalidad razonable. Por todo eso, querido señor Pickwick, le estoy dando hoy las gracias.

JULIO CORTÁZAR.

Mensaje (al Primer Encuentro de Intelectuales por la Soberanía de los Pueblos de Nuestra América)

Compañeros:

Hubiera querido leer personalmente este mensaje; hubiera querido estar hoy entre ustedes. Un calendario cada vez más exigente y un tiempo cada vez menos elástico me lo impiden. Si este mensaje me acerca de alguna manera a este Encuentro, me sentiré menos culpable de una ausencia personal que tanto me duele a la hora en que amigos y compañeros se reúnen en ese gran recinto querido de la Casa de las Américas. Que estas pocas palabras sean también, como siempre, mi mano tendida.

Como todos ustedes, he firmado el escueto, claro y terminante *Llamamiento por los Derechos Soberanos y Democráticos de los Pueblos de Nuestra América*, en torno al cual se articula este Encuentro. Creo que pocas veces se ha dicho tanto en dos párrafos, y que su contenido no sólo es una síntesis de nuestra situación actual frente al asedio que nos hostiga, sino una escuela práctica, un *vademécum* de la acción que nos reclama como protagonistas, un punto de mira para las múltiples armas de la inteligencia y la sensibilidad de los escritores, los intelectuales y los artistas de la América Latina y el Caribe.

Precisamente por ser tan conciso y directo, ese *Llamamiento* incita a que cada uno de nosotros lo despliegue dentro de una dialéctica que lo enriquezca y lo vuelva más eficaz y más dinámico; su breve texto es como una ventana, limitada por su marco pero a través de la cual los ojos avizores pueden abrirse al inmenso horizonte de nuestras tierras, de nuestros pueblos, de nuestros destinos. De pie ante esa ventana, mirando hasta donde me es posible alcanzar, veo lo que también ustedes estarán viendo, el panorama casi siempre desolado y desolador de pueblos enteros sometidos a lo que el *Llamamiento* califica de campaña de intimidación y desinformación manipulada por los intereses imperialistas de los Estados Unidos de Norteamérica (y no de América, como tantas veces traducen ellos y sus escribas el nombre de su nación).

Pero al mismo tiempo que veo ese panorama, veo también otras cosas que el *Llamamiento* no ha incluido en su enunciado. Pienso que no lo ha hecho por dos motivos principales: el primero, para concentrar la atención en el factor capital que constituye lo que él mismo llama una nueva forma de guerra de nuestros enemigos; el segundo, porque descuenta que cada uno de nosotros sabe que ese factor no es desgraciadamente el único que conspira contra la identidad profunda y el destino histórico de nuestros pueblos. Por mi parte, creo necesario explicitar la presencia de ese segundo enemigo que de alguna manera me parece todavía más peligroso y repugnante que el primero; estoy hablando del enemigo interno, de las fuerzas reaccionarias que de manera abierta o embozada operan en el interior de cualquiera de los países latinoamericanos y caribeños sometidos al ataque abierto del imperialismo norteamericano.

Cada día siento más la necesidad de clarificar conceptos que muchas veces se manejan sin el rigor crítico suficiente, y uno de esos conceptos es el de pueblo cuando se tiende a emplearlo como una totalidad positiva frente al enemigo exterior, sin precisar que nuestros pueblos más oprimidos lo están en gran medida por razones fratricidas, sin admitir con suficiente claridad que una parte de esos mismos pueblos son el terrible caballo de Troya de los Estados Unidos en cada uno de sus países. Chile, Argentina, Uruguay, Paraguay, Bolivia, El Salvador, Guatemala, para nombrar solamente a países donde esa evidencia salta a la vista, son trágicos ejemplos de esa

Alianza para el Retroceso; pero también hay otros en los que la misma traición a nuestro destino se da de maneras más encubiertas pero igualmente nefastas.

Denunciar no sirve de mucho si inmediatamente no se proponen medios que puedan neutralizar ese componente de la guerra que no dudo en calificar de fratricida. No soy yo quien puede inventar o mostrar esos medios, pero sí, dando un paso atrás absolutamente necesario, indicar por lo menos algún punto de vista que pueda ayudar a quienes, desde los puestos de mando y los liderazgos auténticamente nuestros, buscan crear el terreno mas favorable para que los pueblos oprimidos y vejados se liberen por fin de sus enemigos de fuera y de dentro. Ese punto de vista reclama imperativamente una crítica severa, incluso despiadada, de todos los prejuicios mentales, los vocabularios desvitalizados, las nociones maniqueas que a través de discursos, medios de comunicación, propaganda política y consignas partidarias, suelen distanciarnos de una realidad que es necesario enfrentar cada vez más lúcidamente si no queremos sustituir el sistema de mentiras del enemigo por un sistema de ilusiones igualmente negativo.

En muchos de nuestros países oprimidos por regímenes implacables, una parte de esa opresión se basa en un deliberado confusionismo ideológico, en la explotación de los sentimientos nacionales y patrióticos a favor de las malas causas, y en la deformación de toda propuesta ideológica progresista, que es inmediatamente presentada como un atentado a la soberanía y a la libertad. Frente a ese trabajo intelectual del enemigo externo e interno, realizado con una destreza que sería absurdo negar puesto que sus efectos saltan a la vista, ¿estamos hoy seguros de oponerle en todos los casos un lenguaje político y ético capaz de transmitir ideas nuevas, de transportar una carga mental en la que la imaginación, el desafío, y yo diría incluso y necesariamente la poesía y la belleza, estén presentes como fuerzas positivas e iluminadoras, como detonadores del pensamiento, como puentes de la reflexión a la acción? Desde luego, todos conocemos textos, discursos y mensajes que cumplen admirablemente esa misión de llevar a nuestros pueblos una verdad cargada de vida y de futuro; pero a cambio de algo que todavía sigue siendo una excepción, ¡cuánta retórica, cuánta repetición, cuánta monotonía, cuánto *slogan* gastado! ¡Qué poco revolucionario suele ser el lenguaje de los revolucionarios!

Es obvio que esta disyuntiva entre la reiteración y la renovación nos concierne directamente a nosotros, los que redactamos llamamientos, los que publicamos libros o poemas, los que hablamos en las tribunas o escribimos en los periódicos. De nosotros depende que los vastísimos sectores populares actualmente confundidos o engañados por la brillante manipulación informativa norteamericana y la no menos hábil que emana de los sectores cómplices del interior, vean con creciente claridad el panorama que los rodea, analicen con mayores recursos mentales las encrucijadas y las opciones, y se pongan en condiciones de enseñar a los indecisos y a los ingenuos a distinguir entre una propaganda disfrazada de información y una información precisa y enriquecedora. A nosotros, los que hemos elegido hacer de la palabra un instrumento de combate, nos incumbe que esa palabra no se quede atrás frente al avance de la historia, porque sólo así daremos a nuestros pueblos las armas mentales, morales y estéticas sin las cuales ningún armamento físico conduce a una liberación definitiva.

Este *Llamamiento* que hoy nos reúne tiene la enorme eficacia de su brevedad, y sé que se abrirá paso como un grito de alerta en muchas conciencias. También así, como el follaje naciendo en torno de este texto central, de este Encuentro pueden nacer nuevas formas de contacto y nuevas intuiciones para la reflexión y la acción, y es tarea nuestra proyectarlas con su máxima fuerza hacia quienes las necesitan y las esperan en este tiempo de mentiras, de engaños y de falsos caminos. Bueno es decirlo una vez más: las revoluciones hay que hacerlas en los individuos para que llegado el día las hagan los pueblos.

Negación del olvido

Pienso que todos los aquí reunidos coincidirán conmigo en que cada vez que a través de testimonios personales o de documentos tomamos contacto con la cuestión de los desaparecidos en la Argentina o en otros países sudamericanos, el sentimiento que se manifiesta casi de inmediato es el de lo diabólico. Desde luego, vivimos en una época en la que referirse al diablo parece cada vez más ingenuo o más tonto; y sin embargo es imposible enfrentar el hecho de las desapariciones sin que algo en nosotros sienta la presencia de un elemento infrahumano, de una fuerza que parece venir de las profundidades, de esos abismos donde inevitablemente la imaginación termina por situar a todos aquellos que han desaparecido. Si las cosas parecen relativamente explicables en la superficie —los propósitos, los métodos y las consecuencias de las desapariciones—, queda sin embargo un trasfondo irreductible a toda razón, a toda justificación humana; y es entonces que el sentimiento de lo diabólico se abre paso como si por un momento hubiéramos vuelto a las vivencias medievales del bien y del mal, como si a pesar de todas nuestras defensas intelectuales lo demoníaco estuviera una vez más ahí diciéndonos: «¿Ves? Existo: Ahí tienes la prueba.»

Pero lo diabólico, por desgracia, es en este caso humano, demasiado humano; quienes han orquestado una técnica para aplicarla mucho más allá de casos aislados y convertirla en una práctica de cuya multiplicación sistemática han dado idea las cifras publicadas a raíz de la reciente encuesta de la OEA, saben perfectamente que ese procedimiento tiene para ellos una doble ventaja: la de eliminar a un adversario real o potencial (sin hablar de los que no lo son pero que caen en la trampa por juegos del azar, de la brutalidad o del sadismo), y a la vez injertar, mediante la más monstruosa de las cirugías, la doble presencia del miedo y de la esperanza en aquellos a quienes les toca vivir la desaparición de seres queridos. Por un lado se suprime a un antagonista virtual o real; por el otro se crean las condiciones para que los parientes o amigos de las víctimas se vean obligados en muchos casos a guardar silencio como única posibilidad de salvaguardar la vida de aquellos que su corazón se niega a admitir como muertos. Si basándose en una estimación que parece estar muy por debajo de la realidad, se habla de ocho o diez mil desaparecidos en la Argentina, es fácil imaginar el número de quienes conservan todavía la esperanza de volver a verlos con vida. La extorsión moral que ello significa para estos últimos, extorsión muchas veces acompañada de la estafa lisa y llana que consiste en prometer averiguaciones positivas a cambio de dinero, es la prolongación abominable de ese estado de cosas donde nada tiene definición, donde promesas y medias palabras multiplican al infinito un panorama cotidiano lleno de siluetas crepusculares que nadie tiene la fuerza de sepultar definitivamente. Muchos de nosotros poseemos testimonios insoportables de este estado de cosas, que puede llegar incluso al nivel de los mensajes indirectos, de las llamadas telefónicas en las que se cree reconocer una voz querida que sólo pronuncia unas pocas frases para asegurar que todavía está de este lado, mientras quienes escuchan tienen que callar las preguntas más elementales por temor de que se vuelvan inmediatamente en contra del supuesto prisionero. Un diálogo real o fraguado entre el infierno y la tierra es el único alimento de esa esperanza que no quiere admitir lo que tantas evidencias negativas le están dando desde hace meses, desde hace años. Y si toda muerte humana entraña una ausencia irrevocable, ¿qué decir de esta ausencia que se sigue dando como presencia abstracta, como la obstinada negación de la ausencia final? Ese círculo faltaba en el infierno dantesco, y los supuestos gobernantes de mi país, entre otros, se han encargado de la siniestra tarea de crearlo y de poblarlo.

De esa población fantasmal, a la vez tan próxima y tan lejana, se trata en esta reunión. Por encima y por debajo de las consideraciones jurídicas, los análisis y las búsquedas normativas en el terreno del derecho interno e internacional, es de ese pueblo de las sombras que estamos hablando. En esta hora de estudio y de reflexión, destinada a crear instrumentos más eficaces en defensa de las libertades y los derechos pisoteados por las dictaduras, la presencia invisible de miles y miles de desaparecidos antecede y rebasa y continúa todo el trabajo intelectual que podamos cumplir en estas jornadas. Aquí, en esta sala donde ellos no están, donde se los evoca como una razón de trabajo, aquí hay que sentirlos presentes y próximos, sentados entre nosotros, mirándonos, hablándonos. El hecho mismo de que entre los participantes y el público haya tantos parientes y amigos de desaparecidos vuelve todavía más perceptible esa innumerable muchedumbre congregada en un silencioso testimonio, en una implacable acusación. Pero también están las voces vivas de los sobrevivientes y de los testigos, y todos los que hayan leído informes como el de la Comisión de Derechos Humanos de la OEA guardan en su memoria, impresos con letras de fuego, los casos presentados como típicos, las muestras aisladas de un exterminio que ni siquiera se atreve a decir su nombre y que abarca a miles y miles de casos no tan bien documentados pero igualmente monstruosos. Así, mirando tan sólo hechos aislados, ¿quién podría olvidar la desaparición de la pequeña Clara Anahí Mariani, entre la de tantos otros niños y adolescentes que vivían fuera de la historia y de la política, sin la menor responsabilidad frente a los que ahora pretenden razones de orden y de soberanía nacional para justificar sus crímenes? ¿Quién olvida el destino de Silvia Corazza de Sánchez, la joven obrera cuya niña nació en la cárcel, y a la que llevaron meses después para que entregara la criatura a su abuela antes de hacerla desaparecer definitivamente? ¿Quién olvida el alucinante testimonio sobre el campo militar «La Perla» escrito por una sobreviviente, Graciela Susana Geuna, y publicado por la Comisión Argentina de Derechos Humanos? Cito nombres al azar del recuerdo, imágenes aisladas de unas pocas lápidas en un interminable cementerio de sepultados en vida. Pero cada nombre vale por cien, por mil casos parecidos, que sólo se diferencian por los grados de la crueldad, del sadismo, de esa monstruosa voluntad de exterminación que ya nada tiene que ver con la lucha abierta y sí en cambio con el aprovechamiento de la fuerza bruta, del anonimato y de las peores tendencias humanas convertidas en el placer de la tortura y de la vejación a seres indefensos. Si de algo siento vergüenza frente a este fratricidio que se cumple en el más profundo secreto para poder negarlo después cínicamente, es de que sus responsables y ejecutores son argentinos o uruguayos o chilenos, son los mismos que antes y después de cumplir su sucio trabajo salen a la superficie y se sientan en los mismos cafés, en los mismos cines donde se reúnen aquellos que hoy o mañana pueden ser sus víctimas. Lo digo sin ánimo de paradojas. Más felices son aquellos pueblos que pudieron o pueden luchar contra el terror de una ocupación extranjera. Más felices, sí, porque al menos sus verdugos vienen de otro lado, hablan otro idioma, responden a otras maneras de ser. Cuando la desaparición y la tortura son manipuladas por quienes hablan como nosotros, tienen nuestros mismos nombres y nuestras mismas escuelas, comparten costumbres y gestos, provienen del mismo suelo y de la misma historia, el abismo que se abre en nuestra conciencia y en nuestro corazón es infinitamente más hondo que cualquier palabra que pretendiera describirlo.

Pero precisamente por eso, porque en este momento tocamos fondo como jamás lo tocó nuestra historia, llena sin embargo de etapas sombrías, precisamente por eso hay que asumir de frente y sin tapujos esa realidad que muchos pretenden dar ya por terminada. Hay que mantener en un obstinado presente, con toda su sangre y su ignominia, algo que ya se está queriendo hacer entrar en el cómodo país del olvido; hay que seguir considerando como vivos a los que acaso ya no lo están pero que tenemos la obligación de reclamar, uno por uno, hasta que la respuesta muestre finalmente la verdad que hoy se pretende escamotear. Por eso este coloquio, y todo lo que podamos hacer en el plano nacional e internacional, tiene un sentido que va mucho más allá de su finalidad inmediata: el ejemplo admirable de las madres de la Plaza de Mayo está ahí como algo que se llama dignidad, se llama libertad, y sobre todo se llama futuro.

Nu…

de la locura

El primero fue escrito hace siglos por Erasmo de Rotterdam. No recuerdo bien de qué trataba, pero su título me conmovió siempre, y hoy sé por qué: la locura merece ser elogiada cuando la razón, esa razón que tanto enorgullece al Occidente, se rompe los dientes contra una realidad que no se deja ni se dejará atrapar jamás por las frías armas de la lógica, la ciencia pura y la tecnología.

De Jean Cocteau es esta profunda intuición que muchos prefieren atribuir a su supuesta frivolidad: *Víctor Hugo era un loco que se creía Víctor Hugo.* Nada más cierto: hay que ser genial —epíteto que siempre me pareció un eufemismo razonable para explicar el grado supremo de la locura, es decir de la ruptura de todos los lazos razonables— para escribir *Los trabajadores del mar* y *Nuestra Señora de París.* Y el día en que los plumíferos y los sicarios de la junta militar argentina echaron a rodar la calificación de «locas» para neutralizar y poner en ridículo a las Madres de la Plaza de Mayo, más les hubiera valido pensar en lo que precede, suponiendo que hubieran sido capaces, cosa harto improbable. Estúpidos como corresponde a su fauna y a sus tendencias, no se dieron cuenta de que echaban a volar una inmensa bandada de palomas que habría de cubrir los cielos del mundo con su mensaje de angustiada verdad, con su mensaje que cada día es más escuchado y más comprendido por las mujeres y los hombres libres de todos los pueblos.

Como no tengo nada de politólogo y mucho de poeta, veo el decurso de la historia como los calígrafos japoneses sus dibujos: hay una hoja de papel, que es el espacio y también el tiempo, hay un pincel que una mano deja correr brevemente para trazar signos que se enlazan, juegan consigo mismo, buscan su propia armonía y se interrumpen en el punto exacto que ellos mismos determinan. Sé muy bien que hay una dialéctica de la historia (no sería socialista si no lo creyera), pero también sé que esa dialéctica de las sociedades humanas no es un frío producto lógico como lo quisieran tantos teóricos de la historia y la política. Lo irracional, lo inesperado, la bandada de palomas, las Madres de la Plaza de Mayo irrumpen en cualquier momento para desbaratar y trastrocar los cálculos más científicos de nuestras escuelas de guerra y de seguridad nacional. Por eso no tengo miedo de sumarme a los locos cuando digo que, de una manera que hará crujir los dientes de muchos bien pensantes, la sucesión del general Viola por el general Galtieri es hoy obra evidente y triunfo significativo de ese montón de madres y de abuelas que desde hace tanto tiempo se obstinan en visitar la Plaza de Mayo por razones que nada tienen que ver con sus bellezas edilicias o la majestad más bien cenicienta de su celebrada pirámide.

En los últimos meses, la actitud cada vez más definida de una parte del pueblo argentino se ha apoyado consciente o inconscientemente en la demencial obstinación de un puñado de mujeres que reclaman explicaciones por la desaparición de sus seres queridos. La vergüenza es una fuerza que puede disimularse mucho tiempo, pero que al final estalla de las maneras más inesperadas, y ese factor no ha sido tenido jamás en cuenta por la soberbia de los militares en el poder. Que bajo la férula menos violenta de Viola esa explosión haya asumido la magnitud de una manifestación de miles y miles de argentinos en las calles céntricas de Buenos Aires, y una serie creciente de declaraciones, denuncias y solicitadas en los periódicos, es una prueba de debilidad castrense que la estirpe de los Galtieri y otros halcones no podía tolerar. Ellos, por supuesto, no lo saben de manera demasiado lúcida, pero la lógica de la locura no es menos implacable que la que se estudia en el colegio militar: el corolario del teorema es que el general Galtieri debería estar reconocido a las Madres de la Plaza de Mayo, pues es sobre todo gracias a ellas que ha podido dar el zarpazo que acaba de encaramarlo en el sillón de los mandamás.

Por su parte, las madres y las abuelas que sin saberlo han facilitado su entronización, no tienen la menor idea de lo que han hecho. Muy al contrario, pues en el plano de la realidad inmediata esa sustitución de jefatura significa una profunda agravación del panorama político y social de la Argentina. Pero esa agravación es al mismo tiempo la prueba de que la copa está cada vez más colmada, y que el proceso llega a su punto de máxima tensión. Es entonces que la respuesta de esa parte de nuestro pueblo capaz de seguir teniendo vergüenza deberá entrar en acción por todas las vías posibles, y que las fuerzas del interior y del exterior del país tendrán que responder a algo que las está invitando a salir de una etapa harto explicable pero que no puede continuar sin darle la razón a quienes pretenden tenerla.

Sigamos siendo locos, madres y abuelitas de la Plaza de Mayo, gentes de pluma y de palabra, exiliados de dentro y de fuera. Sigamos siendo locos, argentinos: no hay otra manera de acabar con esa razón que vocifera sus slogans de orden, disciplina y patriotismo. Sigamos lanzando las palomas de la verdadera patria a los cielos de nuestra tierra y de todo el mundo.

Nicaragua desde adentro

I.

No soy un corresponsal ni un experto en la geopolítica de América Central; estas notas sólo buscan situarse como entrelíneas de los informes concretos que el lector tiene con frecuencia a su alcance, un poco a la manera de esas voces «off» que completan el sentido de una imagen, o tal vez, mejor, como imágenes que permiten entender mejor el discurso racional. En estos últimos tiempos se repite en todas partes que la situación en Nicaragua es grave, como parte inevitable de una gravedad que dentro de distintos contextos convulsiona al Salvador, a Guatemala, y actualmente incluso a Honduras. ¿Pero de qué gravedad se habla realmente?

No en un plano inmediatamente visible, en todo caso. He vuelto a una Managua, a una campaña en la que todo mantiene el ritmo impreso por el gobierno nicaragüense al otro día del triunfo sandinista. Incluso los progresos son visibles en lo que toca a la vida diaria, la alimentación y las condiciones sanitarias. Pero lo que faltaba y sólo podía ser obtenido por medio de créditos y divisas, sigue faltando: medios de transporte, piezas de repuesto, material hospitalario, medicamentos, infraestructuras para los planes de construcción. ¿Cómo podría no faltar, pese a los esfuerzos de solidaridad de no pocos países del este y del oeste, si Nicaragua le fue devuelta a sus legítimos dueños como un muñeco roto, una casa devastada por el más siniestro de los tifones, que no se llamó Flora ni Lucy sino Somoza?

La víspera de mi llegada desde México, leí en los periódicos la denuncia que hacía Sergio Ramírez de una nueva triquiñuela de los Estados Unidos para desestabilizar el régimen y favorecer el eventual retorno a las condiciones «democráticas» tal como las definen del lado del Potomac. Después de haber dado de largas al otorgamiento de créditos prometidos inmediatamente después del triunfo sandinista por el gobierno de Jimmy Carter, el de Reagan decide generosamente la donación de 5 millones de dólares a... a la empresa privada de Nicaragua. Cuando se sabe que en buena parte esa empresa responde al sector conservador y/o de los intereses de los Estados Unidos, es obvio que la incidencia de esos créditos no beneficiará mucho al pueblo nicaragüense; lo que la Junta de gobierno hubiera destinado a planes de interés general, *o sea al progreso en vez de la ganancia*, entra de nuevo en el turbio juego de los intereses personales, familiares o corporativos. Y es por cosas así que la situación es grave; nada parece un peligro tangible, no se ha producido la invasión planeada desde hace tanto tiempo, todo da la impresión de mantener su ritmo habitual, y sin embargo los responsables del gobierno tienen la certidumbre —y se lo dicen al pueblo con una claridad admirable, como es admirable la calma con que el pueblo recibe esas noticias— de que las tenazas siguen cerrándose día a día y que la única manera de frenar lo peor es tirándose a fondo en lo mejor, en el nivel más alto de conciencia política, de trabajo y de capacidad de defensa.

Como le pasó a Cuba en uno de sus peores momentos, las catástrofes naturales se suman a las manufacturadas por los enemigos: las inundaciones recientes harán sentir durante más de dos años sus efectos negativos en el plano de la agricultura, la vialidad y la vivienda. Para eso, claro, no hay créditos suficientes, pero en cambio es bueno saber que las visitas que hacen en estos días diversos miembros del gobierno a países extranjeros pueden mejorar el panorama económico e incluso político del país. El comandante Daniel Ortega en Francia y España, el canciller D'Escoto y el ministro de cultura Ernesto Cardenal en otros países, perfilarán mejor una imagen de Nicaragua que a veces se diluye en el complejo damero centroamericano. Demasiado sabemos que las agencias y los columnistas «liberales», por no decir los de la pura derecha, han empezado hace rato el mismo sucio juego que hicieron con Cuba, y que aquí tiene ecos frecuentes en los sectores que temen por sus intereses e incluso por sus dogmas. Cada día se insiste más en presentar a Nicaragua como dependiente de la URSS, olvidando minuciosamente (y hablo ahora al margen del problema de la opción ideológica) que la presencia soviética en el Caribe fue resultado directo de la torpeza de los USA al poner a Cuba en la disyuntiva de aceptar una ayuda esencial, la del petróleo de la URSS, o hundirse en quince días como un barquito de papel. Lo repito: que esa presencia hubiera sido buscada sin razones tan dramáticas, es posible y hasta probable. ¿Por qué no? Pero en aquellas circunstancias y en las que hoy enfrenta Nicaragua, poner el grito en el cielo por la «ingerencia soviética» en la región, es de una hipocresía que sólo se compara con la de quienes se dicen demócratas sin querer reconocer que la primera mitad de esa palabra contiene lo que más temen, el verdadero *demos*, ése que en América Central acabará poco a poco por entrar de veras en la historia después de tanto tiempo de haber vivido acorralado en el famoso «patio trasero» de la estrategia norteamericana.

La situación es grave en Nicaragua. Comprenderlo ya es algo; tratar de echar una mano sería mucho mejor.

Managua, julio de 1982.

II.

El mar, como un vasto cristal azogado... Me gusta imaginar que Darío pudo escribir su poema mirando a la distancia desde la veranda de este bungalow de «El Velero» donde trabajo; al fin y al cabo León, la ciudad del poeta, está muy cerca de aquí. Pero nada de esto existía en su tiempo, salvo el vasto cristal azogado lamiendo la playa de arena cobriza; «El Velero», que es ahora un centro de vacaciones para obreros, nació mucho después de él, y con propósitos harto diferentes, puesto que era uno de los clubes de Somoza adonde supongo que venía de cuando en cuando para meditar sobre la mejor manera de seguir instalando otros clubes no menos exclusivos en los mejores lugares del país, y así sucesivamente hasta lo que todos sabemos.

Al igual que los cubanos, los nicas piensan que en esta época que ellos llaman invierno sólo a los extranjeros y a los piantados se les puede ocurrir bañarse en el mar, que imaginan cubierto de icebergs o algo así; la verdad es que hace un calor tremendo, que el agua tiene una temperatura que jamás conoció el Mediterráneo, y que si no te cuidas del sol de mediodía los cangrejos te adoptarán como uno de los suyos. Por esas razones es fácil conseguir ahora un bungalow al lado del mar, y «El Velero» boga con pocos pasajeros a bordo; su ritmo de viaje, sin embargo, es el de todo el año y los servicios funcionan normalmente: la casa comunal, donde se sirven las comidas, se ve la televisión y se juega al billar; la limpieza cotidiana de las casas ocupadas, los trabajos de ampliación, alcantarillado, y la edificación de casas nuevas; la atención médica tres o cuatro veces por semana...

Da gusto navegar en este velero en el que la gente tiene la sonrisa franca y espontánea, y donde el «buenos días» de cada mañana suena de otra manera que en las grandes ciudades. Y sobre todo da gusto ver este antiguo reducto del despotismo convertido en un centro donde las familias obreras encuentran solaz y descanso por un precio más que económico.

Entre mi bungalow y el mar se tiende el «parque» de «vergel-jardín», aunque todo eso pertenece más al futuro que al presente. Pero si las plantas tardan en crecer y afirmarse, los juegos para los niños se alzan variados y multicolores. Una vez más el ingenio ha suplido la falta de materiales: hamacas y toboganes nacen de la recuperación de tablones, bidones y neumáticos usados, apenas reconocibles bajo una capa de brillantes colores. En el centro se alza una especie de pirámide maya, a cuya plataforma se accede por una escalinata cuyos peldaños amarillos y verdes son otros tantos neumáticos colocados horizontalmente. Una vez arriba, en vez de sacrificios a los dioses, espera la posibilidad de resbalar por los toboganes de cemento, aunque los niños tienden a bajarlos con saltos de ranitas, sabedores de que el sol convierte el tobogán en sartén y que si se deslizan por él se van a chamuscar el culito. Hay también una especie de mirador, y mesas a la sombra; de noche se ve un caballo blanco que se acerca a los juegos y los olisquea, como con una vaga nostalgia. Y hay luciérnagas, y una gran paz.

No así en la frontera hondureña, de donde siguen llegando noticias de atropellos, de escaramuzas contrarrevolucionarias que se dirían ensayos generales antes de una invasión latente desde hace tanto tiempo. Los sandinistas repelen los ataques y pagan un duro tributo de pérdidas, a la misma hora en que los otros gobiernos centroamericanos bailan al compás de Washington y despliegan a todo trapo el vocabulario de la democracia tal como se la entiende allá arriba. Dentro de dos días el pueblo sandinista se reunirá en Masaya para celebrar el tercer aniversario de la liberación del país. Tres duros años, por dentro y por fuera, años de reconstrucción con las manos casi vacías, de respeto a un pluralismo político que desde un comienzo fue aprovechado por quienes desconfiaban de todo aquello que significara un avance auténtico del pueblo por el camino de la educación, la conciencia política y la participación en el bienestar común. Yo pensé alguna vez que si el socialismo se pretende internacional, hay algo que lo es más que él: la burguesía. Los burgueses son absolutamente idénticos en cualquier país de la tierra, y un burgués alemán reconoce a uno francés o uruguayo con más prontitud que los socialistas alcanzan a reconocerse entre ellos. Por eso los burgueses de Nicaragua siguen exactamente el mismo camino y los mismos procedimientos que los cubanos. Cuando una tiranía se les vuelve demasiado dura, sea la de Batista o la de Somoza, ayudan a echarla abajo y se suman al desfile de la victoria, pero pare de contar, amigo: nada de dejar que el populacho se la tome en serio y quiera meterse con lo que heredamos de papá, que lo heredó de abuelito, o de lo que ganamos con las multinacionales que al final hacen progresar el país y traen las mejores importaciones. No me olvido de una frase de Fidel Castro al otro día de la entrada en La Habana, cuando los autos de los burgueses desfilaban con gallardetes revolucionarios. Le dijo al Che: «Ya vas a ver cómo esos gallardetes se caen antes de un mes» Y aquí no habrá sido muy diferente.

Pero yo estaba hablando de «El Velero». Ahora iré a almorzar a la casa comunal: frijoles, claro, puedo ganar cualquier apuesta en ese sentido. Frijoles y carne picada, o un pescado, o huevos. Y la cerveza helada, que es tan rica en Nicaragua. El almuerzo más el café cuesta veinticinco córdobas (un dólar). La cerveza, trece córdobas. Buen provecho, compañeros.

Managua, julio de 1982.

III.

En Europa, la fragmentación de las noticias tiende a mostrar aisladamente a los pequeños países centroamericanos, y no siempre están claras las incidencias recíprocas de sus procesos históricos. Tampoco lo estuvieron aquí en otros tiempos, pero hoy ya nadie se engaña: cada paso adelante de la revolución nicaragüense o cada paso atrás de la política costarricense son sentidos globalmente en América Central, cuyos pueblos amplían cada vez más su espectro mental y su conciencia política; la lucha armada en Guatemala y El Salvador no son pulsiones populares aisladas, como tampoco la creciente resistencia del pueblo de Honduras frente al uso que se quiere hacer de su ejército. Basta abrir un diario de Managua para ver, en la primera página, la presencia total de Centroamérica en sus noticias más importantes; y la mentalidad popular es semejante a esa primera página.

Digo esto después de leer una entrevista que Claribel Alegría y D. J. Flakoll acaban de hacerle a Salvador Cayetano Carpio, más conocido como el Comandante Marcial, una figura ya legendaria en El Salvador, donde después de toda una vida de lucha sindical, persecuciones, prisión, tortura y exilios repetidos, acabó creando con un grupo de compañeros el FPL, Fuerzas Populares de Liberación «Farabundo Martí», y es hoy miembro de la comandancia del FMLN, el Frente de liberación nacional que también lleva el nombre de Farabundo Martí y que en estos momentos sigue teniendo en jaque a las tropas gubernamentales que, a pesar del enorme apoyo de los Estados Unidos, no han logrado ni mucho menos detener el avance de todo un pueblo cuyo brazo armado es el Frente.

Hay en esa entrevista algunos puntos de vista que me parecen fundamentales para entender mejor lo que el comandante Marcial llama la «regionalización» de un proceso que muchos tienden todavía a parcelar por países. Para él esa regionalización es el objetivo de la nueva política de Washington en la zona centroamericana y del Caribe, en la que hasta ahora sus intervenciones de todo orden (desde créditos a los gobiernos amigos hasta invasiones armadas como aquellas contra las cuales tanto luchó Sandino en Nicaragua) habían estado casi siempre localizadas, centradas en escenarios precisos. Desde hace tiempo, observa Marcial, una estrategia global reemplaza cada vez más las ingerencias y las intervenciones aisladas; no es por azar que una lenta e insidiosa tela de araña se va tejiendo en la totalidad de la zona centroamericana y caribeña; no es por azar que los tres ejércitos que responden a gobiernos «manejables» —Guatemala, Honduras y El Salvador— están siendo diariamente alimentados con toda clase de armamentos antiguerrilleros, sin hablar de la asesoría técnica y los créditos cuantiosos; no es por azar, pensamos a nuestra vez, que se haya creado la mal llamada Comunidad Democrática Centroamericana, en la que por supuesto no figuran ni Cuba ni Nicaragua; no es por azar que el nuevo gobierno de Costa Rica, país que alguna vez fue un ejemplo de sensatez y de buena vecindad, multiplique las denuncias sobre el «avance marxista» allí donde se lucha por la soberanía popular; y tampoco es por azar que al abrigo de maniobras conjuntas en las que los norteamericanos han impartido un amplio «know how» al ejército hondureño, este último esté tendiendo una línea de agresivos campamentos y fuertes en la frontera con Nicaragua, allí mismo donde las bandas somocistas incursionan bajo su protección y tolerancia para sabotear, asesinar y saquear en las zonas rurales, como acaba de ocurrir en San Francisco del Norte. Por todo eso Marcial tiene harta razón cuando concluye textualmente: «Podríamos decir que estamos a las puertas de la guerra, pero es más adecuado decir que Centroamérica entera está en guerra.»

Si todo esto es grave, si la enorme araña del norte puede cubrir cada vez más lo que se obstina en considerar como su traspatio, a la vez este proceso suscita un efecto dialéctico que a Washington parece escapársele como siempre se le han escapado los puntos esenciales en materia internacional. Hoy en día no hay nadie en Centroamérica que se considere aislado, tanto si cuenta con el favor o enfrenta la enemistad de los Estados Unidos, y vuelvo a citar a los diarios nicas como el mejor ejemplo de esta regionalización informativa, puesto que ellos son el espejo de todo un pueblo. Cada triunfo o cada revés popular en Guatemala y en El Salvador, cada maniobra favorable o desfavorable de la diplomacia costarricense u hondureña, los últimos sucesos en Panamá, que representan una malla más de la tela de la araña del norte, los problemas en Granada o Belice, cada hecho centroamericano o caribeño son vistos como parte de un proceso global, como elementos positivos o negativos de un juego en el que todos los pueblos de la zona están comprometidos y frente a los cuales se sienten responsables. Marcial piensa que Estados Unidos tendrá finalmente que invadir militarmente a Centroamérica, y que no le servirá de nada. Entre otras cosas porque en cualquier país en el que desembarque no tardará en darse cuenta de que frente a él no sólo estará el pueblo de ese país, sino los de todos los países de la zona. Y ésa es una determinación que comparten cada vez más aquellos que en esta parte del mundo luchan por su soberanía y por su dignidad, como bien lo sabe Marcial, que es uno de sus más admirables ejemplos.

Managua, agosto de 1982.

IV.

Hace dos noches estuve en una de las salas de mujeres del hospital Dávila Bolaños, de Managua, para visitar a una jovencita de quince años, estudiante del segundo año de secundaria. La reconocí en seguida entre las muchas enfermas, porque su foto se está publicando diariamente en los periódicos nicaragüenses, y su cara no es de las que puedan olvidarse o confundirse. Todo el mundo habla de su sonrisa, que estaba como siempre en sus labios cuando me acerqué a su cama. Todo el mundo habla de Brenda Rocha con una mezcla de amor y de admiración, pero a la par de esos sentimientos se percibe el horror y sobre todo la cólera frente a las razones por las cuales esta niña está en una cama de hospital. Desde hace unos días a Brenda le falta el brazo derecho, amputado a cinco centímetros del hombro.

En una de las zonas de más difícil acceso en el país, la región de los yacimientos minerales de Siuna, La Rosita y Bonanza, hay un pueblecito llamado Salto Grande que, como todos los lugares aislados del interior, se ve frecuentemente amenazado por las bandas de los ex guardias somocistas que, valiéndose de la ayuda en armas que reciben del exterior, se dedican a asaltar y asesinar a los campesinos, a robar y saquear las comunidades y a hostigar a los milicianos sandinistas que defienden a los pobladores. Junto con un pequeño grupo de compañeros procedentes de Bonanza, Brenda Rocha tenía a su cargo la protección de Salto Grande. A los quince años, después de haber trabajado como alfabetizadora e ingresado en las Juventudes Sandinistas, Brenda se había sumado a las milicias; como ella misma lo dice con toda naturalidad, su tarea era la de hacer frente a cualquier ataque, y el 24 de julio pasado estaba montando guardia con sus compañeros cuando una banda muy superior en número y armamento descendió por las lomas y atacó el poblado.

En la batalla que siguió, siete milicianos hallaron la muerte, seis hombres y una mujer; Brenda, gravemente alcanzada por balas que le destrozaron el brazo, siguió disparando con la mano izquierda hasta que la pérdida de sangre la obligó a cesar el fuego cuando ya los somocistas invadían el poblado. Tendida boca abajo, fingió estar muerta, y los asaltantes, que temían la llegada de refuerzos sandinistas, se retiraron sin tocarla; los pobladores la atendieron en un primer momento, hasta que pudo ser transportada a Managua, donde fue preciso amputarle el brazo. Los médicos afirman que a fin de mes estará en condiciones de ser trasladada a la Unión Soviética, y allí la cirugía más avanzada le instalará una prótesis; para Brenda esto significa solamente volver a estar en condiciones de reanudar su trabajo, de seguir cumpliendo con sus obligaciones de miliciana.

Mientras estaba a su lado, recibiendo su mirada que parece rechazar dulcemente toda piedad e incluso toda admiración, me dije que los nicaragüenses conocen la muerte de tan cerca después de años y años de lucha sin cuartel, que sus sentimientos frente a Brenda no se limitan a la alegría de que haya escapado por un mero azar al destino que abatió a sus compañeros de combate. Tanto en Brenda como en todos los que la sienten hoy como una hija, una hermana o una novia, lo que cuenta es aceptar lo sucedido como parte del trabajo revolucionario y verlo como prueba de una imbatible determinación. Creo que por eso su sonrisa, de la que todos hablan, se ha grabado en las memorias y en los corazones con tanta fuerza como si fuera una consigna de lucha, una bandera o una canción revolucionaria.

Uno de los amigos que me acompañaba esa noche en el hospital, me dijo que Brenda se sonreía como los ángeles de Giotto. Es cierto, pero yo la siento todavía más cerca de la inolvidable sonrisa del ángel de la catedral de Reims, que desde lo alto nos contempla con una expresión llena de travesura y de gracia, casi de complicidad. Ese ángel parece comprenderlo todo, y precisamente por eso está más cerca de nosotros que aquellos que se distancian envueltos en una pureza abstracta. El rostro de Brenda Rocha es el rostro de un ángel, pero nada podría ser más hermosamente humano que ese rostro que vio la muerte y el horror de frente, y sin embargo no está marcado por el sufrimiento o la cólera. De pronto sé con toda claridad por qué Brenda es hoy un símbolo entrañable para los nicas: ella es como Nicaragua, ella es Nicaragua. Sus quince años son la juventud de los tres años de la revolución; su coraje y su serenidad son los que día a día veo en quienes esperan a pie firme a los enemigos de fuera y de dentro; el muñón de su brazo es la cuota de sangre que ha pagado y sigue pagando este pueblo enamorado de la luz y la libertad y la alegría. Sí, la sonrisa de Brenda es también la sonrisa de Nicaragua, que se reconoce en ella y la hace suya.

Managua, agosto de 1982.

Palabras inaugurales (al *Diálogo de las Américas*)

Las inauguraciones, no sé bien por qué, tienen siempre un aire grave, una solemnidad que nunca me ha gustado. Después de todo, inaugurar algo es sacarlo de la nada para lanzarlo a la vida, y sería bueno recordar que los pediatras modernos nos han enseñado que el alumbramiento tradicional no tiene nada de bueno, y que es injusto recibir a un bebé con una ceremonia que empieza en forma de paliza para que el bebé se ponga a llorar y llene así de aire sus pulmones. Todos ustedes estarán de acuerdo en que hay inauguraciones tan graves, tan solemnes, casi tan amenazadoras, que constituyen una especie de paliza mental para los bebés que se lanzan a la vida de un congreso, un coloquio o un encuentro como el que estoy inaugurando de la manera que puede apreciarse. Resueltamente me alineo con los pediatras modernos, y eso que nada me gusta menos que alinearme, porque estimo que nuestro bebé colectivo debe nacer sonriendo, saboreando desde el primer instante la felicidad de estar vivo. Eso no le quita nada a la gravedad y a la responsabilidad que deberá asumir el bebé cuando al término de esta inauguración descubra que ya es un hombre maduro, y que está aquí para ejercitar su madurez en la peligrosa arena de la realidad.

«De acuerdo», puede ser que me digan mis compañeros del tribunal, «pero este encuentro hay que inaugurarlo de una manera u otra, y a vos te ha tocado hacerlo.» «Por supuesto», puede ser que conteste yo, «y la prueba es que ya llevo más de dos minutos inaugurándolo.» Mi manera no será muy ortodoxa, pero precisamente por eso me parece una buena manera en la medida en que los participantes de este encuentro pertenecen a una especie humana que ha sido y es considerada tradicionalmente como la gente menos ortodoxa imaginable, tan poco ortodoxa que Platón, nada menos, empezó por echarlos de su república ideal, sin contar con que la Edad Media los quemó, decapitó o encarceló so pretexto de que pensaban cosas tan absurdas como que la tierra giraba en torno al sol, que la sangre circulaba en las venas o que los dogmas tenían como principal defecto el de ser dogmáticos. Una reunión de intelectuales siempre me llena de asombro y maravilla porque me parece una especie de milagro que esos intelectuales hayan aceptado ocupar una serie de asientos paralelos y concentrar sus miradas en una sola persona que habla; es algo que está por completo fuera de sus costumbres más naturales, que consisten sobre todo en no tener costumbres naturales, razón por la cual se les ve muy poco juntos, cosa que acaso está muy mal pero que a su manera ha ido dando como resultado eso que llamamos ciencia y eso que llamamos literatura.

Mala butaca le toque al que piense que esto es una especie de apología encubierta del individualismo. Primero porque el individualismo bien entendido no necesita ninguna apología, y segundo porque nada puede alegrarme más en este día que ver reunido a un grupo tan significativo de intelectuales norte y latinoamericanos. El sólo hecho de que hayan aceptado hacerlo, que hayan respondido al llamamiento de nuestro tribunal, representa la iniciación de un diálogo más que nunca necesario en las circunstancias actuales de la geopolítica de este continente. Si conseguimos que nuestro diálogo esté limpio de toda retórica, que sus acuerdos o desacuerdos sean el resultado de haber mirado de frente nuestra realidad en vez de envolverla en los sacos de plástico de las frases hechas, de las fórmulas estereotipadas y de los prejuicios, creo que todos volveremos a nuestras vidas y a nuestras actividades personales con algo de eso que el individualismo puro no puede dar jamás: la conciencia de una pertenencia, de una responsabilidad colectiva; y que por más solitario y especializado que pueda ser nuestro trabajo intelectual, la experiencia vivida en este encuentro será una de las fuerzas que obren en él a partir de ahora, una pulsión que lo vuelva cada vez más operante y más determinante en el proceso histórico de nuestros pueblos.

Y para eso hay que hablar con toda franqueza. Hay que hablar de reunión, claro está, pero sin olvidar y muy al contrario, haciendo frente al hecho de que es una reunión de dos grupos de intelectuales procedentes de dos regiones, la una formada por un solo país y la otra por más de veinte países, y que esas dos regiones se enfrentan desde hace muchas décadas en el plano político, económico y también cultural, este último en la medida en que la cultura suele ser un instrumento político y económico que tanto sirve a las buenas como a las malas causas.

Tenemos una inmensa ventaja inicial en este encuentro: la de que ninguno de nosotros se siente implicado en los turbios mecanismos de esas malas causas, ya sea lo que tradicionalmente se llama el imperialismo norteamericano, ya sea la siniestra red de complicidades que en tantos países o regímenes latinoamericanos acepta vender y traicionar a sus pueblos por los treinta dineros del poder y de los privilegios económicos. Esa ventaja nos permite sentirnos próximos a pesar de las diferencias parciales que bien se irán viendo entre nosotros en estos días y que serán la levadura de nuestras discusiones. Aquí no estamos ni en las Naciones Unidas ni en el Consejo de Seguridad, aquí no tenemos que cuidar nuestras palabras o sustituirlas diplomáticamente por otras. Pero a la vez pecaríamos de ingenuos si nos alegramos demasiado de esa ventaja, porque ella encubre una realidad harto negativa. Nuestra libertad intelectual, nuestro derecho a discutir abiertamente entre nosotros, tiene mucho más de teórico y abstracto que de operante y eficaz. En las máquinas del poder y del dinero, en la voluntad de dominación y de hegemonía, los intelectuales sólo pueden alzar su voz desde la calle, desde la soledad de sus libros y de sus tribunas minoritarias. Pocos son los que comparten la responsabilidad de los gobiernos, pocos son escuchados a la hora de las decisiones y de las estrategias; Platón nos expulsó del sistema, de cualquier sistema, y todavía no hemos conseguido volver a entrar en él. Si digo «todavía», es porque no creo imposible que alguna vez encontremos la manera de meternos en Washington, en Buenos Aires, en Asunción, o en Santiago, por sólo citar cuatro ciudades particularmente ominosas; al fin y al cabo el caballo de Troya es una invención de Homero, y no de Héctor o de Aquiles, ¿por qué, entonces, no ver en esta reunión una de las etapas que pueden llevarnos a franquear las murallas que nos separan de los supuestos hacedores de la historia, esos hacedores que tantas veces la falsean, la deforman, la hacen retroceder hacia una barbarie tecnológica detrás de la cual es fácil entrever el retorno a las hachas de piedra, a las cavernas, a las hordas salvajes, a la ley del talión?

Alto a la elocuencia, esa falsa aliada de tantos congresos y reuniones llenos de sonido y de furia, etc. Digamos lo más llanamente posible que este encuentro insólito, y por eso mismo admirable, de intelectuales norte y latinoamericanos, debería basarse en algunas evidencias que no siempre son lo bastante evidentes. Por ejemplo, todo buen diálogo debería partir de una cierta paridad cultural, de un conocimiento recíproco por parte de sus protagonistas. Y en este terreno pienso que nuestros amigos norteamericanos reconocerán que esa paridad no existe o sólo se da individualmente. Por razones casi obvias, los intelectuales latinoamericanos conocen el panorama cultural de los Estados Unidos en una medida muy superior a la que tienen los norteamericanos del nuestro. Para ser justos, a nosotros nos toca el trabajo más fácil: el de conocer a un solo país, en su continuidad literaria y cultural abarcable sin excesivo esfuerzo, mientras que para un norteamericano no tiene nada de fácil asimilar culturas tan claramente diferenciadas según se trate de México, Perú, Cuba o Argentina.

En segundo término, el rápido adelanto cultural y de los medios de comunicación en los Estados Unidos a lo largo del siglo pasado, impregnó profundamente a los intelectuales latinoamericanos que tradujeron y propagaron la obra de casi todos los escritores importantes de este país, desde Emerson y William James hasta Edgar Allan Poe, Hawthorne, Melville, Walt Whitman, Mark Twain y tantos otros, y ya en nuestros tiempos asimilaron a veces demasiado obsesivamente a los escritores de la talla de Hemingway, Faulkner y Scott Fitzgerald, sin hablar de esa literatura indirecta que significa el cine norteamericano, y de la atracción de su música más admirable, quiero decir el jazz.

Frente a esa irradiación cultural, que en su primera etapa no tuvo nada de condenable desde un punto de vista geopolítico pues era simplemente la inevitable irradiación de un país altamente culto, la réplica latinoamericana fue obligadamente mucho más débil. En primer lugar, un preimperialismo tendió tempranamente sus redes desde el norte hacia el sur: el del idioma. Por razones de prestigio, de ambición económica, de adelanto técnico y también de admiración literaria, el inglés se ha vuelto una segunda lengua en las *élites* latinoamericanas, desplazando poco a poco el francés; la imagen cultural de los Estados Unidos ha entrado así profundamente en las clases más favorecidas de Latinoamérica. En cambio, nuestra presencia cultural es mucho menor en los Estados Unidos, y sólo en las últimas dos décadas puede decirse que el público norteamericano ha empezado a conocer a algunos de nuestros escritores, por lo demás traducidos al inglés aunque el español se esté estudiando y hablando cada vez más en su suelo. ¿Cuál es el resultado de ese desequilibrio? Que en una reunión como ésta, por ejemplo, y al margen de casos individuales, los latinoamericanos tenemos un espectro cultural de los Estados Unidos mucho más amplio que el que los norteamericanos tienen del nuestro.

Semejante estado de cosas puede dificultar nuestro diálogo, en la medida en que a lo largo de la segunda mitad del siglo la literatura se ha ido identificando cada vez más con la realidad histórica y política de nuestros pueblos, especialmente en la América Latina. Nuestra mejor literatura de ficción, que a diferencia de la norteamericana en su conjunto hace de la ficción un trampolín para proyectar en primer plano una realidad que nada tiene de ficcional, es hoy en día el espejo más nítido y fidedigno de la larga y dura lucha de muchos pueblos latinoamericanos para ahondar en su identidad, para descubrir sus raíces auténticas, a fin de apoyar mejor los pies en la tierra en el momento de dar ese salto adelante que es la conquista o la reconquista de su soberanía y de su autodeterminación. Ya lo verán aquí mismo, seguramente, nuestros amigos norteamericanos cuando se inicie este diálogo; sus interlocutores harán frecuentes referencias a nuestra literatura porque ella es para nosotros una de las mejores armas en esa batalla contra lo que algunos llaman todavía el sueño norteamericano, y que sería mejor calificar de pesadilla norteamericana; contra cosas como las tentativas de sometimiento cultural a base de propaganda y aculturación, contra esa insidiosa vampirización que se ha dado en llamar el drenaje de cerebros y que nos priva de recursos mentales inapreciables simplemente porque no podemos competir en el plano de las ofertas y hasta de las tentaciones.

Pero si nuestro diálogo choca al principio contra el evidente desequilibrio informativo que he tratado de resumir, pienso que aquí estamos todos precisamente para llenar los vacíos y comunicarnos mutuamente lo mucho que nos falta saber a todos. Y en ese sentido quisiera decirles a los intelectuales latinoamericanos, como he empezado por decírmelo a mí mismo a lo largo de muchos años, que nada podría ser más equivocado que sentirnos inferiorizados porque nuestro trabajo literario y extraliterario no se conozca en los Estados Unidos con la amplitud que nosotros conocemos el que allí se lleva a cabo. Uno de nuestros peores (...)* de

* En la edición original falta una línea de texto y el manuscrito se ha perdido. *(N. de los E.)*

superioridad, y sentirnos ofendidos de que no se nos conozca lo suficiente en el extranjero. Cuando en Europa, donde me ha tocado vivir, oigo indignarse a algún latinoamericano porque los franceses o los alemanes ignoran la existencia de muchas de nuestras realidades culturales o políticas, me limito a decirle que la indignación es buena, pero que mucho mejor sería que la dedicara a difundir esa información cuya falta tanto lo ofende. Tenemos una triste tradición de lo que podríamos llamar las quejas de café, que jamás han servido para nada, ni siquiera para dar una buena conciencia. Aquí, y en estos días, se nos ofrece una posibilidad extraordinaria de mostrar lo que somos y cómo somos, a la vez que nos enteramos de lo mucho que podrán decirnos nuestros homólogos del norte. Para eso —y lo adelanto con la alegría de saber que dentro de pocos minutos habré bajado de esta tribuna donde me siento demasiado solo—, tenemos ante nosotros los encuentros personales —el lobby del hotel, los excelentes tragos en que descuellan nuestros anfitriones mexicanos—, está esa hermosa posibilidad de sentarse junto a un colega norteamericano para preguntar y para responder, para incorporar al temario oficial eso que nunca alcanzan a tener los temarios por más importantes que sean: la sonrisa cómplice, el cigarrillo cordial, el paseo por las calles, la charla espontánea que es siempre como un acuario lleno de estrellas de mar mentales y de peces insólitos. Así, hablando entre amigos, ha nacido mucho de la historia del mundo; las tribunas valen como trampolines, pero es en el agua de la piscina donde se miden las fuerzas, donde se llega antes o después a la meta, donde se conoce realmente la verdad.

Mientras digo estas palabras que buscan ser una bienvenida y a la vez una definición de las circunstancias en que se cumple este encuentro, en América Central y en el Caribe se espera de día en día la ejecución brutal de las amenazas y las bravatas que la administración Reagan multiplica contra Cuba y Nicaragua, a la vez que continúa dando créditos, armas y asesoría técnica a los gobiernos opresores de El Salvador y Guatemala, y presiona sobre los de Honduras y Costa Rica, para no mencionar a

Panamá, a fin de cerrar inexorablemente la tenaza contra pueblos decididos a morir antes que renunciar a su libertad y a su soberanía. En estas últimas semanas la escalada ha entrado en una fase prácticamente operativa con la llamada Enmienda Symms, que faculta al presidente norteamericano a enviar tropas a América Central y al Caribe si lo estima conveniente, y lo que por ahora son simples maniobras militares en Honduras puede convertirse en cualquier momento en una acción directa contra Nicaragua. No hace falta mucho sentido del humor para ironizar sobre esa calificación de «Enmienda», palabra que tanto en inglés como en español tiene un sentido positivo de mejora, de perfeccionamiento, y que en este caso significa exactamente lo contrario; y tampoco hay que ser un Von Clausewitz para saber que si el gobierno de los Estados Unidos pone en práctica la tal enmienda, el resultado será para él otro Vietnam, y para América Central y el Caribe el fuego, el horror, el largo infierno de una batalla librada con armas desiguales pero con la misma decisión inquebrantable que alzó y alzará siempre David contra Goliat.

Pero éstas no son cosas que necesitamos explicar a los norteamericanos aquí presentes; si no las comprendieran tan bien como nosotros, estoy seguro de que no habrían venido a este encuentro. Y sin embargo, es obvio que esa situación pesará en todos los momentos de nuestro diálogo y que todos tenemos el deber de hacerle frente y responder a ella con las armas que nos han sido dadas. Si esas armas son el pensamiento libre, la palabra que de él emana, y la escritura que la refleja, su eficacia no está tanto en ellas mismas como en su utilización práctica: quiero decir, en el hecho de darlas a conocer fuera de este encuentro, que como todos los encuentros tiene las limitaciones de un campo cerrado. Si cada uno de nosotros, de vuelta a su órbita pública y privada, a su ciudad, a su universidad, a su próximo artículo o a su próximo libro, se vuelve el portavoz de algo de lo que se haya tratado aquí, nuestra reunión tendrá eso que los escolásticos llamaron, creo, el logos espermático, la razón y el pensamiento dispersando su semilla lo más lejos posible para hacerla fructificar en la conciencia de los pueblos. Y con este deseo y con esta esperanza, tengo el infinito placer de dejar atrás la inauguración de nuestro encuentro, y buscar alguna butaca desde la cual mi placer será todavía más infinito cuando los escuche hablar a ustedes.

Muchas gracias.

Discurso en la recepción de la Orden Rubén Darío

Recibir del pueblo sandinista de Nicaragua la Orden que su dirigencia me confiere esta noche, no es solamente una distinción ante la cual todas las palabras me parecen como espejos empañados, como inútiles tentativas para comunicar algo que está mucho antes y también mucho más allá de ellas. Para mí, la Orden Rubén Darío no es solamente esa alta distinción, sino que representa algo así como el fin de un larguísimo viaje por las tierras y los mares del tiempo, el término del periplo de una vida que entra en su ocaso sin ningún orgullo pero sin bajar la cabeza. Y como sucede siempre en los periplos, en ese eterno retorno en el que principio y fin se confunden y se concilian, yo pienso esta noche en mi lejana infancia, en mis primeras lecturas, en mi despertar a la poesía, mala y buena poesía de los manuales escolares y las bibliotecas familiares, y así como hace pocos días en Managua citaba un poema nunca olvidado de Gaspar Núñez de Arce, así ahora surge ese instante de mi joven vida en que sobre mí cayó un relámpago que habría de dibujar para siempre su serpiente de fuego en mi memoria, el instante en que creyendo leer uno de los tantos poemas de uno de mis tantos libros, entré en la maravilla de «El coloquio de los centauros» y descubrí en una misma iluminación a Rubén Darío, a la más alta poesía que me hubiera sido dada a conocer hasta ese entonces, y acaso mi propio destino literario, mi hermosa y dura condena a ser un pastor de palabras, ese que ahora trata una vez más de encauzarlas en su rebaño infinito, en su arte combinatoria que ninguna computadora podría abarcar jamás y cuyo producto es eso que llamamos cultura. De esa cultura quisiera decir algo aquí, pero antes me era necesario recordar mi primer encuentro con Rubén Darío para que se comprendiera mejor lo que para mí significa esta alta recompensa que recibo en su patria, este término del largo viaje en que vuelvo a sentirme ese niño que despertó a la belleza gracias a él en un lejano pero nunca olvidado día.

Hablar de la cultura en Nicaragua constituye un problema muy diferente del que se plantea en muchos otros países del mundo. Quien pretenda hacerlo partiendo de los parámetros habituales en la materia, sean los europeos o los de diversos países latinoamericanos, se expone a hablar en el vacío, o a lo sumo aplicar fórmulas válidas en otras circunstancias pero que aquí se diluyen frente a una realidad por completo diferente. Por mi parte, quisiera trasmitir mis propias vivencias sin la menor pretensión de agotar un tema inagotable por definición, puesto que la cultura, siempre difícil de definir exactamente, es un proceso que recuerda el mito del fénix, un proceso cíclico e ininterrumpido a la vez, una dialéctica que incide en la historia y a la vez la refleja, un camaleón mental, sentimental y estético que varía sus colores según las sociedades en las que se manifiesta. Como toda generalización, querer hablar de cultura en abstracto no es demasiado útil; pero sí lo es abordarla dentro de un contexto dado y tratar de comprender su especificidad y sus modalidades, como quisiera hacerlo ahora y aquí. Dejemos pues a otros el tema de las muchas revoluciones en la cultura desde los tiempos más remotos, y hablemos concretamente de la cultura en la revolución, en esta revolución que hoy me une más que nunca a ella con un lazo de amor que jamás podré agradecer lo bastante.

La cosa es así: apenas se llega a Nicaragua, la del 19 de julio por supuesto, la palabra *cultura* empieza a repiquetear en los oídos, forma parte de una temática y de un programa extremadamente variados, y basta muy poco tiempo para advertir que esa palabra tiene aquí una connotación de la que carece en países donde sólo se la usa en un nivel que algunos llamarían privilegiado pero que yo prefiero calificar de elitista. Para dar un ejemplo, Nicaragua tiene un ministerio de Cultura, pero ese ministerio no se parece para nada a muchos de sus homólogos en los que la noción y la práctica de la cultura siguen respondiendo a esquemas piramidales, o en el mejor de los casos a la noción de que la cultura es sólo uno de los diversos componentes de la estructura social. De inmediato se tiene aquí la clara sensación de que tanto el ministerio como cualquiera de las otras instancias del gobierno han expandido desde un primer momento el concepto de cultura, le han quitado ese barniz siempre un poco elegante que tiene por ejemplo en el occidente europeo, han empujado la palabra *cultura* a la calle como si fuera un carrito de helados o de frutas, se la han puesto al pueblo en la mano y en la boca con el gesto simple y cordial del que ofrece un banano; y esa incorporación de la palabra al vocabulario común y cotidiano expresa lo que verdaderamente importa, que no es la palabra en sí, sino lo que ella comporta como carga, su explosiva, maravillosa, riquísima carga actual y potencial para cada uno de los habitantes del país. Y si mi ejemplo está quizá despertando ya el apetito de algunos de ustedes, lo completaré diciendo que en Nicaragua todo lo que es, puede ser o llegará a ser cultura no me parece visto como un componente autónomo del alimento social, no me parece visto como la sal o el azúcar que se agregan para darle más sabor o más sazón a un plato de comida; aquí yo siento que el plato y la cultura son ya una misma cosa, que en última instancia la cultura está presente en cada uno de los avances, de las iniciativas y de las realizaciones populares, que no es ya el privilegio de los que escriben muy bien o cantan muy bien o pintan muy bien, sino que la noción parcial de la cultura ha explotado en miles de pedazos, que se recomponen en una síntesis cada vez más visible y que comporta igualmente miles de voluntades, de sentimientos, de opciones y de actos.

Alguien podrá decir que esta tentativa de descripción no parece lo suficientemente precisa: es justamente el tipo de crítica que podría hacer un hombre «culto» en el sentido académico del término, para quien cultura es ante todo una difícil adquisición individual, lo que naturalmente reduce el número de quienes la poseen y además los distingue claramente de los que no han accedido a ella. Por eso, y casi fatalmente, hay que dar un paso adelante y tratar de entenderse mejor sobre esa palabra tan equívoca. El interés, yo diría la pasión por la cultura en Nicaragua, constituye, a partir del triunfo de la Revolución popular, un índice clarísimo de cuál es el derrotero presente y futuro de este incontenible proceso de liberación, de dignidad, de justicia y de perfeccionamiento intelectual y estético. A los indiferentes no se los cultiva, a lo sumo se les inculcan rudimentos de educación; pero en Nicaragua basta observar la forma en que enormes multitudes escuchan y comprenden discursos en los que se plantean y analizan cuestiones muchas veces complejas y la forma en que reaccionan frente a manifestaciones artísticas de toda naturaleza, para darse cuenta de que para ellas la noción de cultura no es ya una inalcanzable referencia intelectual, sino un estado de ánimo y de conciencia que busca por todos los medios alcanzar su realización práctica. Por encima de los diversos grados de conocimiento que puedan existir en el pueblo sandinista, ese interés de las masas populares por la cosa pública, por los problemas comunes, por los actos y los eventos más variados muestra con claridad lo que podríamos llamar la movilización cultural, por difícil y precaria que sea todavía frente a los obstáculos que le oponen los enemigos de dentro y de fuera.

Desde luego, nada de esto es nuevo para ustedes, pero en cambio lo es para muchos de los que desde lejos siguen con interés el proceso histórico nicaragüense. Para ustedes, identificados con el ideario y el mensaje de hombres como Sandino y Carlos Fonseca, esta asimilación y esta ósmosis de la revolución y la cultura es un hecho más que evidente; pero las cosas cambian cuando no se conocen suficientemente las claves históricas, intelectuales y morales del proceso liberador, y por eso, aunque estas palabras son dichas en Nicaragua y para Nicaragua, mi esperanza es que se proyecten también hacia quienes no siempre creen lo que para nosotros es casi obvio.

Me bastará dar un solo ejemplo: en Europa se asombran a veces de la multiplicación y la importancia que han llegado a tener los talleres de poesía en Nicaragua. Que la sed y la voluntad de cultura busquen su expresión en tantísimos centros donde jóvenes y menos jóvenes ejercitan la imaginación, gozan del placer de ese inmenso plato de frutas que es el lenguaje cuando se lo saborea después de elegirlo, pulirlo y morderlo con fruición, he ahí algo que pasma a otras sociedades donde la poesía sigue siendo una actividad solitaria y entre cuatro paredes, reducida a un mínimo de publicaciones y de lectores. No es fácil que comprendan hasta qué punto esa actividad no tiene absolutamente nada de «cultural» en el sentido elitista, sino que es una manifestación de esta otra cultura que estoy tratando de mostrar a los escépticos o a los sorprendidos, esta cultura que es revolución porque esta revolución es cultura, sin compartimentaciones selectivas ni genéricas.

Algunos de los no convencidos apelarán a la tradicional adhesión de Nicaragua a todo lo que sea poesía, y estaré dispuesto a conceder que nada tiene de fortuito que la poesía sea la expresión cultural más favorecida a esta altura del proceso revolucionario. Pero precisamente la movilización cultural que estamos viendo en plena marcha equivale —si se me permite semejante despropósito bajo este clima— a la bola de nieve que aumenta y aumenta a medida que rueda. Todo lo que he podido y puedo ver aquí muestra que no me equivoco: la música está ahí para probarlo, con la entusiasta adhesión del público a sus diversas manifestaciones, el teatro popular que parece cada vez más dinámico e inventivo, el baile en sus diversos estilos, y ahora también el campo de las artes plásticas, que en este avance incontenible va a expandirse enormemente con la creación y la influencia del Museo de

Arte de las Américas, nacido de la solidaridad internacional pero respondiendo desde luego a una urgente necesidad de asimilación y disfrute de los campos estéticos más variados. En efecto, ¿quién hubiera podido soñar, hace tan poco tiempo, con una colección de pintura y escultura como la que se expone provisionalmente en el teatro Rubén Darío? ¿Quién que no tuviera los medios económicos para viajar al extranjero hubiera podido asomarse a un desfile tan múltiple y complejo de todas las tendencias estéticas dominantes de nuestro tiempo? Todo eso es cultura, pero una cultura que en vez de darse como procesos aislados salta hacia adelante en la gran ola de la movilización cultural masiva, y la fuerza incontenible de esa ola nace de que la dirigencia y el pueblo comparten y se reparten esa misma sed de conocimiento y de belleza. ¿Quién hubiera imaginado aquí una editorial como Nueva Nicaragua, que apenas en sus primeros pasos ha lanzado ya una serie considerable y hermosísima de libros para satisfacer un ansia de lectura que la campaña alfabetizadora ha vuelto multitudinaria?

Por cosas así se comprenderá que alguien como yo no tenga el menor temor de que esta movilización se estanque o se anquilose; el gran camaleón del arte y de las letras, de las artesanías y de las músicas, inventará nuevos colores cada día en la imaginación de su pueblo. Pero al mismo tiempo sé el precio que desde el 19 de julio se ha venido pagando para que la cultura se difunda y se renueve, un precio que en estos momentos se ha vuelto más alto y más duro que nunca. Que el esfuerzo que trato de esbozar se siga cumpliendo frente al ataque desembozado de contrarrevolucionarios cínicamente ayudados por los Estados Unidos y sus cómplices o títeres, no solamente es la prueba de su inflexible arraigo en el pueblo sandinista sino también la mejor garantía de su indomable vitalidad. No olvido a aquel jerarca nazi de los años treinta, no sé si Goering o Goebbels, que dijo: «Cuando oigo hablar de cultura, saco la pistola.» La amenaza no era gratuita, porque cuando una cultura es como la que está creando y viviendo el pueblo de Nicaragua, esa cultura es revolucionaria, y resulta inevitable que frente a ella se alcen una vez más las pistolas de quienes buscan esclavos, colonos o lacayos a quienes imponer la ley del amo. Si el pueblo sandinista muestra diariamente que está dispuesto a enfrentar esas pistolas, lo hace con una decisión que sólo puede nacer de un sentimiento de plenitud humana, de saberse al mismo tiempo pueblo e individuo; pueblo formado por individuos y no por una masa amorfa, e individuos que no buscan ser entidades aisladas, como lo es en el fondo el programa cultural de tantas sociedades basadas en el egoísmo, en la llamada lucha por la vida, ese tan norteamericano *struggle for life* que en definitiva es la ley de la selva, es tratar de ser el más rico o el más poderoso o el más culto a costa de cualquier cosa, y sobre todo a costa del prójimo.

Por eso, y a esta altura del proceso revolucionario, lo que me parece más acertado y más importante es que la política cultural nicaragüense se abra como lo está haciendo en todas las direcciones posibles y por todos los medios a su alcance. Me conmueve que aquí todas las actividades populares van siempre como de la mano con un elemento de cultura, un incentivo mental o estético, y eso es algo que se siente en los discursos de los dirigentes, en ese evidente deseo de que cada cosa que se haga, por simple o incluso penosa que sea, no caiga más en el mero nivel del trabajo a ciegas.

A ustedes tal vez ya no los impresiona como a mí encontrar cada semana los suplementos culturales de los diarios revolucionarios, sin hablar de tantas revistas, programas radiales y televisados, y otras incitaciones que pueden mejorarse todavía mucho más pero que ya están ahí y son parte de la vivencia permanente que tiene el pueblo en materia estética y literaria. Cada vez que abro esos suplementos pienso que en ese mismo momento está llegando a todos los rincones del país, humildemente escondidos en el cuerpo del diario, y que millares y millares de ojos que no sabían distinguir las letras del alfabeto hace tan poco tiempo, van a leer junto conmigo el poema de un combatiente o de un niño, un ensayo sobre pintura o una entrevista a un médico o a un músico, y que acaso en muchas de esas familias habrá quienes lean eso y quienes no lo lean, habrá las ignorancias o las indiferencias que también son parte lógica del proceso, y habrá las revelaciones inesperadas y fecundas que un artículo, un cuento, un poema o una imagen pueden provocar en un adolescente o en un adulto, y cambiar acaso completamente su vida.

En esta diseminación, en este esfuerzo, hay las nubes negras de tantos obstáculos que aún llevará tiempo y sacrificio echar abajo. ¿Cómo ignorar las dificultades de las comunicaciones, los problemas étnicos, las múltiples trabas a esos contactos mentales capaces de eliminar poco a poco los tabúes y prejuicios, de acabar con las ideas fijas y sustituir todo ese aparato negativo y siempre peligroso por una conciencia clara de las metas revolucionarias en todos sus planos? Nicaragua no es Arcadia, sus carreteras y sus vías fluviales no son las de Suiza. Pero si la alfabetización dio los resultados que conocemos gracias a que una parte del pueblo fue el maestro de la otra parte, ahora es el momento en que los contenidos culturales, tanto de orden intelectual como político, ético o estético, se ahonden en la conciencia popular gracias a ese mecanismo de trasmisión de individuo a individuo y de grupo a grupo, allí donde el que sabe algo esté dispuesto a comunicarlo y a hacer de toda cultura individual una cultura compartida. Pero cuando digo compartida no pienso de ninguna manera en una cultura repetitiva sino, muy al contrario, en un fermento mental y afectivo con todo lo que eso puede llevar aparejado de discusión, polémica, aciertos y equivocaciones. Así como personalmente he defendido siempre el derecho del escritor a explorar a fondo su espacio de trabajo, pese al riesgo de no ser bien comprendido en el momento e incluso acusado de elitista o de egotista, así también veo esta cultura revolucionaria de Nicaragua como una palestra de ideas y de sentimientos en sus más diversas posibilidades y manifestaciones. Para mí, la menor huella de uniformidad temática o formal sería un desencanto. La cultura revolucionaria se me aparece como una bandada de pájaros volando a cielo abierto; la bandada es siempre la misma, pero a cada instante su dibujo, el orden de sus componentes, el ritmo del vuelo van cambiando, la bandada asciende y desciende, traza sus curvas en el espacio, inventa de continuo un maravilloso dibujo, lo borra y empieza otro nuevo, y es siempre la misma bandada y en esa bandada están los mismos pájaros, y eso a su manera es la cultura de los pájaros, su júbilo de libertad en la creación, su fiesta continua. Estoy convencido, porque es algo que siento cada vez con más fuerza en cada una de visitas a Nicaragua, que ésa será la cultura de su pueblo en el futuro, firme en lo que le es propio y abierta a la vez a todos los vientos de la creación y de la libertad del hombre planetario.

Pido que se me perdone todo lo que esta tentativa de abarcar un panorama tan vasto pueda tener de precario e incluso de superficial. Hablo de lo que he visto y sentido, pero no lo hago como aquellos visitantes o periodistas extranjeros que apenas desembarcan en el país se creen capacitados para explicar y criticar cualquier cosa, y hasta para profetizar acerca de la Revolución Sandinista y su proceso popular. Sé que cualquiera de ustedes conoce mejor y vive más a fondo que yo ese proceso, pero que también puede ser útil que alguien del exterior ofrezca sus puntos de vista siempre que lo haga sinceramente, siempre que sea capaz de vivir de muy cerca y apasionadamente esta realidad antes de pronunciar la primera palabra de una opinión o de un juicio.

Muchas gracias.

Este libro
se terminó de imprimir
en los Talleres Gráficos
de Palgraphic, S. A.
Humanes (Madrid)
en el mes de febrero de 1994

TÍTULOS PUBLICADOS EN ALFAGUARA HISPÁNICA

78. Carlos Blanco Aguinaga
CARRETERA DE CUERNAVACA

79. Pilar Cibreiro
ARTE DE ACECHO

80. Francisco J. Satué
LA CARNE

81. Pedro Sorela
HUELLAS DEL ACTOR EN PELIGRO

82. Javier Alfaya
EL TRAIDOR MELÁNCOLICO

83. Mercedes Soriano
CONTRA VOSOTROS

84. Eduardo Chamorro
GUANTES DE SEGUNDA MANO

85. Juan Eduardo Zúñiga
EL ANILLO DE PUSHKIN

86. José María Merino
EL CENTRO DEL AIRE

87. José Antonio Gabriel y Galán
MUCHOS AÑOS DESPUÉS

88. Juan Villoro
EL DISPARO DE ARGÓN

89. Enriqueta Antolín
LA GATA CON ALAS

90. Luis Mateo Díez
EL EXPEDIENTE DEL NÁUFRAGO

91. Robert Saladrigas
EL SOL DE LA TARDE

92. Javier Maqua
INVIERNO SIN PRETEXTO

93. Juan Eduardo Zúñiga
MISTERIOS DE LAS NOCHES Y LOS DÍAS

94. Miguel Espinosa
ESCUELA DE MANDARINES

95. José María Merino
LAS CRÓNICAS MESTIZAS

96. Augusto Roa Bastos
VIGILIA DEL ALMIRANTE

97. Mercedes Soriano
¿QUIÉN CONOCE A OTTO WEININGER?

98. Javier Alfaya
EMINENCIA

99. Juan Madrid
DÍAS CONTADOS

100. Juan Carlos Onetti
CUANDO YA NO IMPORTE

101. Manuel de Lope
SHAKESPEARE AL ANOCHECER

102. Arturo Pérez-Reverte
EL CLUB DUMAS

103. Antonio Martínez Sarrión
INFANCIA Y CORRUPCIONES

104. Carlos Fuentes
EL NARANJO

105. Fulgencio Argüelles
LETANÍAS DE LLUVIA

106. Luis Mateo Díez
LOS MALES MENORES

107. Fernando G. Delgado
HÁBLAME DE TI

108. Augusto Roa Bastos
EL FISCAL

109. Javier Maqua
USO DE RAZÓN